教育部人文社会科学基金项目"众创空间生态视域下创新与创业耦合及协同成长研究"（17YJA630134）
教育部新农科改革与实践项目"新农科创新创业教育与专业教育协同精进模式研究与实践"（2020172）
河南省高等教育教学改革研究与实践重点项目"多维驱动的'四新'与创新创业教育融合高质量发展研究"（2021SJGLX123）
河南省研究生教育改革与质量提升工程项目"创业与创新管理"（YJS2022ZX18）
资　助

众创空间

生态系统视域下创新与创业
多维耦合成长研究

张晶　张项民　著

中国财经出版传媒集团
经济科学出版社
Economic Science Press

图书在版编目（CIP）数据

众创空间生态系统视域下创新与创业多维耦合成长研
究／张晶，张项民著．--北京：经济科学出版社，
2023. 3

ISBN 978 - 7 - 5218 - 4614 - 0

Ⅰ. ①众⋯　Ⅱ. ①张⋯ ②张⋯　Ⅲ. ①创业 - 研究 -
中国　Ⅳ. ①F249. 214

中国国家版本馆 CIP 数据核字（2023）第 042243 号

责任编辑：张　燕
责任校对：王苗苗
责任印制：张佳裕

众创空间生态系统视域下创新与创业多维耦合成长研究

张晶　张项民　著

经济科学出版社出版、发行　新华书店经销
社址：北京市海淀区阜成路甲 28 号　邮编：100142
总编部电话：010 - 88191217　发行部电话：010 - 88191522
网址：www. esp. com. cn
电子邮箱：esp@ esp. com. cn
天猫网店：经济科学出版社旗舰店
网址：http：//jjkxcbs. tmall. com
固安华明印业有限公司印装
710×1000　16 开　16 印张　280000 字
2023 年 7 月第 1 版　2023 年 7 月第 1 次印刷
ISBN 978 - 7 - 5218 - 4614 - 0　定价：79. 00 元

创新，是企业长久存续、走向卓越的动力之源。创业是将创新成果产业化的重要途径。创新驱动发展、科技创新政策和"双创"制度等的实施，以及以众创空间为代表的创新型组织迅速席卷全国，"创客、创业、创新、创客空间"已经成为新时代创新的代名词。创新与创业耦合发展已成为推动时代进步的最强动力。

目前，中国创新创业市场的崛起成为促进经济高质量快速发展的巨大动力。在这个时代里，低成本、全要素、便利化、开放式的新型创业服务平台——"众创空间"走上了历史舞台。创业孵化产业充满生机地迎来新一轮的机遇和挑战。在双创市场中，企业投资方、创业群体、创业服务平台、媒体、研究组织等不同参与主体针对提高"双创"的质量和效率问题，积极投身于广泛的探讨与实践尝试中，形成了多种力量、多种模式、多种机制共同促进的创新创业全链条孵化产业的融合。这些组织机构立足于不同的业务需求和创新创业发展阶段，创新出各类创业服务的商业模式，推动创业服务进一步向专业应用领域发展，同时也增强了创业服务行业的整体竞争水平。

本书以促进创业企业高质量发展为目标，针对众创空间孵化对象创新创业能力提升和创新创业协同发展质量提升问题，从众创空间孵化角度探讨创新与创业耦合发展过程及创新创业协同发展的不同运营模式策略。本书从我国创新、创业发展格局现状出发，分析了我国创业梯度培育体系和多层次的创新创业孵化载体的发展现状和活动特点，运用资源理论、生命周期理论、生态系统理论等，从资源要素、关系要素和功能要素方面分析创新和创业耦合的内驱条件，分别从技术转移与成果转化以及科创成果产业化两种视角，探讨了创新与创业耦合的基础和条件，提出两种视角下创新与创业耦合成长的策略。在此基础上，分析了以企业、高校、政府为主体的三种类型的典型双创生态系统，提出了众创空间与创业团队二维生命周期耦合发展的双创生态系统构建策略。本书探索了创新与创业耦合的孵化路径，为不断提高"双创"孵化质量，特别是众创空间专业化能力和服务水平，培育更多高科技高成长企业贡献力量。

本书是教育部人文社会科学基金项目"众创空间生态视域下创新与创业耦合及协同成长研究"（17YJA630134）、教育部新农科改革与实践项目"新农科创新创业教育与专业教育协同精进模式研究与实践"（2020172）、河南省高等教育教学改革研究与实践重点项目"多维驱动的'四新'与创新创业教育融合高质量发展研究"（2021SJGLX123）、河南省研究生教育改革与质量提升工程项目"创业与创新管理"（YJS2022ZX18）部分研究成果的结晶。

本书编撰的具体分工如下：河南科技大学张项民教授和张晶博士负责全书内容架构、撰写和校稿。张项民教授和张晶博士负责撰写第六章；张晶博士负责撰写第一章、第四章和第五章；悉尼大学研究生张鹤扬负责撰写第二章；中国民用航空飞行学院王丹负责撰写第三章。在写作过程中，引用和参考了相关研究咨询机构、学者的观点和论述，在此向相关学者及组织表示最崇高的敬意与感谢！同时感谢河南科技大学教师张怡帆和周文博，以及河南科技大学研究生鹿园园、李凤艳，他们参与了资料查询、文字编辑与材料整理等工作。

"长风破浪会有时，直挂云帆济沧海"，我们一起"在危机中育先机，于变局中开新局"。限于作者水平，书中难免存在疏漏和不妥之处，敬请读者批评指正，一起继续探讨创新与创业耦合成长策略。

著　者

2023 年 3 月于洛阳

目录

CONTENTS

第 1 章

绪　　论

1.1　研究背景

1.1.1　"双创"的发展历程

2008 年伴随全球金融危机爆发，失业人口比例持续增长，消费与投资的市场规模急剧紧缩，各行各业发展尽显疲态，世界经济遭受资产大幅缩减、产业结构重组等沉重打击。同时，伴随人口红利的消失，国家经济发展也不再呈现两位数的高速增长态势，开始进入下行区间。为尽早摆脱困境、推动经济发展，世界各国的政府部门一致加大对创新创业的关注和支持力度，其中美国政府颁布《美国创新战略：确保经济增长与繁荣》、欧盟提出《欧洲 2020 战略》、德国发布《德国 2020 高技术战略》、日本制定《创新 2025 计划》、韩国发布《新增长动力规划及发展战略》等。德国政府在 2013 年公开"工业 4.0"报告，引起公众对于第四次工业革命的高度重视。第四次工业革命将对劳动者、劳动工具及其对象之间的关系产生颠覆式革新。社会分工制度的创新促使了不同行业的蓬勃发展与新业态的诞生，把创新创业事业推向了崭新的发展平台。

2012 年，党的十八大报告强调要加强"促进创业带动就业"并"实施创新驱动发展战略"；2013 年李克强在夏季达沃斯论坛发表讲话，他强调要在全中国范围推广"大众创业"的新风潮，创造出宏伟的"万众创新""人人创新"的发展格局①。2015 年 6 月 11 日，《国务院关于大力推进大众创业万众创新若干政策措施的意见》把"大众创业、万众创新"上升为国家战略。2015 年发布的《国务院办公厅关于深化高等学校创新创业教育改革的实施意见》，指出创新创业教育要实现战略转型，由就业从业型向创新创业型转变，由创新引领创业，由创业带动就业。同时，"双创"理念被国际社会广泛认同，并写入联合国决议。2017 年制定《国务院关于强化实施创新驱动发展战略进一步推进大众创业万众创新深入发展的意见》，更加明晰要全面调动人才创新创业的活跃度与积极性，促进并建立政府部门、企业与社会全方位良性互动的双创融合生态。2017 年，党的十九大报告中强调"激发和保护企业家精神，鼓励更多社会主体投身创新创业"。2018 年，《国务院关于推动创新创业高质量发展打造"双创"升级版的意见》进一步明确要"增强创新型创业的引领带头作用"。针对国家发展现状，习近平总书记首次提出"三创"这一概念，即"创新、创业、创造"，进一步突出创新型创业的关键意义。2021 年 10 月 12 日，国务院办公厅颁布《关于进一步支持大学生创新创业的指导意见》，强调要加强重视大学生这一创新主体。目前，国务院、政府相关部门、国有和民营企业、高等院校、科研单位等社会各界主体，全部积极投入"双创"战略布局中，全国范围弥漫着浓厚的"双创氛围"。

1.1.2　创新创业浪潮中中小微企业发展现状

我国的中小微企业核心竞争力显著提升，对国民经济和社会发展的重要性和贡献越发凸显，有增长快、贡献大、活力足三个特点。在创新创业潮流中，我国的企业主体呈现出强有力的发展势头，中小微企业也迎来了生机盎然且充满希望的春天。

中小微企业在最近十年间迅猛增长。截至 2021 年末，全国企业数量达到 4842 万户，比 2012 年末增长 2.7 倍，其中 99% 以上都是中小企业。具体到工业领域，我国规模以上的工业中小企业户数达到 40 万户，营业收入超过了 75 万亿元，利润总额达到 4.7 万亿元，较 2012 年分别增长了 23.5%、38.7%、37.1%。中小企业的从业人数占全部企业从业人数的比例达到 80%。2021 年我国私营个体就业总数达到 4 亿人，较 2012 年增加了 2 亿多

---

① 李克强在第七届夏季达沃斯论坛上的致辞（全文）[N/OL]. 中国政府网，http：//www. gov. cn/ldhd/2013 - 09/12/content_2486720. htm.

人。以中小微为主的民营企业是我国第一大外贸经营主体，2021 年对外贸增长的贡献度超过了 58.2%。①

根据《中华人民共和国 2020 年国民经济和社会发展统计公报》《中华人民共和国 2021 年国民经济和社会发展统计公报》可知，2019 年我国累计新登记注册的市场主体共计 2377 万家，平均每天新增注册企业约 2 万家，同年末市场主体规模超过 1.2 亿户。2020 年，我国新登记市场主体共计 2502 万户，平均每天新增 2.2 万户，同年末市场主体整体规模高达 1.4 亿户。据统计，2013～2020 年，我国在八年内新增的市场主体实现翻倍式增长，从最初的 1132 万户扩大到 2502 万户，总体增长 121%。2021 年，全国市场主体突破 1.5 亿户，近 10 年净增 1 亿户，企业活跃度保持在 70% 左右，承载了 7 亿多人的就业。充满活力、蓬勃发展的市场主体，有力地推动了经济总量的稳定增长，促进了创新资源持续积累。

中小企业作为促进国民经济和社会发展的核心力量，在增加就业机会、改善生活品质、促进创业创新等多方面均起到重要作用。然而，对于创业活动来说，失败是大概率，成功是小概率。创业维艰，创业成功者往往经过千锤百炼。哈佛商学院的调查结果显示，首次创业成功的可能性只有 23%②。埃里克·莱斯（Eric Rice，2012）经过调查发现，在创业企业中，98% 的公司会在五年之内破产倒闭。一般来看，两年的时间往往是创业公司面临的重大转折点，可以顺利转型实现上市或被收购的企业屈指可数。

与此同时，全球创业发展研究院（Global Entrepreneurship Development Institute）在 2018 年公开的《2019 年全球创业指数报告》可知，中国在世界 137 个主要经济体中位列第 34 名；2019 年全球创业观察组织（Global Entrepreneurship Monitor）公开的《全球创业观察报告》中显示，中国的创业意向在 50 个经济体中位列第 22 名。根据各个国际机构发布的调研数据可以看出，我国整体的创业能力尚且存在较大的提升空间。可喜的是，伴随各国对于创新创业发展热潮的持续关注，全球创新的投入规模实现稳步增长。其中，基于世界知识产权组织（WIPO）公开的 2020 年全球创新指数（Global Innovation Index 2020，GII）数据可知，全球整体的研发支出增速已超过经济增速。虽然在 2020 年全球经济发展有所放缓，但是各国的创新势

---

① 王林. 十年来，我国中小微企业增长快、贡献大、活力足 [N/OL]. 中青在线，http://news. cyol. com/gb/articles/2022 - 06/14/content_zmxZyfYZo. html，2022 - 6 - 14.

② 埃里克·莱斯等. 精益创业 [M]. 北京：中信出版社，2012.

头仍旧强劲有力。创新是企业主体成长的关键力量源泉，承担创业的重要基石，创新能够有效促进创业活动实现高质量与可持续成长并举。因此，政府未来应更加注重于扶持中小企业高质量与可持续成长，通过加大对各主体创新创业双路径协同发展的政策扶持，引导并激励中小型民营企业以技术创新为导向，持续地进行"工匠式""专精特新式""跳跃式""爆发式"发展，从而形成中国创新成长的新引擎和经济成长的新动力。

1.1.3 创新创业服务行业发展概述

在 2014 年针对"大众创业、万众创新"这一理念提出的政策支持和措施激励下，市场迸发出极度高涨的创业激情，促使与创业有关的辅导培训服务领域也得到刺激性发展。创业服务业作为新兴行业，从业内早期企业的商业化探索到如今各类创业服务机构百花齐放，仅仅只用了近十年时间。众创空间作为国家"双创"战略发展的关键载体，不仅能够满足于我国独特的创业环境，也是新型创新创业服务平台的统称。众创空间是一个能够为创业者和创业资源提供有效对接的新型服务平台，大幅提升了创业孵化成功的可能性，同时也将逐步形成对创新驱动发展的强大支撑力量。近年来，全国构建的创业孵化器与众创空间等创新载体实现突破式增长。2006 ~ 2020 年我国创业孵化器和众创空间的发展全貌如图 1.1 所示。

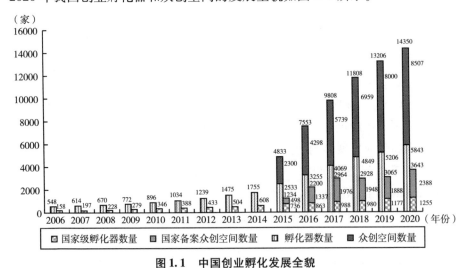

图 1.1 中国创业孵化发展全貌

资料来源：科学技术部火炬高技术产业开发中心. 中国创业孵化发展报告 2020 ［M］. 北京：科学技术文献出版社，2020.

随着创业孵化载体市场总量的逐渐扩增，推动就业行情向好，在孵企业和团队科技成果产出不断攀升。独角兽企业的创造性突增，也促使我国跻身最大独角兽企业市场规模的前列。基于 CB Insights 的统计显示，2021年 5 月世界范围内的独角兽企业规模共计 672 家，与五年前市场总量相比扩大了 1 倍。其中，中国市场中的独角兽企业总量从 43 家增长到 137 家。但与此形成鲜明对比的是，直至 2020 年底，全球依法存在并正常经营的中小企业有 4200 万家，占据全球企业规模（4300 万余家）的 98.5%。其中，我国高新技术企业共有 15.8 万家。拥有专利的中小企业总量为 101.1 万家，只占世界中小企业规模的 2.4%。由全球创业观察（GEM）中国报告（2019/2020）的统计数据可知，中国相较于 G20 创新驱动经济体而言，在技术创业领域依旧相差悬殊（见图 1.2）。由《中国创业孵化发展报告2019》的数据可知，2016～2018 年我国专业孵化器与孵化器整体规模的比重有所下降，从最初的 13.5% 降低至 12.1%，由此可见，随着我国在孵中小企业规模的扩增，创新创业孵化组织业务品质和服务能力需要进一步改善，亟须开展规范专业且全面细致的管理建设，专业孵化器存在活力不足等发展困境。

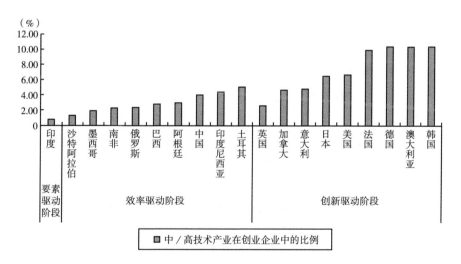

图 1.2　中国与 G20 经济体技术创业对比

资料来源：全球创业观察（GEM）中国报告（2019/2020）。

伴随第四次工业革命如火如荼的开展，科技的突破和创新不但可以改善大型企业的经营管理和财政效益，而且有利于促进中小企业的培育、成熟和扩张发展。近年来，中国经济逐渐步入高质量发展的全新时代，创新创业也被赋予了新时期独特的属性，其中一个重要属性就是科技创新在"双创"发展过程中起到的带动引领作用日益凸显。但是，创新的奋斗路途并不是轻松顺利的，往往充满困难和波折。在众多普通和特定的创业型中小微企业发展过程中，对于技术创新方面必然伴随重重阻碍，甚至导致部分企业由于难以突破各种困难而不得不停止探索的脚步。创新成为中小微创业企业走向独角兽乃至明星企业之路，还是踏入衰退甚至失败深渊的分水岭。

如何致力把培优中小企业和做强产业有机联结，打造独具优势的高成长型企业培养库，改进完善分层孵化体系，形成中小企业从专精特新到细分市场隐形冠军、从隐形冠军到"小巨人"、从瞪羚企业到独角兽企业的成长培育机制，从而形成一批创新发展的标杆企业，成为"双创"孵化体系高质量发展亟待解决的问题。基于众创空间孵化载体挖掘中小微创业企业双创能力协同发展的策略，已成为目前学术和实践领域关注的重要问题。

1.2　全球科技创新发展格局

新一轮科技革命和产业变革加速演进并改变全球产业格局，同时对世界经济结构和竞争格局产生了重大影响。受中美贸易摩擦影响以及自身发展战略需要，科技创新的核心地位日益凸显，其中国家"十四五"规划和中央经济工作会议都提出要把科技创新摆在国家发展全局的核心位置，特别是对关键技术和基础研究开展深入研究。在科技强国建设背景下，通过对面向未来的特定科技领域进行技术预见，并对科技进行前瞻性战略布局，已成为区域实现创新跨越式发展的关键。

1.2.1　全球主要经济体科技创新战略焦点分析

1.2.1.1　前瞻性技术预见

全球发达经济体强化技术预见，加速区域科技创新格局的挑战与重构。近20年来世界科技呈现出加速发展态势，各智库及研究机构缩短了对新兴技术预见的周期，各国加大了对科技重点领域的布局（见表1.1）。未来科技主要聚焦于绿色、健康、数字化、智能化、新能源、新材料、可持续发展等领域，且技术发展呈现出科技领域越来越强的跨学科、强交叉特征。面对全球发展的严峻挑战，创新、协同、远见成为推动科技创新的关键性举措。

表 1.1　　全球主要国家/组织对科技发展的共性布局和重点特色布局

重点领域	美国	英国	日本	德国	欧盟
可再生能源及有效利用、绿色/新能源、节能技术	●	●	●	●	●
基因医学及疾病预测、生物医疗、医药	●	●	●	●	●
健康信息技术	●				
材料基因组、新兴工程材料、先进材料	●	●	●		●
高效能计算、大数据分析、大数据应用	●	●			
智能/先进制造、3D 打印	●			●	
光、量子技术	●		●		
人工智能与机器人		●	●		
信息和通信技术、数字网络		●	●		●
空间技术		●			
环境科学、气候环境和变化应对		●			
生物医学工程与生物材料、生物技术		●	●		●
汽车工业、未来交通		●		●	
电子电气工程材料与设备			●		
灾害预测技术			●		
农畜水产病害防治、农业技术			●		
食品安全					●
海洋技术			●	●	

注：表中黑点表示该国家在对应的重点领域有布局。

资料来源：吴鸣，刘细文，王辉，靳茜，杨小薇，张迪，林巧. 世界主要国家科技重点领域遴选识别分析［J］. 图书情报工作，2018，62（16）：55－60.

自国家创新系统提出之后，各国便强化了科学、产业和政府"三螺旋"的互动与合作关系，明确了各创新主体为社会创造价值的一致性目标和共同利益。因此，在科技发展的同时，各国政府相应制定了依托科技发展的产业政策。

1.2.1.2　世界主要发达国家及区域组织科技发展战略

近 20 年期间，世界众多科技强国相继加强战略规划导向与科技政策制度来维护并推动科技创新生态体系高效运作。美国、欧盟、德国、英国、日本等主要发达国家及区域组织均重视并持续更新其创新战略，从而构建本国及区域发展竞争力（见表 1.2）。

表 1.2　　世界主要发达国家及区域组织面向未来的科技发展战略

国家或区域组织	出台战略	主要内容
美国	《美国创新战略》（2009，2011，2015）	加大对创新基石（基础研究、人才、物质基础设施、信息技术生态系统）的重点投入；激发创业市场的活力；推动国家优先事项的科技突破（清洁能源、先进车辆技术、卫生保健技术）
	构建未来：投资发现和创新战略规划（2018～2022）	投资先进的基础研究设施，包括量子跃迁、探索北极圈、理解生命的法则、宇宙之窗和驾驭数据革命等
欧盟	"地平线欧洲"计划（第九框架计划）（2021～2027）	投资总计 1000 亿欧元用来突破重大社会和环境挑战，主要涉及健康医疗、工业数字化转型、交通能源、食品安全等基础研究和应用开发
	《欧洲工业战略》	提出知识产权行动计划，保护技术所有权，推动国际市场公平公正；加强高耗能行业的现代化创新和脱碳建设；提高欧洲的工业和战略自主权，保障重要原料供给；建设清洁氢能联盟，来促进工业生产脱碳并维持工业主导地位等
德国	数字化战略 2025	基于计算机、互联网与大数据等现代高科技手段，打造智能家居、智能交通、智能工厂等各种数字化系统，努力建设智慧城市
	德国 2030 年工业 4.0 愿景	通过使用灵活的世界网络增值体系，有效推动数字化商业模式进程，巩固全球工业 4.0 装备厂商的引领地位
英国	《产业战略：建设适应未来的英国》	基于当前对人工智能、清洁增长、未来交通以及老龄化社会等领域的不断重视，针对加强创意水平、人力资源、基础设施建设、商业环境与区域发展等内容制定具体建议和策略
	《技术与创新未来：英国 2030 年的增长机会》	针对材料与纳米技术、能源与低碳技术、生物与制药技术、数字与网络技术四个重点应用技术开展技术预见，并对未来的科技工作提出建议

国家或区域组织	出台战略	主要内容
日本	《日本创新战略2025》	制定针对医疗健康、环境能源、生活产业、拓展领域（机器人登月等）、社会环境5个重点领域的技术创新计划
	战略性创新创造项目（SIP）	一期课题：燃烧技术、新一代电力电子、创新的结构材料、新能源、新一代海洋资源勘探技术、自动驾驶系统、基础设施的维护、抗灾救灾和减灾、基础设施的网络安全性、新一代农林水产业创新技术、生产技术的创新设计等； 二期课题：网络空间基础技术、物理空间的技术、自动驾驶、光·量子技术基础、生物·农业、健康医疗、海洋等

资料来源：笔者根据相关资料整理。

　　面对科技创新与竞争的环境，必须前瞻全球现代化发展大势，走科学、协调、可持续发展的道路。物质能量间的调控和转换、量子信息控制和传输、生命基因的遗传变异和进化以及人工合成、脑与认知、地球系统进化等重点学科研究，能源、资源、信息、先进材料、现代农业、人口健康等与人类现代化发展息息相关的关键战略领域，全都已经成为世界主要发达国家集成科技资源，实现国家科技创新跨越发展的重点发展领域和优先战略布局点。

　　基于美国、英国、德国、日本等主要科技强国或者欧盟等共同体相继提出的科技战略、规划目标、管理手段、执行进程等诸多方面，能够总结出存在的五点共性特征：第一，重视基础研究和科研基础设施建设；第二，科技创新投入不断增加，特别是基础研究与教育的投入；第三，改革创新科研计划立项资助模式和经费管理制度；第四，加强政产学研多主体间的协同合作，完善深化公私合作伙伴机制；第五，鼓励开放式创新。

1.2.2　全球科技集群发展格局分析

　　基于各国制定的创新战略以及国际市场竞争机制的时代背景，全球众多经济体将视野逐步聚焦在技术创新创造和创新生态系统构建等领域中，演进形成创新发展各异的绩效格局，并体现在地理格局上的变化。世界众多国家的科技集群兴起以及创新型城市主导构成的马赛克经济，共同塑造出独具特色的经济地图。世界科技创新中心逐步成为城市建设的战略要地和创新前沿。

康奈尔大学、欧洲工商管理学院以及世界知识产权组织三个主要研究机构联合发表了《2019 全球创新指数》（GII）。该创新指数根据国际专利申请中列出的发明人，以及科学刊物文章上的作者所在的位置来识别创新集群，研究发现连续两年（2018、2019）排名前 100 位的集群都来自同样的 27 个国家，且 70% 的创新集群来自美国、中国、德国、法国、英国、加拿大、日本 7 个国家，表现出本地创新的持续性和集聚性，其中美国是全球创新的核心集聚区，是创新的引导力量。7 个国家排名前 100 位的科技集群主要分布如表 1.3 所示。

表 1.3   **全球科技集群主要集聚分布情况**

主要国家	集群数量	科技集群名称
美国	26	圣何塞—旧金山、波士顿—剑桥、纽约、圣地亚哥、哥伦比亚特区—巴尔的摩、洛杉矶、休斯敦、西雅图、芝加哥、明尼阿波利斯、费城、罗利、波特兰、丹佛、亚特兰大、辛辛那提、匹兹堡、达拉斯、安阿伯、克利夫兰、菲尼克斯、奥斯汀、布里奇波特—纽黑文、圣路易斯、哥伦布、印第安纳波利斯
中国	18	深圳—香港、北京、上海、广州、南京、杭州、武汉、台北、西安、成都、天津、长沙、青岛、苏州、哈尔滨、重庆、济南、合肥
德国	10	科隆、慕尼黑、斯图加特、法兰克福、柏林、苏黎世、海德堡—曼海姆、纽伦堡—埃朗根、汉堡
法国	5	巴黎、里昂、格勒诺布尔
英国	4	伦敦、剑桥、牛津、曼彻斯特
加拿大	4	安大略省多伦多、魁北克省蒙特利尔、不列颠哥伦比亚省温哥华、安大略省渥太华
日本	3	东京—横滨、大阪—神户—京都、名古屋

资料来源：康奈尔大学，欧洲工商管理学院，世界知识产权组织 . 2019 全球创新指数（GII）［R］. 2020.

创新集群的效应主要表现为在科技领域具有控制力和辐射溢出效应。根据《2019 全球创新指数》（GII）数据，从科学出版物合作和专利合作数据分别探析全球创新集群的发展。从全球主要国家创新集群在科学出版方面的紧密合作情况分析（见图 1.3），创新集群在科学出版物方面的紧密合作主要集中在本国范围内，且合作最密切的组织均是高等院校（图 1.3 中节点代表创新集群和合作最多的组织，连线代表两节点之间存在密切合作）。在中国，各创新集群均与北京集群和中国科学院合作最为密切。从全球主要国家创新集群在专利技术方面的紧密合作情况分析（见图 1.4），在 7 个主要国家的创新集群中，65% 的创新集群在科学出版和专利合作方面均

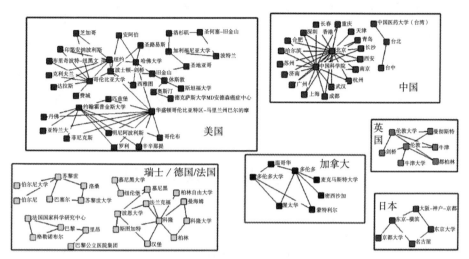

图 1.3　全球主要国家创新集群科学出版物紧密合作网络

资料来源：根据《2019 全球创新指数》（GII）数据绘制。

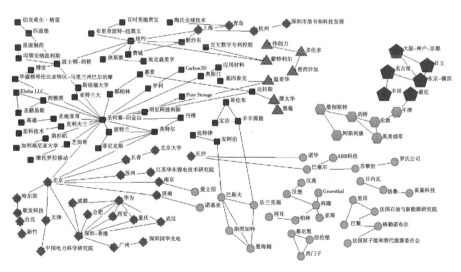

图 1.4　全球主要国家创新集群专利紧密合作网络

资料来源：根据《2019 全球创新指数》（GII）数据绘制。

选择了不同的合作伙伴。全球各地的创新集群在专利技术研究领域中打破了国界限制，在专利合作网络结构中形成了以特定创新集群（如圣何塞—旧金山、北京、深圳—香港等）或是关键技术专利申请人（如英特尔、华为等）为中心的超级核心节点（图 1.4 中各节点代表创新集群与合作最多的专利申请人，不同形状的节点主要用于划分不同的国家，正方形代表美国，菱形代表中国，圆形代表瑞士/德国/法国，三角形代表加拿大，六边形代表英国，五边形代表日本，连线代表两节点之间合作最为密切）。综上，在国际视野下，创新发展已演变为在资源禀赋基础上，由点（创新空间）到面（创新城市、创新集群）的空间发展格局，且碎片化（图 1.3 局部区域化）与开放性共存，创新主体也由独立研发逐步发展为协同合作的复杂网络体系。

1.3 我国创新体系发展历程

当前，我国已从以农业为主导的经济体迅速发展为世界制造业中心，成为世界第二大经济体。然而，在引人瞩目成就的背后也有令人忧虑之处。我国在面临如公共投资回报减少、人口老龄化形式严峻以及竞争市场复杂等诸多困难时，要转变发展思路不断寻求新的经济动能。

1.3.1 我国创新体系建设历史

新中国成立伊始，我国就开始着手开展创新体系建设。改革开放以来，我国创新体系得到前所未有的重视，取得了巨大发展成效。创新体系的发展脉络经历了五个阶段：科技活动恢复期、科研体制改革期、科研体系调整期、创新体系建设期、创新驱动发展期。

阶段一（1978~1985 年）是科技活动恢复期。在这一阶段，中国政府启动改革开放，中国科技和教育活动全面恢复，并大幅增加科技投入。1978年邓小平同志明确阐述了"科学技术是生产力"这一重大理念，这是中国历史上第一次把科学技术作为经济发展的驱动力之一。[①]

---

① 1978 年全国科学大会［N］. 央广网，http：//china. cnr. cn/gdgg/20210318/t20210318_525439650. shtml，2021 - 03 - 18.

阶段二（1986～1994 年）是科研体制改革期。该阶段，中国处于由计划经济向市场经济发展转变的过程中，其中在最初的计划经济体制中，科学技术发展和社会经济活动分别根据不同的政府指令和任务分配，完成各自领域的预期目标，两者是独立分割的。针对该限制局面，我国政府加强关注基础科学技术研发投入、实行"简政放权"的科研体系变革机制、打造科技计划体系等多种形式共同保障基础研究的综合实力；引导科研院所与优秀人才进入社会和市场的大舞台中，促进科技成果转移，拓宽创新渠道。在此期间，探索建立了高新技术开发区，著名的中关村科技园就诞生于这一阶段，联想、中兴等科技企业也相继成立。

阶段三（1995～2001 年）是科研体系调整期。在前两个阶段，中国创新体系呈现出单一关注科学技术的特点。1995 年，我国政府首次提出"科教兴国"战略，并将创新从之前"点"状关注科研体制改革，转向全面建立国家创新体系。这一阶段最为重要的特点是中国企业开始逐步参与到技术创新中，中国互联网领域著名的"BAT 三巨头"先后于 1998 年、1999 年和 2000 年成立。

阶段四（2001～2011 年）是创新体系建设期。2001 年，我国成功加入世界贸易组织（WTO），我国市场作为世界市场的关键一员，跻身于世界竞争的巨大舞台。面对国际竞争压力，我国一方面根据 WTO 的要求完善了知识产权保护的法规与政策，促进国外资金和技术引进；另一方面，开始启动中长期科学和技术发展规划，决定走自主创新的发展道路，并将提升企业创新能力作为战略落地的核心。2006 年，我国颁布了《国家中长期科学和技术发展规划纲要（2006～2020 年）》，报告中首次提出"使企业成为研究开发投入的主体"，标志着政府逐渐由台前走向幕后，专注于创新战略蓝图绘制与创新生态建设。

阶段五（2012 年至今）是创新驱动发展期。从 2012 年开始，中国 GDP 结束了高速增长，经济增速放缓迫使中国需要寻求新的发展模式。2014 年，李克强总理明确提出"大众创新、万众创业"的重要理念，以互联网为代表的新技术、新模式、新业态创新达到了前所未有的活跃程度。同时，中央政府加大了对基础研究和重大科技的专项投入，力求逐步缩小与发达国家在科技发展水平上的差距。我国政府已正式将科技创新提升到国家战略高度。

梳理中国创新体系的发展脉络，可以总结出三大特点。

第一，将创新体系建设和国家战略、产业升级紧密相连。回顾过去 40 年中国科技创新体系改革的关键举措，其创新战略、政策法规和机构改革，在不同的发展阶段具有不同的主题和特色，并具有清晰的升级脉络和延续性。

第二，从单一关注技术向创新生态转变。中国的创新体系早期仅聚焦科学技术研究的投入与配套机制设计，随着市场经济的逐步建立与中国融入国际市场，企业等创新主体逐步进入创新体系。

第三，政府逐渐从主导向使能角色转换。在计划经济时代，中国政府不仅参与创新活动的统筹协调，甚至也参与创新的实施。随着中国经济市场化程度的提高，政府不断授权给以企业为代表的创新主体，根据市场需求决定创新方向。

1.3.2 我国创新体系现状

中国在科技创新领域已经快速崛起。根据 2021 年世界知识产权组织（WIPO）公开的 2021 年全球创新指数（Global Innovation Index，GII）数据显示，中国名次稳步提升到世界第 12 位，并且我国依旧作为前 30 位经济体中唯一的中等收入国家。从 2013 年至今，我国的全球创新指数综合排名稳步提高，目前位于世界范围内创新领跑者的地位。目前，我国拥有共计 19 个世界领先的科技集群，深圳—香港—广州与北京两个集群排名分别位列世界第二、第三。在大部分创新维度上，中国均接近甚至超越 OECD 国家平均水平，并且在基础教育培训、市场规模、专利与商标产出和创意产品出口等方面领先全球。下面从创新的要素投入和创新活动的实际产出两方面分析我国创新发展水平。

1.3.2.1 创新投入

研发支出是一个能够反映国家创新投入和支持程度的关键指标，研发支出通常包括系统性创新工作的经常支出费用与资本支出费用（国家和私人），主要用于提高知识水准，涵盖人文、社会科学等知识，且对科学知识进行创新生产和运用。依据研发支出的统计结果可知，我国的创新投入主要有以下三大特征。

（1）研发投入逐年增加。

我国研发支出占 GDP 的比重，从 2010 年的 1.7%，上升到 2020 年的

2.4%，已接近 OECD 国家的平均水平（2.5%）。我国计划到 2030 年将这一比例提升至 2.8%，未来与科技强国（如美国、德国、日本、以色列等）之间的差距将逐渐缩小。2020 年研究与试验发展（R&D）经费投入达到 2.44 万亿元，科技进步贡献率达到 60%（见图 1.5）。

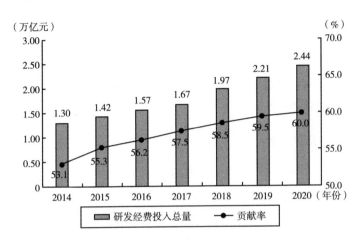

图 1.5　研发投入与科技进步贡献率

资料来源：王晓涛. 双创 7 年成效如何？2021 年全国双创数据大屏一目了然［N/OL］. 中国发展网，2021 – 10 – 26. http：//www. chinadevelopment. com. cn/sh/2021/1026/1749307. shtml.

（2）企业为研发投入的主要来源，但不应忽视政府的作用。

研发资金的来源有三种：企业、政府、其他（包括高校与私人非营利机构、外国投资）。我国的研发投入来源分布与日本和韩国类似，企业投入占比超过 75%，高于美国及欧盟。政府投入占比为 20%，低于美国和欧盟国家[1]。值得注意的是，这一数据不应被解读为政府在创新投入中的作用较弱，原因在于企业投入包含了中国国有企业的研发投入。

（3）企业主导创新活动，高校研发经费占比低。

研发资金的使用者与投资方往往不是同一个机构。研发资金主要有四种执行主体，分别为政府部门、企业机构、高等教育组织以及私人非营利组织。中国推动企业作为创新主体的努力有目共睹。据统计，2013～2019 年中国七年内全部研发活动约有 77.1% 是由企业主体完成的，超过了美国（72.3%）和 OECD 的平均水平（69.9%）[2]。

中国全部的研发经费占总支出的 15.7%，超过美国（10.5%）和欧盟

①②　波士顿咨询公司. 解码中国创新：过去、现在与未来［R］. 2021.

（12.1%）等世界先进经济体①。我国政府投入大量的研发经费推动了国家科技进步和创新发展，取得的成果受到全世界的广泛关注，其中极具标志性的例子就是中国国家航天局在空间站技术、登月、火星探测等领域取得重大技术进展。

我国高等教育机构研发经费占比仅为 7.2%，低于美国（12.9%）、日本（12.3%）、欧盟（22.3%）和 OECD 成员国平均水平（17.4%）②。目前，我国高等教育机构的研发经费大部分来自政府的财政支持，而政府对于其下属研发组织的投入总量远超过对高校的投入，导致我国高校研发费用的整体占比相对较低。

1.3.2.2 创新产出

创新产出是指创新活动的实际结果，我国的创新产出具有两大特点：数量优于质量；整体优于局部。整体来看，中国创新正在从"引进跟随"向"自主创新"转型。基于创新的整体规模而言，中国早已变成极具影响力的"创新大国"，但相较于建设"创新强国"的目标尚且存在一段距离。

首先，虽然我国取得的科研创新成果颇丰，但是成果的质量和转化比重相对较低。从学术成果影响视角来看，我国虽然是世界科技论文产出规模第一大国，但是 H 指数③和美国相比只有其 35.7%；从科技成果转化视角来看，2015～2021 年，我国在获批专利总量上一直位列世界第一，但是 2020 年我国在知识产权领域的收入总量并不可观，只占据贸易总额的 0.2%，与瑞士、日本、美国等先进国家 5% 左右的比重相比仍有较大差距，而我国高校专利转让率也只有美国的 1/20④。

其次，虽然我国行业产出占比较高，但是对于尖端领域的创新和研发能力方面有所欠缺。中国在知识技术密集型行业的世界产出规模只居于美国之后，但在部分尖端技术创新领域依旧落后于全球发达国家的发展水平。我国在高研发强度行业⑤的全球附加值占比落后于美国和欧盟；在高端及中高端技术产出占比还没有步入世界前十行列。

---

① ② ④ 波士顿咨询公司. 解码中国创新：过去、现在与未来［R］. 2021.

③ 衡量一个经济体在发布的 H 数量的文章中，曾获得至少 H 数量以上引用的文章数量。

⑤ 行业研发强度 = 行业企业研发支出总额/行业附加值总额，高研发强度行业是指该比值按照全球产值计算排名前五的行业，包括飞机制造、医药、计算机、电子和光学产品、科研研发服务及软件研发出版。

中国创新既具有自身特色，也具有一般后发国家发展的共性。观察中国的创新历程，反映出创新发展的三条规律。

第一，创新是一段艰辛且漫长的磨炼过程，必须要具备"十年磨一剑"的定力。在创新研发的不同环节中具有各种未知的风险，特别是对于先进技术领域的基础研究，具有创新周期长、投入多、风险高、难度大的特点。因此，创新应尊重科学规律，并保持充分耐心，也需要建立稳定可持续发展的创新环境。

第二，创新具有高度聚合和开放共享的特征，能够激发产生其他形式的创新。创新集群有利于汇集资源，形成规模优势，降低生产成本；而且还能够形成信息交流网络，有利于形成创新文化。开放式创新能够加快创新速度，提升创新成功率；引入外部创新资源，可以跳出既有思考框架，在思维碰撞中孕育新的创新想法。

第三，创新不是先行者的独有特权，后来进入的研发组织可以使用较低的破坏成本打破先行优势。先发者因其市场成熟度较高，在面对创新时倾向于沿用既有技术/体系，或选择渐进式发展路径；后发者因其市场成熟度低，通过破坏式创新可以快速填补市场空白，摆脱跟随者地位。

1.3.3　我国创新体系形成过程中的区域发展梯度格局演化过程

自 1949 年新中国成立以来，我国经济发展先后经历了以生产要素为导向、以投资为导向，到目前的创新导向阶段，同时形成了地理上差异化的经济格局。

我国制造业增加值在 2010 年成功超越美国，我国跻身为全球第一制造大国。目前，我国已建立拥有 41 个大类、207 个中类以及 666 个小类于一体的工业生产体系，重点工业品生产规模稳居全球领先地位，高技术以及高附加值的商品成为重要的出口力量。另外，我国充分发挥要素禀赋比较优势，将产业竞争由最初的价格优势，成功转变为规模优势，直至最后的创新优势。我国区域经济和产业布局演化过程如图 1.6 所示。

伴随国家政府导向下的柔性创新政策陆续实施，创新驱动力呈现出由政府、市场、社会三维主体协同发展的态势，发展过程中竞争与合作共存。由于各地资源禀赋构造有所差异导致不同地域出现创新发展不均衡、不充分的现象，目前我国南北地区的发展差异远大于东西地域，使得会产生以

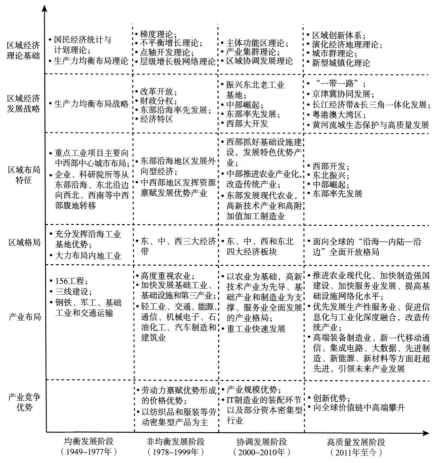

	均衡发展阶段（1949~1977年）	非均衡发展阶段（1978~1999年）	协调发展阶段（2000~2010年）	高质量发展阶段（2011年至今）
区域经济理论基础	• 国民经济统计与计划理论； • 生产力均衡布局理论	梯度理论； 不平衡增长理论； 点轴开发理论； 层级增长极网络理论	主体功能区理论； 产业集群理论； 区域协调发展理论	区域创新体系； 演化经济地理理论； 城市群理论； 新型城镇化理论
区域经济发展战略	• 生产力均衡布局战略	改革开放； 财政分权； 东部沿海率先发展； 经济特区	• 振兴东北老工业基地； • 中部崛起； • 东部率先发展； • 西部大开发	"一带一路"； 京津冀协同发展； 长江经济带&长三角一体化发展； 粤港澳大湾区； 黄河流域生态保护与高质量发展
区域布局特征	• 重点工业项目主要向中西部中心城市布局； • 企业、科研院所等从东部沿海、东北沿边向西北、西南等中西部腹地转移	东部沿海地区发展外向型经济； 中西部地区发挥资源禀赋发展优势产业	西部抓好基础设施建设，发展特色优势产业； 中部推进农业产业化，改造传统产业； 东部发展现代农业、高新技术产业和高附加值加工制造业	西部开发； 东北振兴； 中部崛起； 东部率先发展
区域格局	• 充分发挥沿海工业基地优势； • 大力布局内地工业	东、中、西三大经济带	东、中、西和东北四大经济板块	面向全球的"沿海—内陆—沿边"全面开放格局
产业布局	• 156工程； • 三线建设； • 钢铁、军工、基础工业和交通运输	高度重视农业； 加快发展基础工业、基础设施和第三产业； 轻工业、交通、能源通信、机械电子、石油化工、汽车制造和建筑业	以农业为基础，高新技术产业为先导、基础产业和制造业为支撑、服务业全面发展的产业格局； 重工业快速发展	推进农业现代化、加快制造强国建设、加快服务业发展、提高基础设施网络化水平； 优先发展生产性服务业、促进信息化与工业化深度融合，改造传统产业； 高端装备制造业、新一代移动通信、集成电路、大数据、先进制造、新能源、新材料等方面赶超先进，引领未来产业发展
产业竞争优势		劳动力禀赋优势形成的价格优势； 以纺织品和服装等劳动密集型产品为主	产业规模优势； IT制造业的装配环节以及部分资本密集型行业	创新优势； 向全球价值链中高端攀升

图 1.6 我国区域经济和产业发展演化过程

资料来源：根据历次五年规划及产业政策整理。

"东部领跑，中部、东北与西部跟跑"的发展格局，其中东部面临"高位失衡"的困境，中部、西部与东北地区则处于"低水平均衡"的状态。由于中西部两大地区的创新主体全都出现了由"点""极"共同引领下省域联动的创新发展特征，使得省域创新共同体也在逐步产生。

1.3.4 我国创新城市崛起与营商环境分析

1.3.4.1 创新城市崛起之空间布局

从全国各省级区域的空间视角来看，目前我国建立了不同类型且独具

特色的科技创新格局，其中主要有全国科技创新中心，如北京；技术创新
与高技术产业集聚区，如江苏和广东；特色产业创新发展区域，如天津、
山东、浙江、福建；中西部科技创新密集区，如陕西、四川、湖北和重庆。
从城市的省际分布看，虽然不同的组织对创新城市采用的评价标准不尽一
致，但评价结果差异不显著。除北京、上海、天津三个直辖市外，广东和
江苏两个地区的创新城市最多，山东次之。不同评价标准下我国的典型创
新城市如表 1.4 所示。

表 1.4　　　　　　　　不同评价标准下的上榜创新城市

创新城市评价标准	评价指标	所在省份	创新城市
中国城市科技创新发展指数（2019）（上榜前 20 名）	创新资源、创新环境、创新服务、创新绩效	北京	北京
		广东	深圳、广州、珠海、东莞
		上海	上海
		江苏	南京、苏州、常州、无锡
		浙江	杭州
		湖北	武汉
		陕西	西安
		湖南	长沙
		四川	成都
		天津	天津
		山东	青岛、济南
		安徽	合肥
		福建	厦门
2019 全球创新指数（GII）（全球前 100 名上榜城市）	科学出版活动、专利（PCT）活动	广东	深圳、广州
		北京	北京
		上海	上海
		江苏	南京、苏州
		浙江	杭州
		湖北	武汉
		台湾	台北
		陕西	西安
		四川	成都
		天津	天津

续表

创新城市评价标准	评价指标	所在省份	创新城市
2019 全球创新指数（GII）（全球前 100 名上榜城市）	科学出版活动、专利（PCT）活动	湖南	长沙
		山东	青岛、济南
		黑龙江	哈尔滨
		重庆	重庆
		安徽	合肥

资料来源：关成华，赵峥．中国城市科技创新发展报告（2019）［M］．北京：科学技术文献出版社，2020；康奈尔大学、欧洲工商管理学院和世界知识产权组织．2019 年全球创新指数：打造健康生活——医学创新的未来［R］．伊萨卡、枫丹白露和日内瓦，2019.

为进一步探究创新城市崛起的成因，从营商环境分析各区域与创新城市崛起的差异。

1.3.4.2 营商环境的区域差异与产业布局

李克强总理反复强调"营商环境就是生产力"。[①] 2018～2019 年，我国进一步扩增营商环境变革的前进步调。《2018 全球营商环境报告》显示，我国的营商便利度位居世界第 78 位，而到 2020 年，我国的营商便利度已提升至第 31 位，排名跃升了 47 位。与此同时，中国相继两年成为世界营商环境优化程度最高的十大经济体之一。

基于市场、政务、法律政策以及人文四维度视角来看，我国七大地域间的营商环境具有明显差别。华东最佳，西南、华北、华南、华中次之，东北和西北营商环境较差。

伴随区域经济的变革和演进，不同地域制定和执行了各自的经济发展策略和产业政策，呈现出差异化发展的七大城市集群，分别有珠三角、长三角、山东半岛、京津冀、海峡西岸、长江中游以及中原城市群。依据硬环境（气候或地理条件以及基础设施建设）和软环境（技术创新环境、金融环境和人才环境、文化环境和生活环境）两大类别对七大城市群进行评估，其营商环境指数情况如图 1.7 所示。

---

① 李克强为什么提出"营商环境就是生产力"？［N/OL］．北京周报，http：//www. beijingreview. com. cn/caijing/201706/t20170619_800098554. html，2017 – 06 – 19.

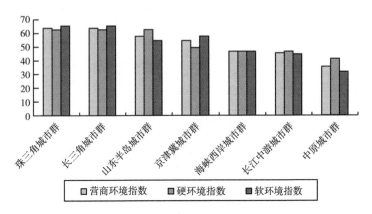

图 1.7　七大城市群营商环境指数

资料来源：张三保，康璧成，张志学．中国省份营商环境评价：指标体系与量化分析［J］．经济管理，2020（4）：5 - 19.

珠三角地区具备沿海地理优势，并且拥有广东省丰富的金融与科技资源禀赋，在金融环境、技术环境和生活环境方面排名第一。山东半岛城市群凭借强大的工业产业基础以及成熟的综合交通网络，人均基础设施环境位列第一。京津冀城市群借助北京的辐射与引领，对众多高端优秀人才有着巨大的吸引力，然而京津冀三个地域间的营商环境存在较大差异，特别是在市场环境与人文环境方面差异极其突出。与其他六个城市群相比，中原城市群整体的营商环境较差，只有郑州的排名相对较好，位列第 21 名，而区域内其他地区的营商环境存在较明显差异。长江经济带的营商环境在上、中、下游存在较大差异，下游营商环境最好。在"丝绸之路经济带"涉及的 13 个省份中，平均的营商环境指数远小于全国整体平均数值，且各省内部子环境差异普遍较大。而"21 世纪海上丝绸之路"5 省份营商环境远高于全国总体均值。

我国不同地区营商环境指数排名前十的省份依次为：北京、上海、广东、四川、江苏、重庆、浙江、安徽、山东和贵州。并且，创新城市所属省份和营商环境排名前十的省份存在较高的重复率，说明改善营商环境的相关举措对促进经济增长与发展十分关键，省域营商环境为创新城市之崛起起到了良好的环境孵化作用，这些区域集中于北京、上海、广东、浙江、四川、山东、安徽。

进一步从创新战略角度探究 7 个地区的成功经验，如表 1.5 所示。

表 1.5 　　　　　　　　　高营商环境高创新城市地区创新体系分析

省份	科技与产业战略布局	创新环境与能力建设
北京	1. 针对量子、光电、医疗健康等重点产业加强基础研究与应用开发，围绕 5G、半导体、新能源、车联网、区块链等重点技术，打造北京应用数学研究院等一系列新型研发单位。2. 组建集成电路产业链创新生态体系，重点培育医药健康、燃料电池汽车产业发展。3. 面向金融、科技、互联网信息、专业服务等八大前沿领域实施改革三年行动计划	1. 执行海淀创新发展 16 条，加强科技体制改革 30 条政策举措，加速颁布促进科技成果转化条例，科技成果权属改革等制度革新。2. 积极落实"一带一路"科技创新北京行动计划，打造离岸科技孵化基地。3. 搭建京津冀大数据综合试验区应用试点，促进创新资源共享与科研成果转移转化
上海	1. 建设软 X 射线、活细胞成像平台等大科学设施。2. 打造先进制造业集群，创建人工智能创新应用先导区；促进汽车、精品钢材、精细化工等产业优化，加强集成电路、人工智能、生物医药、航空航天、智能制造、数字经济等新兴产业集群建设。着力新兴服务业、高端服务业、精细服务业、特色服务业。3. 智慧城市建设	1. 加强国际金融中心、国际航运中心、国际贸易中心、科技创新中心、国际人才高地"五个中心"建设，进一步提升要素市场国际化实力。2. 提高 G60 科创走廊能级，加强生态环境的共同保障和联动治理能力。3. 促进科创板发展，健全中小企业发展政策框架。开拓"一带一路"沿线等新兴市场
四川	1. 围绕"5＋1""10＋3""4＋6"等重点产业需求，进一步完善以企业为主导的创新机制，重点开展产业技术路线图、重大科技专项研究和重点产业技术突破，积极推动高新技术企业和科技型中小企业培育，大力发展高新技术产业和科技及信息服务业。2. 着力打造重点实验室、技术创新中心和国家高新区、农业科技园区，建设新型研发机构	1. 加大成德绵国家成果转化示范区和生物医药国家重大专项成果转化示范区的建设力度，优化国家技术转移西南中心"1＋4＋N"体系，加强科技金融交互结合。2. 统筹实施天府高端引智计划。3. 精准科技特派员工作。4. 积极推进"一带一路"科技创新合作，进一步扩大和粤港澳大湾区、长三角、京津冀等地区的科技创新协作
山东	1. 着力发展网络空间安全、蓝色药库、前沿新材料、新一代人工智能、云计算、大数据、智能机器人。打造国家健康医疗大数据北方中心、能源研究院、高端石化研究院、稀土催化研究院、济南超算科技园、5G 高新视频实验园。2. 积极推进"现代优势产业集群＋人工智能"十大工程。打造"中国算谷"，布局新基建。发展数字产业、轨道交通、动力装备、智能家电、新能源汽车、核电装备、氢能及燃料电池、8K 超高清视频产业	1. 健全科技创新市场导向制度。2. 积极构建外国高端人才集聚机制，打造国家"高等学校学科创新引智基地"，落实具有国际竞争力的"外专双百计划"，开展高校英才集聚工程。3. 执行"政产学研金服用"创新创业共同体 5 年培育计划，促进"1＋30＋N"创新创业共同体体系的构建

省份	科技与产业战略布局	创新环境与能力建设
浙江	1. 对于人工智能基础前沿理论、核心技术、支撑平台、创新应用和产业发展等领域获得重大进步。成功构建"互联网+"、生命健康科技创新高地，新材料科技创新高地。2. 重点打造数字安防、汽车及零部件、绿色石化、现代纺织等若干具有国际竞争力的先进制造业集群。加强集成电路、软件业，超前布局量子信息、类脑芯片、第三代半导体、下一代人工智能等前沿领域研究，着力发展氢能产业。实施智能化技术改造行动。构造氢能产业创新研究院、国家数字经济创新发展试验区、绍兴国家级集成电路产业创新中心、软件名城、新一代人工智能创新发展试验区等数字经济平台建设	1. 建立"产学研用金、才政介美云"十联动的创新创业生态体系。搭建重大基础研究平台、创新创业平台、高新技术产业发展平台等三类高能级的平台。大力推进科技成果转化行动、科技型企业培育行动、高新技术产业发展行动、科技惠民行动、创新人才和团队引育行动、基础研究提升行动、科技金融结合行动、国际科技合作行动、知识产权强省行动、科技体制改革行动等十项重大行动计划。2. 科技成果转化。壮大中国浙江网上技术市场；进一步健全科技成果转移转化制度保障；积极推动线上线下融合的科技大市场建设；有效进行科技成果竞价拍卖
广东	1. 针对信息、材料、生命科学与人口健康、工程环境海洋、数理与交叉等先进关键型产业开展基础研究重大项目建设。布局散裂中子源、强流重离子加速器装置、国家冷泉生态系统大科学装置、南海海底科学观测网等若干重大科研基础设施。2. 着力构建新一代信息技术、人工智能、生物医药、新能源、智能网联汽车等产业，建设国家人工智能和数字经济实验区。加强集成电路、半导体材料、高端装备制造、工业软件等关键核心技术攻关；构建绿色石化、智能家电、汽车制造等世界级先进制造集群，壮大新能源汽车产业、布局氢能产业	1. 打造以企业为主体、市场发展为导向、产学研互融合的技术创新体系；促进科技金融产业融合、完善企业孵化育成体系、打造国家级知识产权保护中心、探索科技成果权属改革。2. 加强科技领域"放管服"改革。3. 发展以深圳为主阵地综合性国家科学中心，光明科学城、西丽湖国际科教城等平台，粤港澳大湾区大数据中心。4. 打造人才高地。5. 提高企业创新主体地位，发展一流新型研发机构。6. 布局中试验证和应用示范平台，推进高水平大学和重点学科建设
安徽	1. 重点布局量子信息与量子科技创新研究院、聚变堆主机关键系统综合研究设施、合肥先进计算中心，加快建成合肥先进光源、大气环境立体探测实验研究设施等。围绕信息、能源、健康、环境等重点领域，加强基础研究、应用基础研究和成果转化。2. 执行未来产业培育计划，超前布局量子计算与量子通信、生物制造、先进核能等重点领域，推动类脑芯片、第三代半导体、聚乳酸、靶向治疗、再生医疗、非晶材料等产业化发展	1. 加强科技创新策源地建设。提升合肥综合性国家科学中心功能。着力打造未来技术综合研究基地。能源研究院、人工智能研究院、大健康研究院、环境科学研发机构。2. 完善以人才为核心的创新激励机制。3. 积极打造产业创新中心，推进科技研发、技术熟化、产业孵化、企业对接、成果落地的完整体系构建。组建运行省科技成果转化引导基金

资料来源：根据各省份政府工作报告整理。

由以上创新空间的区域布局可见，区域经济的发展需要建立在当地资本、劳动力以及自然资源要素禀赋基础上，构建合理的产业结构和创新战略支撑体系。第一，着力开展基础研究与前沿科技领域建设；第二，统筹培育领先型产业、换道超车型产业与传统支柱产业，加强产业集群与数据密集型产业发展；第三，基于产业链和价值链视角推动区域经济发展，技术创新环境、金融环境和人才环境、文化环境和生活环境等软环境要素对城市营商环境的竞争力产生重大影响；第四，促进创新平台构建与科技成果转化；第五，健全创新体制机制建设，提高民营经济和企业创新主体的市场地位，增强创新创业和人才激励与集聚。

我国创新能力建设已取得显著成效，未来将在全球创新格局中占据越来越重要的地位。创新的门槛将越来越高，具体体现在三个方面。

第一，技术突破创新。未来技术储备将变得尤为重要，前沿技术的商业化与产业化将是最大的价值创造源泉。

第二，应用转化创新。传统低效率产业依旧不断进行数字化转型，前期较为基础简单的工作已经实现，发展后期对于科技知识更加先进、产业链更为复杂的垂直领域数字化还应投入更多的研发精力、制定有效的实施举措。

第三，商业模式创新。点状创新门槛过低，将无法获得持续的竞争基础，存量市场零和博弈的模式创新将无法持久；未来具备规模化输出创新能力的组织和能够高效激发、整合创新资源的生态将获得前所未有的优势。

1.4　我国"双创"发展现状

1.4.1　我国"双创"整体发展情况

随着国家积极落实创新驱动发展战略，双创活动正如火如荼地进行，创新创业创造的生态环境逐渐改善，双创政策激励程度不断深入，市场主体竞争局面加剧，国家整体的科技创新能力明显增强，创业促进就业效果立竿见影，新动能加速壮大，为全力做好"六稳"工作、落实"六保"任务提供了有力支撑，为经济平稳健康发展提供了坚实保障。

返乡入乡创业群体数量不断攀升，2020 年突破 1000 万人，充分发挥了乡村就业"蓄水池"作用（见图 1.8）。

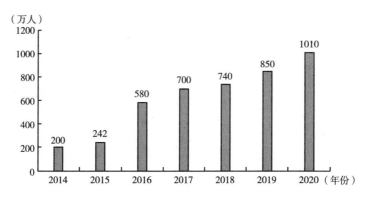

图 1.8　2014～2020 年返乡入乡创业群体数量

资料来源：王晓涛. 双创 7 年成效如何？2021 年全国双创数据大屏一目了然［N/OL］. 中国发展网，2021 - 10 - 26. http：//www.chinadevelopment. com. cn/sh/2021/1026/1749307. shtml.

国家积极落实并开展"放管服"政策改革，进一步改善营商环境，提高市场主体积极性。另外，中央行政事业性收费削减 130 多项，国务院部门行政审批事项减少至 44%，中央层面投资核准事项总共减少了 90% 以上，中央政府定价项目减少 80% 等。随着我国商事制度改革不断深入，有效激发了市场主体活力，充分调动了社会不同阶层的参与积极性，新增登记市场主体规模有所壮大（见图 1.9）。

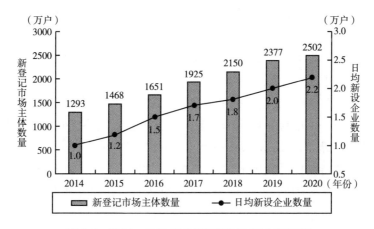

图 1.9　2014～2020 年全国新登记市场主体数量

资料来源：王晓涛. 双创 7 年成效如何？2021 年全国双创数据大屏一目了然［N/OL］. 中国发展网，2021 - 10 - 26. http：//www.chinadevelopment. com. cn/sh/2021/1026/1749307. shtml.

"十三五"发展规划实施期间,我国不断加强建设以高技术、智能化、柔性化为代表的先进制造业,产出的科技成果颇丰,推动我国工业体系高质量可持续建设,产业结构进一步优化提升(见图 1.10)。

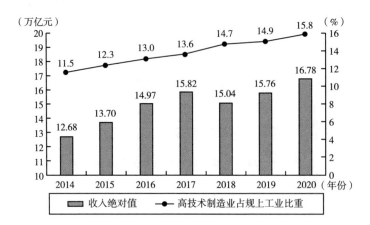

图 1.10　高技术制造业收入增长情况

资料来源:王晓涛. 双创 7 年成效如何? 2021 年全国双创数据大屏一目了然 [N/OL]. 中国发展网, 2021 - 10 - 26. http://www.chinadevelopment.com.cn/sh/2021/1026/1749307.shtml.

"十三五"期间,我国创新创业服务机构数量快速增长,服务内容不断丰富,服务范围持续扩展,服务体系日益完善,为双创提供了强有力的支撑。现如今,我国共计完成建设国家级双创示范基地 212 个,科技企业孵化器 5843 家,国家小微型企业创业创新示范基地 343 家,国家中小企业公共服务平台 585 家,国家大学科技园 115 家以及众创空间 8507 家[1]。

另外,中央企业着力打造"双创"平台,赋予中小企业丰富的发展资源,形成以大中小企业融通的新格局,进一步推动和提升经济高质量可持续发展。截至 2020 年底,中央企业建设互联网双创平台 113 个,建成实体孵化器 134 个,总运营面积超 168 余万平方米;建成各类科技产业园区 84 个,进驻企业近 1 万家,带动新增就业超过 22 万人[2]。

创新创业持续提升我国的国际影响力。2017 年联合国大会正式把中国"双创"加入联合国决议中,目的是号召全球各国共同支持大众创业、万众

---

[1]　中国创新创业高质量发展态势已形成 主要呈现六大方面 [N/OL]. 中国新闻网, https://www.chinanews.com.cn/cj/2021/10 - 27/9596553.shtml.

[2]　中华人民共和国国家发展和改革委员会官网:https://www.ndrc.gov.cn/fzggw/jgsj/gjss/sjdt/202109/t20210917_1297007.html? code = &state = 123。

创新。自 2017 年以来，在五大洲 29 个国家，50 余个城市成功举办 100 余场活动，受到当地创业者和产业界的热烈响应①。

我国高度重视双创活动并持续改善双创环境，使得我国各项创新指数稳步提升，在《2021 年全球创业生态系统指数报告》中，中国位列全球第七名。

1.4.2　我国区域创新创业发展情况

2020 年以来，我国虽然受到新冠疫情以及外部环境多种因素的影响，但在世界主要经济体中最早实现复苏，引领全球经济增长。同时，科创板的开闸和注册制的推出，为创新创业创造了更便利的环境。各类市场主体拔地而起，在资本助力下发展得如火如荼。

我国不同区域在创新投入、创新产出、创新成效、创新创业环境等四类划分指标中阶梯发展情况如表 1.6 所示。

表 1.6　　　　　　　　　我国区域创新创业发展布局

指标	领先区域	追赶区域	成长区域	潜力区域
创新投入	广东、江苏、浙江、北京、上海	安徽、天津、湖北、福建、山东、重庆、江西、湖南、河南、河北、宁夏、四川、陕西、辽宁、贵州	云南、山西、甘肃、内蒙古、海南、青海、黑龙江、吉林、广西、新疆	西藏
创新产出	北京、上海	广东、江苏、陕西、山东、浙江、湖北、天津、安徽、四川、黑龙江、辽宁	重庆、福建、湖南、吉林、河南、青海、广西、贵州、河北、新疆、宁夏、海南、江西、山西、甘肃、内蒙古	云南、西藏

---

　　① 中国创新创业高质量发展态势已形成 主要呈现六大方面［N/OL］. 中国新闻网，https：//www.chinanews.com.cn/cj/2021/10－27/9596553.shtml.

指标	领先区域	追赶区域	成长区域	潜力区域
创新成效	北京、广东、上海、江苏	浙江、河南、四川、重庆、陕西、湖北、江西、天津、山东、安徽、湖南、福建、河北、贵州	吉林、广西、甘肃、山西、辽宁、青海、云南、海南、黑龙江	新疆、西藏、宁夏、内蒙古
创新创业环境	北京、上海	浙江、江苏、陕西、辽宁、天津、广东、湖南、江西、湖北、福建、四川	海南、重庆、云南、青海、安徽、河南、山东、宁夏、贵州、吉林、新疆、山西、内蒙古、甘肃、黑龙江、广西	西藏、河北

资料来源：中创凯立达规划设计研究院（北京）有限公司. 中国区域创新创业发展指数报告［R］. 2022 – 01 – 18.

虽然我国 2014 年在全国范围内进行了商事制度改革，但是创新创业"南热北冷"的现状仍然存在，南北差距在 2010 年之后不断扩大。对于北方地区，民营企业创业创新仍然面临着市场准入许可难以获取、资源要素分配错配、市场竞争不足以及"僵尸企业"等深层次问题，企业"注册门槛"的下降并不意味着企业"进入门槛"的下降。当前南方地区产业集聚优势明显，"中部崛起"反映了中部省份如安徽、河南等在数字经济行业等新经济中弯道超车。北方地区亟须探索如何在重工业等优势产业的上、下游产业链上鼓励民营企业的创新创业精神，同时积极参与数字经济等新型服务经济等领域，加入国内市场大循环中。

本章参考文献

［1］国家统计局. 中华人民共和国 2019 年国民经济和社会发展统计公报［R］. http：//www. stats. gov. cn/tjsj/zxfb/202002/t20200228_1728913. html，2020 – 02 – 28.

［2］国家统计局. 中华人民共和国 2020 年国民经济和社会发展统计公报［R］. http：//www. stats. gov. cn/tjsj/zxfb/202102/t20210227_1814154. html，2021 – 02 – 28.

［3］埃里克·莱斯等. 精益创业［M］. 北京：中信出版社，2012.

［4］张玉利，白峰. 基于耗散理论的众创空间演进与优化研究［J］. 科学学与科学

技术管理，2017，38（1）：8.

　　［5］刘志迎，武琳. 众创空间：理论溯源与研究视角［J］. 科学学研究，2018，36（3）：8.

　　［6］王海花，熊丽君，谢萍萍. 创业生态系统视角下众创空间运行模式研究——基于国家备案的上海众创空间［J］. 科技管理研究，2020，40（2）：10.

　　［7］于鹏. 统计数据显示：全国有专利的中小企业数量占比不足 3%［Z/OL］. 专利轩，https：//mp. weixin. qq. com/s/ayfyU0u8weuCp7H0Qp4vIg.

　　［8］波士顿咨询公司. 解码中国创新过去、现在与未来［R］. 2021.

　　［9］北大光华，惠普公司，创业邦. 中国创业型中小微企业创新行为调研报告［R］. 2020（4）.

　　［10］Executive Office of the President, National Economic Council, Office of Science and Technology Policy. A Strategy for American Innovation：Driving towards Sustainable Growth and Quality Jobs［EB/OL］. https：//files. eric. ed. gov/fulltext/ED511653. pdf，2017 – 08 – 10.

　　［11］National Economic Council, Council of Economic Advisers, Office of Science and Technology Policy. A Strategy for American Innovation：Securing Our Economic Growth and Prosperity［EB/OL］. https：// obamawhitehouse. archives. gov/sites/default/files/uploads/InnovationStrategy. pdf，2017 – 08 – 13.

　　［12］蔡立英. 欧盟启动"地平线欧洲"计划［J］. 世界科学，2018（7）：49 – 50.

　　［13］王子丹，袁永. 主要发达国家近期科技创新战略与政策研究［J］. 全球科技经济瞭望，2017，32（9）：19 – 25.

　　［14］王玲. 日本出台创新 25 战略［J］. 全球科技经济瞭望，2007（11）：6 – 7.

　　［15］张鸿雁. "大上海国际化都市圈"的整合与建构——中国长三角城市群差序化格局创新研究［J］. 社会科学，2007（5）：4 – 13.

　　［16］陈昭，刘珊珊，邬惠婷，唐根年. 创新空间崛起、创新城市引领与全球创新驱动发展差序格局研究［J］. 经济地理，2017，37（1）：23 – 31，39.

　　［17］中国社会科学院工业经济研究所课题组. "十四五"时期中国工业发展战略研究［J］. 中国工业经济，2020（2）：5 – 24.

　　［18］中国区域创新指数报告（2019）［EB/OL］. http：//www. rmsznet. com/video/d178232. html，2020 – 03 – 31.

　　［19］中国科学技术发展战略研究院科技部创新发展司. 中国区域科技创新评价报告（2016 – 2017）［R/OL］. www. casted. org. cn，2017 – 09 – 01.

　　［20］Haidar, Jamal. The Impact of Business Regulatory Reforms on Economic Growth［J］. Journal of the Japanese and International Economies，2012，26（3）：285 – 307.

　　［21］张三保，康璧成，张志学. 中国省份营商环境评价：指标体系与量化分析［J］. 经济管理，2020（4）：5 – 19.

　［22］葛宝山，李明芳，蔡莉，等. 全球化背景下的创新与创业——"2011 创新与创业国际会议"观点综述［J］. 中国工业经济，2011（9）：36－44.

　［23］李胜文，杨学儒，钟耿涛. 产业升级过程中创新和创业的耦合效应［J］. 商业经济研究，2016（1）：2.

　［24］陈劲. 协同创新与国家科研能力建设［J］. 科学学研究，2011（12）.

　［25］魏江，李拓宇，赵雨菡. 创新驱动发展的总体格局、现实困境与政策走向［J］. 中国软科学，2015（5）：10.

　［26］金碚，谢晓霞. 美国高技术产业的创业与创新机制及启示［J］. 管理世界，2001（4）：63－70.

第 2 章

我国创业梯度培育体系
及培育环境分析

2.1 创客概念及其群体发展

2.1.1 创客的由来与含义

"创客"泛指那些能够在现实中以思想创意进行创造的人，是由英文 "maker" 或 "hacker" 发展而来。"创客"的概念最初形成于美国麻省理工学院微观装配实验室，其中参与实验室课题的学生们被称为"创客"。他们将理念定位于创新，将客户需求置于中心，主要进行个人设计和个人制造为课题的实验研究。"创客"一词在 2015 年首次进入我国政府工作报告。2015 年 1 月，国务院总理李克强造访了深圳柴火创客空间，并为其点赞；同年 3 月，总理作政府工作报告时表示"众多创客脱颖而出"，使得创客备受关注。[①]

"创"可以简单理解为创造、开创，其含义包含思想和行动两个方面，思想上受到积极的生活态度指引，行动上体现为发现问题和解决问题的现

---

① 创客李克强：创造一个让人时时感到方便的政府 [N]. 央广网，http://news.cnr.cn/native/gd/20150310/t20150310_517959708.shtml，2015 – 03 – 10.

实实践；"客"即为客观、客人、做客，其含义也体现为两个方面，思想上体现为客观的思想态度和以客户为中心的创造精神，在行动上则体现为乐于分享。创客的价值追求在于以创新分享盈利为准则，调动首创者的积极性，保障首创者的利益。

在当代新环境下，"创客"被赋予了更为丰富的内涵，比如科技发明者、软件开发者、艺术创作者、设计者等都被纳入其中。在知识社会，"创客"将用户创新置于核心地位，基于自身的兴趣和爱好，积极主动地融合了创意、设计、制造整个流程，充分发挥了自身才能，在实现自身价值的同时推动了人类社会生活的进步。

综上所述，"创客"指有自己创新、创意的想法，并将抽象的创新、创意概念转化为现实的那些人。其群体特征表现为创新、实践和分享。创客的创新实践过程是基于个体不同的兴趣及技能进行的，当拥有相同兴趣的创客聚集就会迸发出更耀眼的创新能量。

2.1.2 创客在中国的发展

创客在中国的发展经历了三个阶段，当前正处于 3.0 阶段，处于蓬勃发展期。

（1）中国创客 1.0 阶段。

创客是具有创新精神的新小众群体，其特征是以爱好为核心，乐于分享。2006 年出现了中国开源硬件运动启蒙的标志性事件，即北京开源硬件 Arduino 获得了 FlamingoEDA 商标；2008 年，全球五大开源硬件供应商中的 Seeed Studio 和 DFRobot 分别在深圳和上海创立，艺术家能够更简单地自学成为电子和软件工程师；2010 年，中国的最早一批开源硬件供应商分别在北京、上海、深圳发起成立了创客空间；2011 年，张浩作为北京创客空间的发起人之一，第一次用中文"创客"代替英文"maker"，并被广泛采用。2012 年是中国"创客启蒙运动"之年，第一届创客嘉年华等多项大型创客活动成功举办，形成了中国最初的良性创客生态环境。

（2）中国创客 2.0 阶段。

特征是创客创造，从社区到硬件创造。2012 年 10 月，克里斯·安德森在中国出版《创客：新工业革命》一书，让"创客"理念在全球迅速盛行。同时，受各地不同产业结构的影响，中国的创客空间组织形式也表现为多样性的特点，创客空间也不断在大学生群体中发起创建。

（3）中国创客 3.0 阶段。

特征是以创客连接为主流，实现大众普惠价值。2015 年，国务院政府工作报告中提到了"创客"，这使其上升到国家发展层面。自此，"创客"从小规模群体走进大众视野，开启了大众参与和创新的新时代。这一时期，TCL、海尔、长虹、华为等中国大型科技制造企业在北京创客空间的帮助下成功实现了自身创客空间的建设和运营。中国各创客空间实现了对包括家电、消费电子、时尚、广告、影视、体育、健康、交通、零售、建筑、农业等 12 个产业的有效连接。从此，中国创客运动不仅实现了向上全域产业的链接，还实现了向下社区大众的链接。"互联网 + 创客"模式给中国产业经济带来创新力量。

2.2　小微经营者生存状态分析

小微经营者是以自雇或雇员人数较少（0~4 人）的市场经营主体。构成小微经营者的主体是大量的注册及未注册的个体经营者。他们所从事的主要行业是与大众日常生活联系紧密的居民服务业。小微经营者是市场主体中的"毛细血管"和中坚力量，在市场中平均创造就业岗位约 4 人（不含经营者本人），充分发挥了其吸纳就业主力军的角色。小微经营者生存状态特点主要表现在以下方面。

（1）新冠疫情扰动小微经营，盈利与生存受到影响。

新冠疫情暴发、需求不确定性增加、预防性措施、物流及供应链阻滞等因素，对全球范围内的小微经营者产生了负面的影响，小微经营者整体盈利减弱。2020 年全球贸易遭受较大打击，实际贸易额下降了 8.4%。服务贸易受新冠疫情影响尤为严重，全球旅游业在 2020 年第二季度同比下降 81%，运输服务业同比下降 20%；货物贸易也出现 5.8% 的萎缩，部分行业国际供应链面临断裂风险，贸易保护主义重新抬头。2020 年第四季度，欧洲 69% 的中小企业在进口材料、商品和服务方面遇到困难，46% 的中小企业报告面临供应链中断导致的商品短缺；贸易中断和摩擦让中小企业产生了额外的经济成本，与 2019 年同期相比，2020 年 26% 的企业支付了更高的价格，39% 的企业面临逾期付款。虽然在全球经济复苏的推动下，全球实际贸易额 2021 年同比增长了 9.3%，但运输物流受阻、供应链中断，以及额外的边境管制在 2021 年和 2022 年初仍持续存在①。

对于受到新冠疫情影响的城市小微经营者，其在季度营收、净利润率和现金流维持时长等三项经营指标上降幅更为明显。新冠疫情对我国小微企业生存状态的影响如图 2.1 所示。2020 年新冠疫情导致小微企业倒闭率比 2019 年提升了近 3 倍。

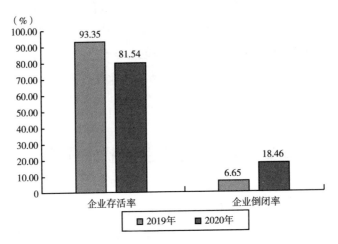

图 2.1　小微企业 2019 年和 2020 年生存状态对比

资料来源：清华大学金融科技研究院阳光互联网金融创新研究中心。

（2）成本压力和市场需求疲软持续成为小微企业经营痛点。

小微企业经营者所面临的最主要压力来源于成本压力，紧随其后的是市场需求疲软和市场竞争激烈所带来的压力，同时，政策不确定性与波动带来的压力和税费压力也持续上升。

分行业来看，在面临经营成本压力的小微经营者中，出现行业最多的是农林牧渔业、建筑业以及加工制造业；市场需求不足的压力主要体现在服务业，尤其是在消费服务业中（见表 2.1）。同时，政策不确定性给各行业小微企业经营者均带来一定压力，但从事消费服务业的小微企业经营者所面临的偿贷压力较其他行业的小微企业经营者更大。

---

①　阿里巴巴 . 2022 年全球中小微企业疫情后的挑战、应对与转型 中小微企业面对的疫情挑战分析［R］. 2022 - 06 - 27.

表 2.1　　　　2022 年第一季度小微经营者面临的主要压力来源占比　　　单位:%

项目	总体	农林牧渔业	建筑业、加工制造业	商务服务业	消费服务业
经营成本	51.6	51.5	58.3	50.7	38.1
市场需求	46.6	41.4	44.6	47.3	47.7
政策不确定性	21.7	19.0	19.7	22.4	21.4
偿贷压力	21.9	24.5	22.5	21.4	26.7
税费压力	6.3	7.9	6.5	6.2	9.2
其他	4.9	5.2	4.1	5.0	5.3

资料来源：北京大学光华管理学院．中国小微经营者调查 2022 年一季度报告［R］．https：// www. gsm. pku. edu. cn/thought_leadership/info/9044/2796. htm.

分规模来看，规模较大者所受到的经营成本压力占比更高，而小规模经营者主要面临的是市场需求疲软和市场竞争所带来的压力。政策不确定性对大规模经营者，尤其雇员人数超过 20 人的经营者压力最大，明显高于较小规模者；税费压力也显示出类似的特征。

（3）小微企业经营者政策适应性有限。

自 2020 年以来，各级政府为促进复产复工、助力小微企业经营纾困解难，实施了各类措施。随着新冠疫情整体得到较好的控制，相关措施也不断调整，在持续为小微企业经营者提供稳定扶持的大方向下，部分政策有序淡出。在各项扶持政策中，税收支持政策对小微企业经营者的支持最为稳定，金融支持、成本减免、稳岗稳就业等三类政策覆盖率均有所下滑。

据调查，2022 年第一季度，约 2/3 的小微企业经营者表示未享受到任何政策扶持，很大程度上反映了已有金融、税收支持和成本减免政策对小微企业的适用性不强。未缴纳社保的小微企业经营者约占八成，无须缴税的约占六成，无融资需求的也接近四成[①]，所以，对于这些小微企业经营者来说，他们很难得到社保缓缴、减税降费、普惠金融等政策支持。

公司制企业享受税收支持和稳岗稳就业政策的比例高于个体户；就经营规模而言，小规模小微企业经营者享受到各类扶持政策的比例明显低于规模更大的经营者。

针对小微企业经营者所面临的各类成本上升压力和预期，相关政策如果能在保障小微企业经营者经营场所稳定、租金稳定，以及保障小微企业

---

　　①　北京大学光华管理学院．中国小微经营者调查 2022 年一季度报告［R］．https：//www. gsm. pku. edu. cn/thought_leadership/info/9044/2796. htm.

经营者的重点原材料供给价格稳定、避免成本上升压力从原材料价格上涨传导等方面发挥积极作用，将有效降低、延缓小微企业经营刚性成本支出。此外，由于部分地区突发疫情扰动的外溢效应，各地大量的物流网点遭受较大影响，进而对小微企业经营成本、经营表现以及对未来预期造成负面冲击。

2.3 "专精特新"中小企业培育体系

2.3.1 "专精特新"概念体系

习近平总书记曾经指出："中小企业能办大事！"并希望广大中小企业"心无旁骛创新创造，踏踏实实办好企业。"[①] 中小企业的稳定快速发展是我国经济韧性的重要基础，是提高市场就业率以及市场活跃度的重要组成部分。截至 2020 年，我国存在 1.4 亿户的市场注册主体，其中包括高达95.68% 的中小企业，它们贡献了我国一半的税收总额，实现了七成的技术创新，对提升我国国内生产总值、创造就业等做出了重要贡献[②]。专精特新中小企业培育成为当前重点内容。

2.3.1.1 "专精特新"企业

2011 年在《中国产业发展和产业政策报告（2011）》中提出"专新特精"概念，并不断出台相关政策推动中小企业向"专精特新"之路迈进。"专"代表专业化，"精"代表精细化，"特"代表特色化，"新"代表新颖化，当下更多的是指代具备上述特征的中小企业。自"十二五"规划起，一项重要工作就是积极引导和支持中小企业实现专业、精细、特色、创新的"专精特新"式发展。"专精特新"概念阐释如图 2.2 所示。

2.3.1.2 "小巨人"企业

"小巨人"企业是中小企业中实现了"专精特新"发展的突出企业群

---

① 中小企业能办大事！[N/OL]. 求是网，http://www.qstheory.cn/laigao/ycjx/2020 – 06/24/c_1126153894.htm, 2020 – 06 – 24.

② 第三届小微经济发展论坛发布《中小微企业创新发展报告》[N/OL]. 中国经济网，2021 – 09 – 12，http://www.ce.cn/xwzx/gnsz/gdxw/202109/12/t20210912_36905233.shtml.

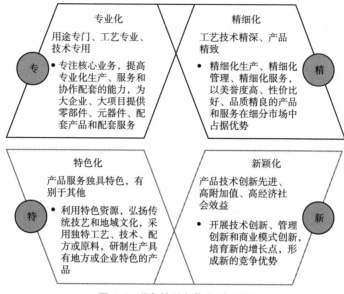

图 2.2　"专精特新"概念阐释

体，它们因各自的产品和服务质量优势在各自关注的细分市场中拥有较高的占有率，能够通过自身极强的创新能力不断发展自己的核心技术。

2018 年开始，工信部着手开展专精特新"小巨人"企业的认定与培育工作。由财政部、工信部于 2021 年联合发布《关于支持"专精特新"中小企业高质量发展的通知》，进一步展现出国家对"小巨人"企业的重视。截至 2021 年底，已经有 4922 家国家级专精特新"小巨人"企业得到了工信部的认定，省级专精特新中小企业 4 万余家，入库企业 11.7 万家①。

2.3.1.3　制造业单项冠军

制造业单项冠军企业是在国际范围内，生产工艺和技术先进，长期立足于制造业中的一些细分市场，并长期占据单项产品市场主导地位的制造业企业。其内涵包括"单项"和"冠军"两点。"单项"即为长期立足于特定细分市场和产品；"冠军"即为企业占据技术发展和市场需求的主导地位。

制造业单项冠军的认定由工信部与中国工业经济联合会共同进行。从 2016 年开始，制造业单项冠军企业培育提升专项行动不断深化升级。制造业单项冠军需满足坚持专业化发展、市场份额全球领先、创新能力强、质

---

① 资料来源：中华人民共和国工业和信息化部中小企业局，https：//www.miit.gov.cn/jgsj/qyj/。

量效益高等条件，至今已完成六批制造业单项冠军的认定。

自制造业单项冠军企业培育方案实施以来，已入选了 6 批共 464 家示范企业，在产业链和产业集群中的引领带动作用日益凸显。据研究数据显示，制造业单项冠军企业达到平均 5% 的研发强度，5 倍于全国规模以上工业企业平均值；其中高达 97% 的企业拥有研发机构，7 倍于全国规模以上工业企业平均值，远超一般制造企业水平①。

2.3.1.4 "隐形冠军"企业

"隐形冠军"企业也是多省市打造"双创"发展格局的重点。赫尔曼·西蒙（Hermann Simon）教授在《隐形冠军：未来全球化的先锋》一书中，勾画出了"隐形冠军"企业的"画像"，如贴近客户、高创新投入、注重质量、精益组织等。其中，"行稳致远"是"隐形冠军"企业区别于其他类型企业的一大特色，也是企业高质量发展的基本保障。"隐形冠军"企业作为高质量发展的示范引领标杆，通过专注细分市场，聚焦主业，创新驱动发展，稳步实现从制造到智造的转变，形成了较强的国际竞争力，在全球产业链中拥有较大的"话语权"。

"隐形冠军"的特征主要反映在四个方面。

第一，营收规模。"隐形冠军"中最大的企业也远不及世界五百强的体量。在西蒙的抽样统计中，"隐形冠军"的平均年营业额是 3.26 亿欧元（折合人民币 26 亿元左右），其中 1/4 的公司只有不到 5000 万欧元（折合人民币 4 亿元左右）的营业额。

第二，市场份额。"隐形冠军"往往在各自细分行业中占据领导地位，市场份额要么是世界前三，要么是某大陆第一。

第三，知名度。"隐形冠军"往往不为众人所知。很多"隐形冠军"处于产业链中间环节，生产产品配件或为大企业做配套服务，他们的产出不能被消费者看到；另外，还有很多"隐形冠军"深谙"闷声发大财"的道理，出于对潜在竞争对手的戒备，刻意"隐姓埋名"，减少曝光度。

第四，所属行业。超过 2/3 的"隐形冠军"生产工业产品，1/5 的"隐形冠军"涉及消费类产品，另有 1/9 属于服务业。

"隐形冠军"企业最主要的体现就是"隐形"。具体来说，这些企业在

---

① 工信部：中小企业综合实力、核心竞争力不断增强［N/OL］. 光明网，https：//m. gmw. cn/baijia/2022 –06/14/1302996032. html.

市场产业链的地位多处于以生产中间产品为主的中上游位置，产业链功能主要以提供中下游企业生产经营所需的硬件产品和软件产品以及相关服务，因为不直接面向消费者而不为人们所熟知。这种"隐形"模式是由它们长期立足细分市场，专注于服务特定客户的企业发展战略所决定的。

以上企业类型长期专注于细分市场，掌握核心技术、创新实力强、市场占有率高，处于产业供应链的关键环节，有助于对我国产业链中细分领域的短板进行技术突破的填补，从而有望为国家解决一批制造业细分领域内的"卡脖子"难题。

"专精特新"也是政策对中小企业发展路径的规划。政府希望引导中小企业向专精特新发展，通过市场细分，优化资源配置，提升中小企业市场竞争力，从而培育出具有极强生存和发展能力的专精特新"小巨人"企业，进而实现它们向单项冠军企业、"隐形冠军"企业持续转化，在细分市场上抢得主动权、夺得话语权，获取全球行业的领先地位。

2.3.2　"专精特新"培育体系

2021 年下半年，730 政治局会议将"专精特新"提升至国家战略层面。2021 年 11 月 19 日，国务院印发《为"专精特新"中小企业办实事清单》，从加大财税支持力度、完善信贷支持政策、畅通市场化融资渠道、推动产业链协同创新、提升企业创新能力、推动数字化转型、加强人才智力支持、助力企业开拓市场、提供精准对接服务、开展万人助万企活动等 10 个方面提出 31 项务实举措，针对性地解决中小企业发展痛点，集中优势资源精准扶持中小企业加快实现高质量发展。其中，明确表明中央财政要在 2021 年底前，至少划拨 30 亿元助力为约 1300 家专精特新"小巨人"企业提供"点对点"服务，确保其高质量发展。除中央财政外，还将进一步从信贷、市场化融资等多渠道提供资金支持，并从产业资源协同、人才培育、地方服务等 10 个维度为中小企业加快发展提供更优环境。

2021 年 12 月 17 日，工信部发布的《"十四五"促进中小企业发展规划》提出，建立中小企业梯度培育体系，分"四个梯度"对中小企业予以分层培育，即：创新型中小企业；"专精特新"中小企业；专精特新"小巨人"企业；制造业单项冠军企业。具体培育目标为：创新型中小企业达百万家、省级"专精特新"企业 10 万家、专精特新"小巨人"企业 1 万家和"单项冠军"企业 1000 家，构建优质企业梯度培育格局。在政策大力扶持下，以中小企业为代表的"专精特新"领域迎来高速发展历史机遇，如图 2.3 所示。

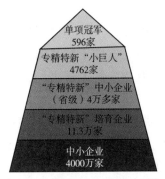 

（a）我国已形成的中小企业培育梯次　　（b）"十四五"期间中小企业培育目标

图 2.3　企业梯度培育格局

资料来源：根据工信部网站资料整理。

当前各省份培育"专精特新"中小企业和"小巨人"企业情况如图 2.4 所示。各省份开展专精特新培育工作开始时间如表 2.2 所示。前三批国家级"小巨人"名单中，浙江、广东、山东的企业数量位居前三名，江苏、北京、上海等地紧随其后。

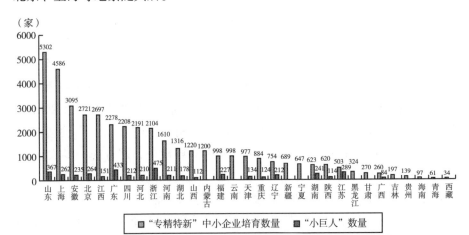

图 2.4　各省份培育"专精特新"中小企业和"小巨人"数量情况

资料来源：工信部，前瞻产业研究院，德邦研究所，灼鼎咨询。

表 2. 2　　　　　各省份开展"专精特新"培育工作开展时间线

时间线	开展"专精特新"的省份
2010 年及以前	辽宁、安徽、陕西
2011～2015 年	上海、湖南、江苏、四川、浙江、宁夏、甘肃、山东、山西、江西
2016～2018 年	河北、海南、新疆、重庆、福建、贵州、天津、青海、河南
2019～2020 年	北京、内蒙古、黑龙江、西藏

资料来源：各省份政府官网，前瞻产业研究院，德邦研究所。

"专精特新"提出后，各级政府部门基于各地实际需要，通过各种扶持政策积极引导中小企业向"专精特新"方向发展，充分发挥中小企业对完善产业链的促进优势，持续推动产业创新升级。我国从中央到地方制定了一系列政策，从财税、信贷、融资、支持产业链升级、提高企业创新能力等方面，支持"专精特新"中小企业高质量发展，如表 2.3 所示。

表 2. 3　　　　　　　"专精特新"企业获得的国家政策支持

维度	政策支持
财税	2021～2025 年，中央财政累计安排 100 亿元以上奖补资金，分三批（每批不超过三年）重点支持 1000 余家国家级专精特新"小巨人"企业
	2021 年底前，中央财政安排不少于 30 亿元，支持 1300 家左右专精特新"小巨人"企业
	为"专精特新"中小企业提供"点对点"精细服务，确保税费政策直达快享、应享尽享
直接融资	债：支持"专精特新"中小企业开展债券融资，通过市场化机制开发更多适合中小企业的债券品种
	股：支持更多符合条件的"专精特新"中小企业上市、挂牌融资，探索为"专精特新"中小企业申请在新三板挂牌开辟绿色通道。此外，北京证券交易所设立的目标之一便是进一步支持"专精特新"中小企业高质量发展
	风投：国家中小企业发展基金加快推进子基金遴选，引导社会资本加大对"专精特新"中小企业的股权投资规模
信贷	建立"专精特新"中小企业名单推送共享机制，打造专属信贷产品、加大信贷支持力度
	鼓励开发银行在业务范围内为符合条件的"专精特新"中小企业技术改造和转型升级提供金融支持

维度	政策支持
产业链协同	按产业链梳理"小巨人"企业，推动行业龙头企业对"小巨人"企业开放资源要素
	向大型骨干企业定向推荐不少于1000家"小巨人"企业，不少于1500项技术产品
科研、人才	支持有条件的"专精特新"中小企业优先参与玻璃新材料、智能语言、智能家电等新培育的制造业创新中心建设
	面向高校、科研院所等征集一批技术成果转移目录，面向"专精特新"中小企业征集一批技术研发需求目录，推动供需双向"揭榜"
	到2022年底，将5000家"小巨人"企业纳入各级知识产权优势企业培育对象
	到2022年底，推动10万家中小企业业务"上云"；中小企业经营管理人员培训向"小巨人"企业倾斜

资料来源：中国政府网、工信部、浙商证券研究所。

地方层面，受"专精特新"国家层面政策影响，各地政府也不断加强了对扶持"专精特新"企业发展的重视程度，陆续出台各种政策强化"专精特新"发展道路，部分省份建立专门的中小企业培训库，梯度培育省级"专精特新"企业，使其发展成长为国家"小巨人"。并举办了针对"专精特新"中小企业的投融资对接活动，为培育"专精特新"中小企业形成良好环境、培厚创新土壤。以天津为例，2019年，天津市中小企业信息融资担保中心推出了"专精特新贷"，通过这种创新型的融资担保产品融合新型"政银担"合作模式，使金融资源向"专精特新"中小企业倾斜。除此之外，天津市为助力"专精特新"中小企业规模化发展，优化了相关审批流程，提高了政府办事效率，通过推进"一企一策"专项融资担保服务，实现了政府对"专精特新"中小企业服务的便捷化、专业化和高效化。辽宁、安徽、陕西等部分省份早在2003年已启动对中小企业培育，2011年"十二五"规划以来，各地陆续开展"专精特新"的培育工作，"十三五"时期各地培育工作达到顶峰，"专精特新"企业培育已是遍地开花的局面。

从政策支持内容方面，可以发现"专精特新"中小企业培育和发展的特点如下所述。

第一，发展领域方面，当前专精特新中小企业约90%集中在《工业"四基"发展目录》（即核心基础零部件/元器件、关键基础材料、先进基础工艺、产业技术基础）和制造强国战略十大重点产业领域。根据各省份已发布的"专精特新"相关政策，其中提及的重点领域主要分布在战略新兴产业、先进制造业等。新材料、生物医药、新能源汽车、高端装备、集成电路、新一代信息技术、智能网联汽车等关键词出现频率位居前列。

第二，形成了全方位梯度培育体系。"专精特新"中小企业全方位多层次培育、评价体系的构建，与创新活动的多样性、层次性相对应，这对于多个领域、不同创新能力的中小企业均起到充分的激励作用，从而激发产业活力。

在培育过程中，北京证券交易所（以下简称"北交所"）设立对专精特新"小巨人"企业的发展影响重大，相较于其他交易平台，北交所上市条件更为"宽松"，融资坚持"小额，快速，灵活，多元"导向，融资品种涉及多种多元工具，使"小巨人"企业的融资渠道畅通、融资门槛降低，极大提高了中小企业资本化直接融资水平，降低了中小企业融资难度，减少了它们的融资成本，建立了一座它们与资本市场实现更好、更快嫁接的桥梁。北交所针对"小巨人"企业风险属性及其发展阶段的特点，制定了更加完善的监管机制，从现金分红、减持规则差异化上体现了对"小巨人"企业的包容性，在企业发展前期就完善了治理架构，规范了企业税收、社保等众多运营环节；从定位上来看，北交所由新三板精选层升级而来，定位"小而美"的中小企业，培育高新科技龙头企业，提升了新三板中"小巨人"企业的地位，引来社会以及投资者对中小企业更加广泛的关注，为中小企业壮大发展提供通路。自注册制在北交所推广实施以来，不断推升了资本市场对"专精特新"中小企业的服务能力建设。

2.4　独角兽企业的发展图景

我国新经济发展迅速，由于巨大的内生市场和资本涌入，形成了创新企业的优良发展环境。众多新兴技术的兴起和进步也不断对原有的商业格局进行着重构，这就为我国独角兽企业的发展提供了难得的机遇。独角兽企业近些年异军突起，不仅数量庞大，而且在技术创新和商业模式等方面均具有显著的中国市场特色。截至 2021 年 5 月，全球范围内，独角兽企业数量为 672 家，是五年前的 2 倍。在这些企业中，中国占据 137 家，其规模数量已处于世界前列[①]。这些中国独角兽企业对我国新技术、新产业、新业

① 36 氪研究院. 2021 年独角兽企业发展研究报告 [R]. 2021 – 12 – 23.

态和新模式的形成和发展具有重要的引领作用，对我国科技创新和经济增长做出了巨大的贡献，其中"硬核科技"独角兽正成为中国技术创新的先锋。

2.4.1 独角兽企业发展概况

2.4.1.1 独角兽企业的概念

独角兽的概念起源于 2013 年的硅谷风险投资者艾琳·李（Aileen Lee）。艾琳·李将独角兽企业定义为成立时间小于 10 年、估值大于 10 亿美元的未上市高成长性创新企业。按照估值划分，可分为超级独角兽、独角兽、准独角兽。其中，超级独角兽是指估值超过 100 亿美元的企业，而估值在 10 亿美元以下 1 亿美元以上的企业称为准独角兽。准独角兽实际上并不是独角兽，但发展速度较快、未来增长潜力较大，是有望在 3～5 年以内成长为独角兽的企业。"独角兽"逐渐成为衡量一个国家和地区新经济活跃程度的指标。独角兽成长图谱如图 2.5 所示。

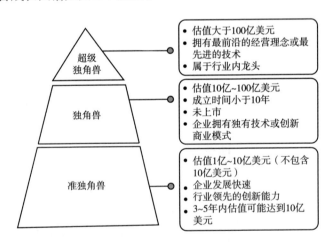

图 2.5　独角兽成长图谱

资料来源：根据工信部网站资料整理。

2.4.1.2 全球独角兽企业发展概况

（1）全球独角兽企业数量发展情况。

2014 年风险投资规模出现大幅增长，为企业融资提供了良好的环境。亚马逊、谷歌和脸书等为初创公司提供了渠道和技术等服务，降低了初创企业试错成本，并加速了其业务的落地。与此同时，随着智能手机的渗透率逐渐提高，全球互联网用户人数从 2010 年的 20 亿人增长至 2014 年的 30 亿人。移动互联网的普及为不同商业模式的兴起提供了发展条件。自此，独角兽企业数量飞速增长。2018 年以后，各国政策支持、全球科技创新投入不断增多等，推动全球独角兽企业进入快速发展阶段。2020 年新冠疫情暴发，给全球科技型独角兽企业提供了发展新机遇，部分企业抓住办公、消费等行业的数字化转型需求，实现快速发展的同时，估值得以持续提升。

2016 年至 2021 年 7 月，全球独角兽企业从 169 家提升至 771 家，独角兽企业总估值从 0.6 万亿美元增长至 2.4 万亿美元。在独角兽企业的地域分布上，全球超过七成的独角兽公司在中美两国[①]。未来，随着新技术、新商业模式和多层资本市场的成熟，独角兽企业的数量和总估值将持续攀升（见图 2.6）。

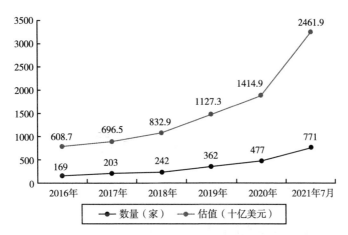

图 2.6　2016~2021 年全球独角兽企业的数量和总估值情况

资料来源：CB Insights，36 氪研究院。

（2）全球独角兽企业所属行业发展情况。

基于发展前景、竞争壁垒、市场估值等方面的差异，独角兽企业主要分布在金融科技、互联网软件与服务、电子商务、人工智能和医疗健康行业（见图 2.7）。其中，美国拥有超一半独角兽企业，集中在互联网软件与服务和医疗健康行业。

---

① 36 氪研究院. 2021 年独角兽企业发展研究报告［R］. 2021 - 12 - 23.

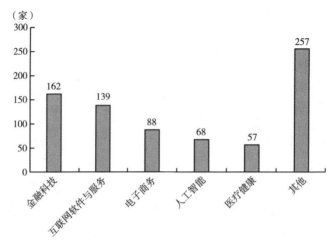

图 2.7 2021 年全球独角兽企业所属行业分布

资料来源：CB Insights，36 氪研究院。

技术驱动型独角兽企业不论是在数量上还是技术含量上都处于逐年上升的趋势之中。2016 年及以前，独角兽中仅有 13% 的企业拥有硬核技术（包括光电芯片、人工智能、航空航天等新兴科技）；2017~2018 年，这一比例上升到 23%；而到了 2019~2020 年，拥有硬核技术的独角兽企业占比达 30%[①]。当前独角兽企业的主力军已经为技术企业所占据。由此可见，独角兽企业代表着新经济的活力、行业的大趋势、国家的竞争力。

2.4.2 我国独角兽企业现况及培育土壤

2.4.2.1 我国独角兽企业现况

2014 年起，微博、美团、大众点评等公司开始崛起，标志着中国独角兽进入起步阶段，此后，雨后春笋般成长起来的独角兽企业，为我国经济腾飞持续贡献着属于自己的新生力量。截至 2021 年 11 月，我国已有 170 家独角兽企业，呈现出行业多、地区广的分布特征[②]。

（1）行业分布。

独角兽企业行业分布主要受细分市场需求、行业竞争现状、相关政策等因素影响。电子商务、汽车交通、人工智能、企业服务、消费、医疗健

---

①② 36 氪研究院.2021 年独角兽企业发展研究报告［R］.2021－12－23.

康、智能硬件、金融科技、文娱传媒、物流、房产家居、航空航天及其他
（物联网与职场社交）等 13 个行业是我国独角兽企业最为集中的行业领域，
其中电子商务、汽车交通、人工智能三大领域独角兽企业数量最多，合计
占比 42.9%，如图 2.8 所示。

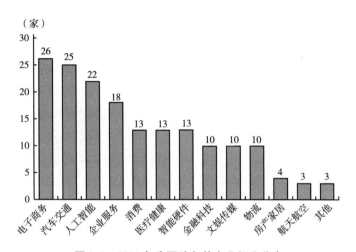

图 2.8　2021 年我国独角兽企业行业分布

资料来源：36 氪研究院。

（2）地域分布。

我国独角兽企业地域分布较为集中，已逐渐形成三大独角兽区域带：环
渤海地区，以北京、天津、青岛为主；长三角地区，以上海、杭州、南京等
为核心；粤港澳大湾区，典型城市包括深圳、广州、珠海等。其中，北京、
上海、深圳及杭州独角兽企业数量最多，分别为 49 家、41 家、19 家与 18
家。受人才聚集、政策牵引、技术协同等因素影响，吸引了 74.7% 的独角
兽企业在这三大区域落户。2021 年我国独角兽企业地域分布如表 2.4 所示。

表 2.4　　　　　　　　　　2021 年我国独角兽企业地域分布

独角兽数量（家）	地域
>45	环渤海地区：北京、天津、青岛
36~45	长三角地区：上海、杭州、南京、常州、苏州
26~35	粤港澳大湾区：深圳、广东、珠海、香港
16~25	江苏省
6~15	吉林省、山东省、陕西省、四川省、重庆市、湖南省、江西省

资料来源：36 氪研究院。

（3）估值分布。

我国独角兽企业总估值已超 1 万亿美元，平均估值为 63 亿美元，估值中位数为 20 亿美元。整体估值分布不均，超八成独角兽企业估值低于 50 亿美元，仅占总估值的 25%①。就行业而言，金融科技、文娱传媒、电子商务三大领域独角兽企业估值总数最高。就地域而言，北京、浙江、广东三省份独角兽企业估值最高。2021 年我国独角兽企业估值分布如图 2.9 所示。

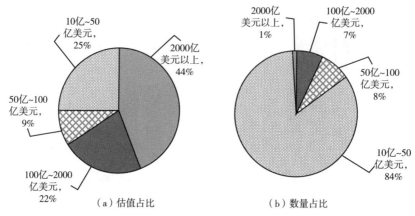

（a）估值占比 　　　　（b）数量占比

图 2.9　2021 年我国独角兽企业估值分布

资料来源：36 氪研究院。

（4）投资机构。

我国独角兽企业的形成主要得益于互联网巨头企业，同时巨头企业重点关注的领域集中在企业服务上。受互联网生态化发展要求影响，多数巨头企业以自孵化和战略投资的形式，将独角兽企业纳入自己构建的持续完善的生态系统之中。对我国当前的独角兽企业进行分析，可以发现有一半的独角兽企业不同程度地关联着阿里巴巴、百度、腾讯、京东、美团等巨头，且关联度越高其估值也越大。估值前十的独角兽企业 100% 关联着巨头企业就更加充分地体现了这一点。从投资策略角度分析，主营业务和重点布局领域是阿里巴巴、百度、腾讯、京东、美团进行独角兽投资的主要关注方向，比如阿里巴巴关注电子商务，百度关注搜索，腾讯关注游戏等。

（5）发展特征。

在发展过程中，我国独角兽企业表现出技术创新和商业模式创新两大

---

① 36 氪研究院. 2021 年独角兽企业发展研究报告［R］. 2021 - 12 - 23.

特征。

第一，技术成为驱动企业成长的核心要素。近年来，数字经济已经是我国经济持续健康发展的重要驱动力，而数字经济的最主要支撑就是技术。截至 2020 年底，30% 的中国独角兽企业拥有光电芯片、区块链、生物科技等新兴技术，较 2016 年增长 2.3 倍①。科技创新在增强数字经济发展核心能力的同时，提升企业的竞争优势。79% 的独角兽企业认为其竞争壁垒为自身的技术实力。

第二，通过商业模式创新，颠覆传统行业盈利模式。一方面，我国互联网普及率为独角兽发展提供了广阔的市场基础和产业基础。截至 2020 年 12 月底，我国网民数量已达 9.89 亿人，为企业商业模式创新提供了落地条件②。在医疗行业，互联网医院提高了人们看病、买药效率，让人们足不出户就能收到处方药。在出行行业，大数据、实时定位等技术推动了网约车、共享单车的发展，改变了人们的出行方式。另一方面，独角兽企业的商业模式得到创新发展，如从早期线上与线下割裂型商业模式，发展到 O2O 模式，再到 OMO（online-merge-offline，行业平台型商业模式）商业模式的转变。

（6）运营可持续性和盈利压力增大。

多数独角兽企业选择了相似的初创路径，主要体现为快速利用投资完成初始资本积累，然后充分利用补贴、降价等手段扩充海量用户，同时进行大量企业宣传，待企业具有一定社会影响度时再次吸引资本大量进入，最后对盈利目标进行规划以谋求上市。但是企业的可持续发展是一个包括企业结构、产品和服务、市场需求、商业模式等众多方面作用的系统化工程，仅仅依靠资本投资是很难实现的。

2.4.2.2　我国典型地区独角兽孵化环境分析

近年来，我国独角兽企业凭借高成长性和强带动性，在做好自身快速发展的同时，通过"技术＋"等方式赋能其他行业发展，成为推动我国经济高质量发展的重要驱动力。

国家层面，2014 年修订完成的《中华人民共和国公司法》、国家科委发布的《关于以高新技术成果出资入股若干问题的规定》及中共中央、国务

---

① 36 氪研究院 . 2021 年独角兽企业发展研究报告［R］. 2021 - 12 - 23.
② 资料来源：中国互联网络信息中心（CNNIC）发布的第 47 期《中国互联网络发展状况统计报告》。

院印发的《国家创新驱动发展战略纲要》等法律法规的出台，以及"大众创业、万众创新"口号的提出，客观上已经为技术成果的产业化提供了良好的环境，有利于在短时间内大大提高技术出资人的入股积极性，加快科技成果的产业化进程。北京、上海、深圳及杭州独角兽企业数量最多，以下分别分析北京、上海和深圳独角兽企业孵化环境。

（1）北京。

2021年，北京市共拥有49家独角兽企业，是当之无愧的中国"独角兽之城"。北京市独角兽行业覆盖较为全面，硬科技导向比较明显，企业致力于通过大数据、人工智能、物联网等技术赋能各类终端客户。北京市凭借政策利好、高度集中的科创资源及产业集群，吸引了众多优质独角兽企业。北京孵化环境特点是：第一，北京确立了建设国际科技创新中心的战略，提出加快新型基础设施建设、加快新场景建设培育数字经济新生态、促进新消费引领品质新生活、实施新开放举措、提升新服务进一步优化营商环境，力图通过政策扶持，支持大批创新型企业发展，北京市营商环境持续得到提升；第二，北京市汇聚了大批科研场所与高校，特别是海淀区，科创资源高度集中，人才及技术优势明显，产学研合作氛围浓厚，形成孵化独角兽企业的沃土；第三，北京市已形成部分产业集群，如中关村地区，各类资源可在企业间流动与互通，实现企业间强协同与优势互补。

（2）上海。

2021年，上海市拥有41家独角兽企业，数量仅次于北京市。其中，60.98%的独角兽企业分布于智能硬件、人工智能、汽车交通及电子商务领域。上海市独角兽企业更多地致力于推动科技与具体场景的结合，场景导向特征明显，如以平安医保科技为典型的人工智能应用层独角兽企业，将人工智能科技与生活、出行及医疗健康等细分场景结合，推动人工智能技术更好地实现落地。

上海孵化环境特点是：第一，上海市高校林立，按地域形成九大主要大学城，如汇聚了华东政法大学、上海外国语大学等学校的松江大学城和以复旦大学、上海财经大学、同济大学等为核心的杨浦大学城，为独角兽企业提供源源不断的优质人才储备；第二，上海市高新技术产业集群效应明显，以张江为例，各大上市企业与外资企业聚集，科研实力雄厚，为独角兽企业的发展提供了有益的经验借鉴；第三，上海市形成了以集成电路、生物医药、人工智能为政策重点扶持的三大行业。以人工智能为例，2020年10月，上海印发了修订后的《中国（上海）自由贸易试验区临港新片区集聚发展人工智能产业若干政策》，通过资金、技术、人才等各项资源，加快人工智能产业的聚集和发展。

（3）深圳。

2021 年深圳独角兽企业增长至 19 家，成为我国第三大独角兽企业集中地。深圳独角兽企业均匀分布在电子商务、人工智能、医疗健康等行业。

深圳市独角兽数量的飞速增加，是政府政策引导、人才汇聚、产业集聚等因素综合作用的产物。其孵化环境特点是：第一，深圳市发改委制定系列指导意见和独角兽企业遴选发现指标体系，并将生物医药与健康、半导体与集成电路、智能机器人、智能网联汽车、新能源、新材料、量子科技等战略性新兴产业纳入重点扶持的行业范围。第二，深圳市创新投资集团有限公司（以下简称"深创投"）为独角兽的发展提供资金支持。深创投是深圳市政府出资并引导社会资本加入而设立的综合性投资集团，目前，管理各类资金总规模近 4000 亿元，旗下管理 138 只私募股权基金。深创投为独角兽企业的培育带来强有力的资本支持。第三，深圳南山区汇聚了一批高精尖人才与大型企业。人才、技术等要素在企业间的流动，为独角兽企业创造了优质的发展环境。

2.5　创新创业活动异质性分析

2.5.1　不同国家创新创业活动特征

在早期开展创业活动的年龄结构方面，亚太地区各国参与创业活动的年龄分布各不相同，反映了各国不同的创业文化和创业环境。我国参与早期创业活动的人群年龄大多数是 25～34 岁年龄段，如图 2.10 所示。

在面临的创业机会方面，我国展现出良好的创业机会态势（见图 2.11），我国在亚洲和太平洋地区，成年人面临的创业机会仅次于印度，在全球四大区域的调查中排名第四。良好的国内环境和市场为创业企业提供了创业的土壤。

在创业容易程度方面，我国国内创办新企业的容易程度在全球排名居中，可见在创办新企业的过程中创业企业还面临较多的问题与困境，如图 2.12 所示。

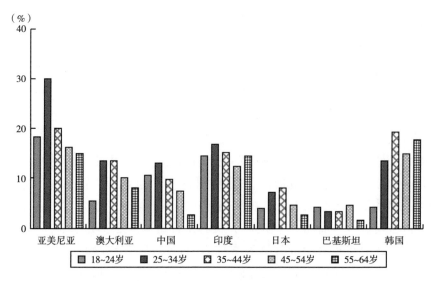

图 2.10 亚太地区参与早期创业活动的年龄分布

资料来源：全球创业观察成人人口调查（GEM Adult Population Survey），2019 年。

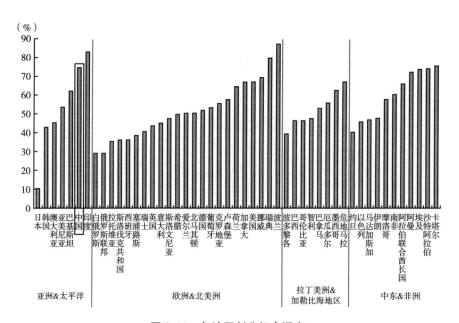

图 2.11 各地区创业机会调查

资料来源：全球创业观察成人人口调查（GEM Adult Population Survey），2019 年。

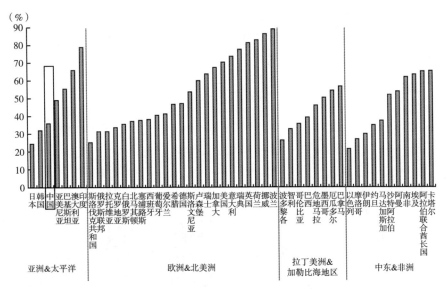

图 2.12　各国创办新企业容易程度调查

资料来源：全球创业观察成人人口调查（GEM Adult Population Survey），2019 年。

在创业失败容忍度方面，我国约 45% 的创业者存在面临好机会但因害怕创业失败而不敢开始创业的情况，该比例在全球 49 个国家的调查中排名第 17 位，可见我国应加强创业失败容错机制体系的建设和完善，如图 2.13 所示。

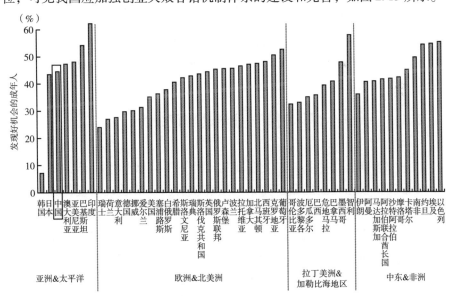

图 2.13　各国发现机会但因害怕失败不敢创业的调查

资料来源：全球创业观察成人人口调查（GEM Adult Population Survey），2019 年。

在产品和服务的新颖性方面，图 2.14 显示了新创企业其产品或服务新颖性所占比例的调查。从图中可见，我国在产品或服务的国内新颖性和世界新颖性方面还存在较大差距。

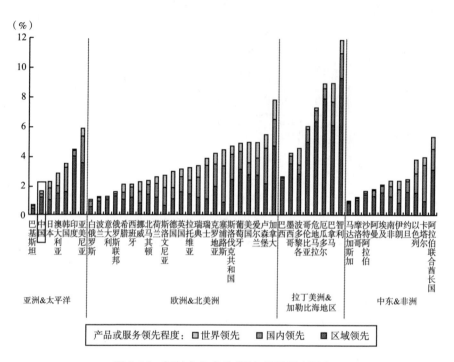

图 2.14 新创企业产品/服务创新程度调查

资料来源：全球创业观察成人人口调查（GEM Adult Population Survey），2019 年。

2.5.2 大学生群体创新创业活动特征分析

在国家鼓励大众创业、万众创新的大背景下，大学生群体为我国创新驱动发展提供了巨大的能量，而大学生群体的创业活动也呈现出独特的规律和特征。

大学生创业规模数量持续扩大。据相关数据统计，2019 年，大学生创业人数为 741000 人，同比增长 9%（见图 2.15）。因时施策激发大学生创业就业热情，"校企行"创业就业专项行动总体带动毕业生就业超过 24 万人。

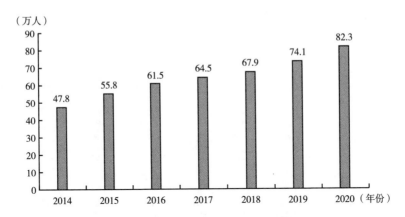

图 2.15　大学生创业群体数量增长情况

资料来源：国家发改委。

目前，中国国际"互联网＋"大学生创新创业大赛已成为深化创新创业教育改革的重要载体和平台，自 2015 年启动以来，大赛产生了巨大的社会影响，逐渐发展成为"全球最大最好的路演平台"，被国内外媒体誉为惊艳非凡的全球双创盛会。大赛规模呈现出"井喷式"增长的特点，培养出了大量有抱负、有技能、有担当的年轻人才（见图 2.16、图 2.17）。

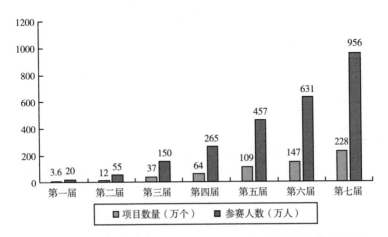

图 2.16　中国国际"互联网＋"大学生创新创业大赛历届参赛项目
与参赛人数情况

资料来源：教育部等 . 2021 中国国际"互联网＋"大学生创新创业大赛项目成长力报告［R］. 2021.

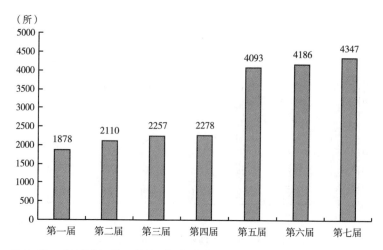

图 2.17 中国国际"互联网＋"大学生创新创业大赛历届参赛高校数量

资料来源：教育部等 . 2021 中国国际"互联网＋"大学生创新创业大赛项目成长力报告 ［R］. 2021.

中国国际"互联网＋"大学生创新创业大赛"以赛促创"效果显著，大量项目落地成长为高技术高成长企业、亿元企业，并赋能传统产业转型升级，带动新经济发展。前六届大赛 228 个金奖项目落地企业中，有 6 家企业被评为准独角兽企业，32.89% 的企业（75 家）被认定为国家高新技术企业，39.05% 的企业（89 家）入库为科技中小型企业，年度营收过亿元企业层出不穷①。基于互联网的新产品、新服务、新业态、新模式在大赛中登台亮相，大赛项目成长持续带动当地新经济发展，推动传统行业转型升级。

互联网产业成为大学毕业生创业的首选，移动互联网的快速发展，高校对计算机学科的大规模设立，以及进入这些领域不太高的创业门槛使得互联网产业成为大学生创业大势。2019 年度的《中国大学生创业报告》显示，有创业意愿的在校大学生数量超过总在校人数的 3/4。开网店成为大学毕业生创业的重要选择。淘宝平台的数据显示，2020 年以来，有 20 万大学生涌入淘宝开店创业。可见，大学生创新创业质量有待提升。大学生作为最具有创新活力的年轻群体，其创业为中国数字经济等前沿领域带来了新的活力和动力；但同时，由于经验不足、信息不畅等原因，大学生创业也面临着较大的困难和较高的失败率。

① 教育部等 . 2021 中国国际"互联网＋"大学生创新创业大赛项目成长力报告 ［R］. 2021.

2.5.3　女性创新创业活动特征分析

中国政府深入推进"创新创业巾帼行动"为女性提供了多元化的创业路径。中国经济的飞速发展让众多女性可以摆脱家庭事务的束缚，有机会去实现更高的人生价值。让中国女性创业力量崛起的最核心动力之源，是中国女性越来越强的独立意识。

当前在数字经济快速发展中，释放了我国数字性别红利，减少了妇女在劳动力市场的弱势，扩大了妇女在劳动力市场的价值，为从业者群体开创了新的就业空间和领域。在线教育、家政到家服务、电商直播、网络客服、外卖配送等成为扩大妇女就业规模的重要领域。农村电商、跨境电商、社群经济等领域增加了妇女的创业优势。数字经济减少了对妇女的就业、创业排斥，推动妇女工作—生活平衡度提高，降低了职业性别隔离水平，提升了弱势妇女的平台化、组织化水平，增加了妇女的社会资本。

全球创业观察（GEM）组织调查了各国男女早期创业者的参与率。由图 2.18 可知，性别差距在大部分国家早期创业活动中差距并不显著。在我国，女性早期创业者占到了男性的 80% 以上（见图 2.19），可见女性创业者极大地促进了我国早期创业活动。

我国新三板 IT 企业里，在企业中担任董事的女性比例超过了 30%。女性在数字经济领域的就业、创业规模已经超过 5700 万人。从全球范围看，女性创业者正大量涌现和崛起，这一现象越来越普遍。

但女性参与数字经济就业、创业仍然受到文化习俗等非正式制度的影响。传统性别角色观念对女性劳动参与具有显著的负作用，且家庭责任分工及工作—家庭冲突机制使得女性承担更多的家庭责任而弱化工作角色。女性仍然面临就业、创业身份取得"合法性"的困境。

2.5.4　创新创业活动的产业异质性

据德勤 2020 年 12 月新冠疫情（以下简称疫情）对企业影响的调研显示，45% 的企业处于应对阶段，29% 的企业处于恢复阶段，仅 26% 的企业处于发展阶段。能源、资源及工业行业、生命科学与医疗行业，以及消费行业应对疫情所花费的时间最长。这在一定程度上反映了疫情对这些领域

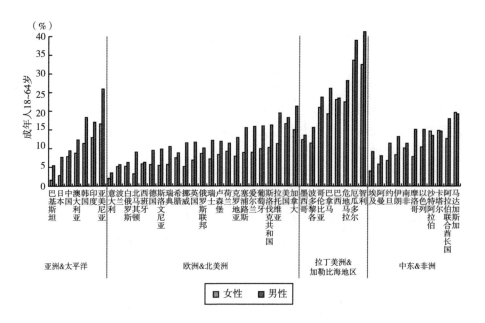

图 2.18　不同地区间不同性别早期创业活动参与情况对比

资料来源：全球创业观察（2019～2020）。

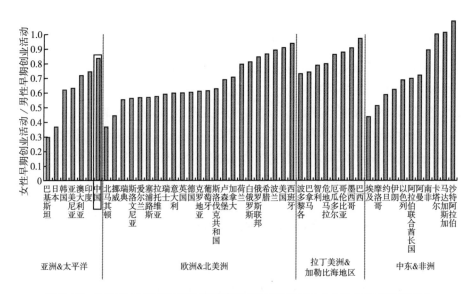

图 2.19　不同地区间早期创业活动者的相对性别差距（女性早期创业活动/
男性早期创业活动）

资料来源：全球创业观察（2019～2020）。

的影响更大。例如，在快速消费品领域，全球多个国家延长封锁隔离给企业带来了重大影响，特别是当其产品被视为非必需品时，受到的影响更为严重（见表 2.5）。各行业的企业需要比预期更长的时间来应对疫情，这减缓了它们恢复和发展的能力。

表 2.5　　　　　　各行业在新冠疫情影响下面临的风险　　　　单位：%

风险类型	总体	消费行业	能源、资源及工业行业	金融服务行业	政府与公共服务行业	生命科学与医疗行业	科技、传媒及电信行业
健康和安全风险	56	59	58	50	64	48	60
网络风险	53	45	58	54	45	68	50
韧性/业务连续性风险	50	52	48	51	62	50	41
战略风险	45	50	53	38	62	26	46
合同风险	40	49	46	27	30	43	39
地缘政治风险	39	46	53	24	40	35	38
信息安全风险	38	28	44	42	36	44	37
分包商风险	38	44	43	26	44	44	36
数据隐私	29	26	26	30	45	30	26
质量风险	27	29	19	25	47	34	29
物理安全	20	22	22	18	25	10	24
违反监管规制	18	23	18	12	35	18	17
集中风险	17	21	16	14	36	15	19
行为风险	16	17	11	18	33	11	13
气候变化风险	15	22	20	6	21	12	13
环境风险	14	20	16	6	20	17	12
金融风险	12	18	9	12	15	0	11
知识产权风险	11	17	6	6	15	16	16
劳工和现代奴役制风险	10	18	10	4	20	7	10
反贿赂和贪污	8	11	9	5	0	3	9

注：表中数据表示该行业受到相应风险影响的比例。

资料来源：德勤第三方风险管理全球调研报告。

2.6 疫情影响下中小微企业成长需求 与政策供给分析

2.6.1 疫情影响下企业成长需求的差异性分析

针对 2020 年新冠疫情带来的巨大破坏性影响，各经济体采取了迅速有力的政策应对措施。其中，最广泛提供的政策工具是税收递延、贷款担保、直接贷款，以及工资补贴。世界银行对中小企业支持措施进行了调查，在全球使用的 845 个中小企业政策工具中，328 个涉及债务融资（贷款和担保），205 个涉及就业支持，151 个涉及税收。也有越来越多的经济体正在制定结构性政策，以帮助中小企业采用新的工作方法和数字技术，并寻找新的市场和销售渠道。这些及时多元的抗疫政策对经济增长和中小微企业复苏起到了积极作用。

根据对不同规模的企业在疫情中维持经营措施的调查（见图 2.20）可见，规模越小的企业对于政策的支持越迫切。雇员规模为 0~10 人的企业寻求当地政府或机构支持（申请补助、参与政府计划）的比例达到 17%，约

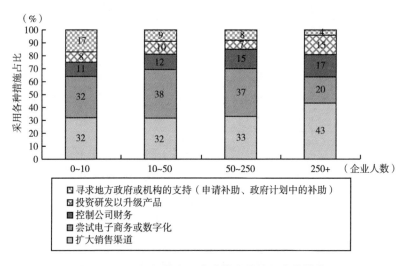

图 2.20 不同规模企业在疫情中维持经营的措施

资料来源：阿里研究院. 全球中小微企业在疫情后时代的挑战、应对与转型 [R]. 2022.

为 10 ~ 50 人规模企业的 2 倍，为 250 人以上大型企业的 4 倍。这一差异化现象同样表现在不同的企业类型中（见图 2.21），相较于制造商、贸易商、经销商等类型的企业，初创型企业最需要政府或机构的支持，这一比例高达 28%，超过制造业企业的 3 倍。这说明，中小微企业尤其是小微型和初创型企业由于缺乏抵御风险的能力，脆弱性较高，亟须相关政策介入和支持。

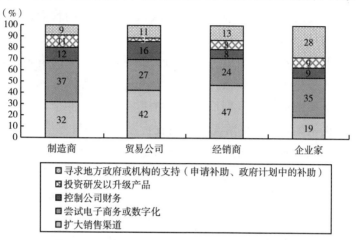

图 2.21　不同类型企业在疫情中维持经营的措施

资料来源：阿里研究院. 全球中小微企业在疫情后时代的挑战、应对与转型［R］. 2022.

在当前经营环境下，中小微企业期望改善营商环境，希望相关组织帮助提供更多商业机会（12.53%）、政府或机构出台新的出口刺激措施（16.44%）和平台经济（阿里巴巴）提供优惠政策以提升运营效率（39.69%）等成为中小微企业主要的政策诉求，其中无论发达国家还是发展中国家的企业，对于政府或电商平台帮助其扩大市场和出口均有较强的政策需求（见图 2.22）。

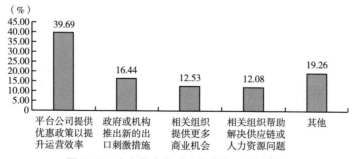

图 2.22　中小微企业对改善营商环境的期望

资料来源：阿里研究院. 全球中小微企业在疫情后时代的挑战、应对与转型［R］. 2022.

2.6.2 疫情影响下政策供给策略分析

鉴于疫情对中小微企业的严峻影响，各国均积极采取措施应对，并重点出台维持短期流动性的举措。表2.6对部分经济体出台的支持中小微企业政策进行了分类统计，主要包含劳动力政策、税费延期政策、金融政策和结构性政策。

劳动力政策主要指与缩短工作时间和临时裁员有关的措施。政府为临时失业的员工提供工资和收入，为企业和个体经营者保障就业。税费延期政策主要指为缓解流动性限制而出台的推迟税收、社保金、债务清偿以及房租水电费的措施，并根据情况实施税收直接减免和暂停偿还债务等举措。金融政策是指通过简化贷款担保，支持商业银行扩大对中小微企业的贷款，加大对其直接贷款力度，并提供赠款和补贴，其中非银行金融中介发挥了重要作用。结构性政策主要帮助中小企业采用新的工作方法和数字技术，并寻找新的市场和销售渠道，以此促进企业恢复和继续运营。

针对疫情冲击下出口受阻和需求不足的情况，部分国家也已及时采取措施支持中小微企业恢复已有市场或寻找新的替代市场，这与企业的政策需求形成良好的匹配。中国鼓励大企业与中小企业合作，加大供应链支持力度，包括贷款回收、原材料供应、项目外包等。加拿大授予本国出口发展部门更多的权力以支持企业出口；在欧洲，意大利、西班牙、丹麦等国家为中小企业出口提供贸易融资和担保贷款，比利时和瑞士则提供中小企业出口补贴以支持企业寻找替代市场。印度尼西亚、韩国、新西兰、南非等国家也纷纷采取措施，提供紧急流动资金和恢复基金，以帮助本地企业继续参与全球供应链，扩大海外活动，多样化进出口市场。一些世贸组织成员也通过推迟或减少关税和运费，简化海关手续，以支持本国企业进出口。

整体来看，工资补贴、所得税/公司税减免和直接贷款是各国普遍采用的政策，以实现保障就业、降低成本负担和提供短期流动性。发达国家的政策应对更为多元和密集，发展中国家则明显不足。中国主要从降成本方面给中小微企业减税降费。亚洲主要经济体在结构性政策上表现突出，中国、日本、韩国、印度尼西亚、巴基斯坦等均出台了支持中小微企业数字化转型的举措。

表 2.6　部分经济体针对中小微企业出台的抗疫政策分类统计

经济体	劳动力政策			税费延期政策				金融政策						远程办公/数字化	结构性政策			
	临时裁员	工资补贴	个体经营	所得税/公司税	增值税	社保和养老金	租金/水电费	债务暂停	贷款担保	直接贷款	赠款和补贴	股票工具	新市场		创新	培训	初创企业	可持续性
中国	√	√		√		√	√	√		√	√		√	√	√	√	√	
美国	√	√	√	√		√	√	√	√	√	√	√	√	√	√	√	√	
英国	√	√		√			√	√	√	√	√	√	√	√			√	√
法国	√	√	√	√		√	√	√	√	√	√	√		√	√	√	√	√
德国	√	√	√	√	√		√	√		√	√	√	√	√	√		√	√
意大利	√	√	√	√		√	√	√	√	√	√	√	√	√	√		√	√
加拿大	√	√	√	√	√		√	√		√		√	√				√	√
澳大利亚		√	√	√		√		√		√		√		√		√		√
俄罗斯			√					√				√						√
日本	√	√		√			√		√	√			√	√	√	√		√
南韩		√	√			√			√	√		√						
印度	√	√		√				√		√							√	
巴西	√	√		√	√			√		√			√					
南非					√	√	√											√
印度尼西亚		√			√	√				√				√				
越南		√			√	√				√								
巴基斯坦		√								√	√			√				

资料来源：阿里研究院．全球中小微企业在疫情后时代的挑战、应对与转型［R］．2022．

尽管疫情在不同国家的暴发时段不同，防控措施的严厉程度也有差异，但支持中小微企业的政策应对具有相似性。2020 年 3～6 月，各国政府主要利用各类财政和货币政策，避免中小企业出现大规模流动性危机；2020 年 6～9 月，疫情逐步得到控制，但大部分国家仍维持流动性支持措施；2020 年 9 月～2021 年 3 月，第二、第三波疫情再次暴发后，流动性支持措施被进一步延长，并更多考虑补贴等金融（信贷）工具；同时，结构性政策也被各国逐步使用，在数字化、新市场、创新创业等方面均加大了支持力度。

由于政策设计的不完善和前期累积的风险，与大规模的政府投入相比，面向中小微企业的抗疫政策在大部分经济体中的效果仍然非常有限。

2.7 我国创新创业培育环境分析

2.7.1 政策环境

国务院于 2017 年 7 月 27 日发布了《关于强化实施创新驱动发展战略进一步推进大众创业万众创新深入发展的意见》，深化确立了创新创业发展战略的重要地位。文件提出，加强科技成果转化，保护知识产权；拓宽企业融资渠道，破解创新创业企业融资难题；促进实体经济转型，实现新兴产业与传统产业协同发展；完善人才流动激励机制，充分激发人才创新创业活力；创新政府管理方式，推动形成政府、企业、社会良性互动的创新创业生态。该意见的提出，将进一步系统性优化创新创业生态环境，强化政策供给，突破发展瓶颈，充分释放全社会创新创业潜能，在更大范围、更高层次、更深程度上推进大众创业、万众创新。除此之外，"大众创业、万众创新"的理念于 2014 年由李克强总理提出以来，创新创业持续受到国家和地方政府的重视，颁布了众多扶持政策。通过"政策 + 投资"的形式不断推动创新创业深化发展。国家层面的创业服务相关政策如表 2.7 所示。各地方政府在国家政策指导下也相继出台创业扶持政策。

表 2.7　　　　　　　　　　　创业服务业主要产业政策

时间	文件名称	发布机构	相关内容
2008 年 3 月 19 日	《关于加快发展服务业若干政策措施的实施意见》	国务院	财政部、国家发改委要研究提出具体意见，对服务领域重大技术引进项目及相关的技术改造提供贷款贴息支持，对引进项目的消化吸收再创新活动提供研发资助，在政府采购中优先支持采用国内自主开发的软件等信息服务，进一步扩大创业风险投资试点范围。探索开展知识产权质押融资，引导和鼓励社会资本投入知识产权交易活动，符合规定的可以享受创业投资机构的有关优惠政策
2010 年 4 月 13 日	《关于深入贯彻落实科学发展观、积极促进经济发展方式加快转变的若干意见》	国家工商行政管理总局	积极支持高校毕业生、农民工、就业困难群体以创业带动就业，进一步完善自主创业、自谋职业优惠政策措施
2011 年 3 月 27 日	《产业结构调整指导目录（2011 年本）》	国家发改委	商务服务业中的"就业和创业指导、网络招聘、培训、人员派遣、高级人才访聘、人员测评、人力资源管理培训、人力资源服务外包等"为鼓励类产业
2011 年 12 月 16 日	《国务院办公厅关于加快发展高技术服务业的指导意见》	国务院	完善科技中介体系，大力发展专业化、市场化的科技成果转化服务。发展技术交易市场，鼓励建立具备技术咨询评估、成果推介、融资担保等多种功能的技术转移服务机构。鼓励社会资本投资设立新型转化实体，发展包括创业投资、创业辅导、市场开拓等多种业务的综合性科技成果转化服务。提升科技企业孵化器、生产力促进中心和大学科技园等机构的服务能力，推动市场化运营
2012 年 4 月 26 日	《国务院关于进一步支持小型微型企业健康发展的意见》	国务院	进一步加大对小型微型企业的财税支持力度；努力缓解小型微型企业融资困难；进一步推动小型微型企业创新发展和结构调整；加大支持小型微型企业开拓市场的力度；切实帮助小型微型企业提高经营管理水平；促进小型微型企业集聚发展；加强对小型微型企业的公共服务

时间	文件名称	发布机构	相关内容
2012 年 12 月 29 日	《国家科技企业孵化器"十二五"发展规划》	科技部	支持科技创新创业活跃、孵化能力突出的园区或城市，建设科技创新创业示范区，并建立完善相关考核、评价标准和细则，营造良好的创新创业环境。国家财政资金和科技计划，围绕孵化器基础设施、公共服务、创业辅导培训、创业导师、持股孵化和孵化采购等服务支撑体系建设，加大对孵化器的支持力度，扶植科技创业和创业载体建设
2014 年 9 月 10 日	2014 年夏季达沃斯论坛	李克强	李克强总理首次公开发出"大众创业、万众创新"的号召，期待通过"双创"的力量推动中国经济更上一个台阶
2014 年 10 月 28 日	《国务院关于加快科技服务业发展的若干意见》	国务院	构建以专业孵化器和创新型孵化器为重点、综合孵化器为支撑的创业孵化生态体系。加强创业教育，营造创业文化，办好创新创业大赛，充分发挥大学科技园在大学生创业就业和高校科技成果转化中的载体作用
2014 年 10 月 28 日	《国务院关于加快科技服务业发展的若干意见》	国务院	在重点产业领域发展众创空间；鼓励龙头骨干企业围绕主营业务方向建设众创空间；建设一批国家级创新平台和双创基地；加强众创空间的国际合作
2015 年 3 月 11 日	《国务院办公厅关于发展众创空间推进大众创新创业的指导意见》	国务院	加快构建众创空间、降低创业门槛、鼓励科技人员和大学生创业、支持创新创业公共服务、加强财政资金引导、完善创业投融资机制、丰富创新创业活动、营造创新创业文化氛围
2015 年 6 月 16 日	《国务院关于大力推进大众创业万众创新若干政策措施的意见》	国务院	充分认识推进大众创业、万众创新的重要意义；创新体制机制，实现创业便利化；优化财税政策，强化创业扶持；搞活金融市场，实现便捷融资；扩大创业投资，支持创业起步成长；发展创业服务，构建创业生态；建设创业创新平台，增强支撑作用；激发创业活力，发展创新型企业；拓展城乡创业渠道，实现创业带动就业；加强统筹协调，完善协同机制

续表

时间	文件名称	发布机构	相关内容
2015 年 9 月 26 日	《国务院关于加快构建大众创业万众创新支撑平台的指导意见》	国务院	大力发展专业空间众创,鼓励各类科技园、孵化器、创业基地、农民工返乡创业园等加快与互联网融合创新,打造线上、线下相结合的大众创业万众创新载体。鼓励各类线上虚拟创业空间发展,为创业创新者提供跨行业、跨学科、跨地域的线上交流和资源链接服务。鼓励创客空间、创业咖啡、创新工场等新型众创空间发展,推动基于"互联网+"的创业创新活动加速发展
2015 年 10 月 12 日	《关于做好推动大众创业万众创新工作的通知》	工信部	加快创业基地建设;完善中小企业服务体系;加强投融资服务;强化创业创新培训;实施"互联网+小微企业"行动计划;开展丰富多彩的"双创"活动;加大"双创"宣传力度
2016 年 2 月 18 日	《国务院办公厅关于加快众创空间发展服务实体经济转型升级的指导意见》	国务院	提出以创业辅导专业化促进众创空间专业化发展。为创新创业者提供更加适合产业特点的创业辅导服务,提高创新创业者的专业素质和能力
2016 年 5 月 12 日	《国务院办公厅关于建设大众创业万众创新示范基地的实施意见》	国务院	在更大范围、更高层次、更深程度上推进大众创业万众创新,加快发展新经济、培育发展新动能、打造发展新引擎,建设一批双创示范基地、扶持一批双创支撑平台、突破一批阻碍双创发展的政策障碍、形成一批可复制可推广的双创模式和典型经验,重点围绕创业创新重点改革领域开展试点示范
2016 年 5 月 19 日	《国家创新驱动发展战略纲要》	国务院	提出 2020 年进入创新型国家行列的目标,将科技进步贡献率提高到 60% 以上,知识密集型服务业增加值占国内生产总值的 20%。同时强调进一步推动创新创业,鼓励人人创新
2016 年 9 月 20 日	《国务院关于促进创业投资持续健康发展的若干意见》	国务院	加快培育形成各具特色、充满活力的创业投资机构体系;积极鼓励包括天使投资人在内的各类个人从事创业投资活动;大力培育和发展合格投资者;建立股权债权等联动机制;完善创业投资税收政策;建立创业投资与政府项目对接机制;研究鼓励长期投资的政策措施;发挥政府资金的引导作用

时间	文件名称	发布机构	相关内容
2017 年 6 月 21 日	《国务院办公厅关于建设第二批大众创业万众创新示范基地的实施意见》	国务院	深化"放管服"改革；优化营商环境；加强知识产权保护；加快科技成果转化应用；完善人才激励政策；支持建设"双创"支撑平台；加快发展创业投融资；支持农民工返乡创业；支持海外人才回国（来华）创业；推动融合协同共享发展；营造创新创业浓厚氛围
2017 年 7 月 27 日	《国务院关于强化实施创新驱动发展战略进一步推进大众创业万众创新深入发展的意见》	国务院	加快科技成果转化，重点突破科技成果转移转化的制度障碍，保护知识产权，活跃技术交易，提升创业服务能力，优化激励机制，共享创新资源，加速科技成果向现实生产力转化；拓展企业融资渠道，不断完善金融财税政策，创新金融产品，扩大信贷支持，发展创业投资，优化投入方式，推动破解创新创业企业融资难题；促进实体经济转型升级，着力加强创新创业平台建设，培育新兴业态，发展分享经济，以新技术、新业态、新模式改造传统产业，增强核心竞争力，实现新兴产业与传统产业协同发展；完善人才流动激励机制，充分激发人才创新创业活力，改革分配机制，引进国际高层次人才，促进人才合理流动，健全保障体系，加快形成规模宏大、结构合理、素质优良的创新创业人才队伍
2018 年 9 月 26 日	《国务院关于推动创新创业高质量发展打造"双创"升级版的意见》	国务院	进一步优化创新创业环境，大幅降低创新创业成本，提升创业带动就业能力，增强科技创新引领作用，提升支撑平台服务能力，推动形成线上线下结合、产学研用协同、大中小企业融合的创新创业格局
2021 年 10 月 12 日	《国务院办公厅关于进一步支持大学生创新创业的指导意见》	国务院	提升大学生创新创业能力、优化大学生创新创业环境、加强大学生创新创业服务平台建设、推动落实大学生创新创业财税扶持政策、加强对大学生创新创业的金融政策支持、促进大学生创新创业成果转化、办好中国国际"互联网＋"大学生创新创业大赛、加强大学生创新创业信息服务

在经济下行压力下，中小企业天然弱势的短板暴露无遗。2020 年疫情暴发后，中国政府出台了一系列纾困政策，以支持小微企业应对疫情冲击。这些政策主要分成四大类：一是社保减免，对企业的社保费用实际上免征或者减半征收；二是税收减免或延期缴纳，主要是指小规模纳税人的增值税征收率由 3% 降到 1%；小微企业和个体工商户所得税延期缴纳；三是费用减免，包括对承租国有资产类经营用房的中小企业减免房租；四是信贷政策，包括对中小微企业的贷款临时性地延期还本付息、扶贫小额信贷延长还款期限，对企业贷款给予财政贴息支持等。

万相昱等（2021）研究了政策对于中国中小微企业的纾困效果，结果表明，政府的救助政策是必要且有效的。通过模拟数据发现，疫情冲击使小微企业的盈利面由 18.87% 直接下降到 11.49%，企业破产率上升 2.46 个百分点，这会导致将近 1832.46 万人失业；但在相关救助措施实施后，企业盈利比例会上升到 14.65%，破产率下降 1.05 个百分点，失业人数减少783.33 万人。

在这些政策中，减税降费等税收支持政策和缓缴免缴社保的稳岗政策都显著提高了疫情冲击下，企业复工复产的可能性；税收政策还显著降低了企业遭遇现金流困难的可能性。在一系列减税降费政策中，社保减免政策的效果最为显著，且减税降费政策的效果要好于金融（信贷）支持政策。

2.7.2 资本环境

中小企业是重要的市场参与主体，但其发展始终面临着融资难题。为更好地营造创新型中小企业资本环境，我国以注册制改革为工作起点，不断优化多层次资本市场的五大配套制度，打造了科创中小企业融资的适宜环境。首先，将并购支付工具多样化，拓展包括并购贷款、并购基金、公司债、高收益债等融资渠道。其次，事前审批流程更为精简，完善事中事后监管机制，提升各部门工作协同能力。再次，在企业并购税收上给予适当制度优惠。通过适度扩大免税并购类型的认定范围、适当减免并购企业资本利得税的方式，使企业并购成本降低。最后，完善多层次资本市场，实现主板、科创板、中小板等协调发展，以金融市场同步改革来促进实体经济供给侧改革，打造新的增长点。

2021 年 9 月 2 日，习近平总书记在中国国际服务贸易交易会上宣布成立北京证券交易所（以下简称"北交所"），为创新型中小企业打造服务新阵地。11 月 15 日，北交所正式揭牌开市，首批 81 家上市公司上市交易。北交所与沪深交易所实施差异化定位，更强调对创新型"中小企业"的服务支持。北交所成为打造服务创新型中小企业的主阵地，为资本市场注入了新的活力。

北交所丰富了创投资金退出路径，进一步激发创投服务创新型中小企业的活力。北交所的推出，与沪深交易所形成了更为全面而多层次的企业直接融资体系，进一步拓宽、改善了中小企业的融资渠道。

在上市制度方面，北交所上市要求相对更低，注册制下的创新型中小企业能够更便利地进行相关融资活动。在制度设计方面，北交所将市值条件和财务条件的四套标准纳入总体平移新三板精选层的发行条件，具有较好的包容性。同时，北交所的上市制度直接采用注册制，后续从申报到完成证监会注册的时间也有望大大降低。北交所与科创板、创业板上市门槛对比如表 2.8 所示。

表 2.8　　　　　　北交所与科创板、创业板上市门槛对比

指标类型		北交所	科创板	创业板
盈利指标	（市值）+ 净利润 + 加权平均 ROE	市值 ≥ 2 亿元，最近两年净利润均 ≥ 1500 万元且加权平均 ROE 平均 ≥ 8%；或市值 ≥ 2 亿元，最近一年净利润均 ≥ 2500 万元且加权平均 ROE ≥ 8%	市值 ≥ 10 亿元，最近两年净利润均为正且累积净利润 ≥ 5000 万元	最近两年净利润均为正且累积净利润 ≥ 5000 万元
	市值 + 净利润 + 营业收入	—	市值 ≥ 10 亿元，最近一年净利润均为正且营业收入 ≥ 1 亿元	市值 ≥ 10 亿元，最近一年净利润均为正且营业收入 ≥ 1 亿元
非盈利指标	市值 + 营业收入	—	市值 ≥ 30 亿元，且最近一年营业收入 ≥ 3 亿元	市值 ≥ 50 亿元，且最近一年营业收入 ≥ 3 亿元
	市值 + 营业收入 + 现金流量	市值 ≥ 4 亿元，最近两年平均营业收入 ≥ 1 亿元，且最近一年收入增长率 ≥ 30%，最近一年营业活动产生的现金流量净额为正	市值 ≥ 20 亿元，最近一年营业收入 ≥ 3 亿元，且最近三年营业活动产生的现金流量净额累计 ≥ 1 亿元	—

续表

指标类型		北交所	科创板	创业板
非盈利指标	市值 + 营业收入 + 研发投入	市值≥8 亿元，最近一年营业收入≥2 亿元，最近两年研发投入合计占最近两年收入合计比例≥8%	市值≥15 亿元，最近一年营业收入≥2 亿元，最近三年研发投入合计占最近三年累计收入合计比例≥15%	—
	市值 + 研发投入	市值≥15 亿元，最近两年研发投入合计≥5000 万元	—	—
	市值 + 技术	—	市值≥40 亿元，主要业务或产品需经国家有关部门批准，市场空间大，目前已取得阶段性成果。医药行业企业需至少有一项核心产品获准开展二期临床试验，其他符合科创板定位的企业需具备明显的技术优势并满足相应条件	—

资料来源：全国股转系统、上海证券交易所、深圳证券交易所、浙商证券研究所。

　　北交所投资者门槛有望进一步降低，并引入更多机构投资者参与，为企业开拓更广的融资渠道，如表 2.9 所示。

表 2.9　　北交所与新三板、科创板和创业板对投资者门槛要求对比

投资者适当性要求	北交所（征求意见稿）	新三板			创业板	科创板
		精选层	创新层	基础层		
资金要求（证券资产大于等于）	50 万元	100 万元	150 万元	200 万元	10 万元	50 万元
经验要求（参与证券交易时间大于等于）	2 年	2 年	2 年	2 年	2 年	2 年

资料来源：全国股转系统、上海证券交易所、深圳证券交易所、浙商证券研究所。

　　作为对新三板深化改革而来的北交所的成立，将使创投企业的投资退出渠道更加丰富，其"募投管退"的良性循环更为顺畅，加快资金的投资周转效率，提高了创投资本的流动性，从机制上刺激创投资本进一步投资创新型中小企业的动力，能够更好地服务国家对于创新型中小企业的培育目标。

2.7.3 数字化环境

数字化可以为中小微企业创造前所未有的机会，克服企业在创新、走向全球和发展过程中通常面临的与规模相关的障碍。数字化通过提供及时性的政策应对信息和工作流程变更，降低了中小微企业搜寻、预防等一系列防疫的经济成本；电子商务等带来的新市场扩大，创造了规模经济，也能够帮助企业更好地融入全球市场。

2.7.3.1 数字产业创新创业图谱

（1）数字经济发展背景。

数字经济的年均增速已连续 6 年高于同期 GDP 增速，且不断渗透到第三产业之中，为我国经济发展的贡献持续增长。据《中国数字经济发展白皮书（2021 年）》显示，2020 年，我国达到 39.2 万亿元人民币的数字经济规模，占 GDP 的 38.6%。新兴技术、通信互联网、先进制造等细分领域的发展是数字经济发展的重要体现。数字经济已成为推动中国经济高质量发展的重要引擎，对我国经济增长的贡献程度不断提升。随着数字技术的快速发展和跨界融合，数字经济成为我国发展最快、创新最活跃、辐射最广的经济活动，对扩展经济发展空间、推动传统产业转型升级、促进经济可持续发展、提升社会管理和服务水平、带动创新具有极为重要的意义。《中华人民共和国国民经济和社会发展第十四个五年规划和 2035 年远景目标纲要》提出了我国全面加快数字化发展、建设数字中国的战略目标，确立了以数字化转型整体驱动生产方式、生活方式和治理方式变革的发展方针；指引实体经济深度融合数字技术，推动传统产业的结构调整和升级，不断打造新产业、新业态和新模式，寻找经济发展新的增长点。"十四五"时期，我国数字经济将迎来更大发展，数字产业化和产业数字化将不断推进，数字化将成为国家和地方实现创新驱动发展的重要抓手。我国数字经济规模发展情况如图 2.23 所示。

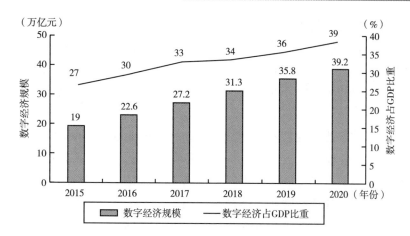

图 2.23　我国数字经济规模发展情况

资料来源：中国信息通信研究院。

（2）数字经济对创新创业领域变革的特点。

发展数字经济不仅是落实国家重大战略的关键力量，也与企业的创新成长生死攸关。数字经济发展为创业者构建相互协同的创新创业生态系统构建了基础。

首先，数字经济时代，技术的易用性和迅速扩散的特点，使得许多产业的准入门槛大大降低，在这些产业内，技术应用大大提高了生产效率，进而使产业规模不断壮大。同时，诸如大数据、云计算、人工智能等新兴技术通过模块化应用成为通用技术，得到迅速普及，使"赋能效应"更多地出现于产业生产过程中。数字技术的交易成本相对较低，这不仅使其能够迅速为生产者赋能，降低生产成本，提高生产效率，还使其能够在产业内和产业间以更快的速度进行扩散。此外，这种易用性和迅速扩散的特点，使原本充斥于产业中的技术垄断消亡，极大降低了许多产业的准入标准，不仅有利于产业规模的扩大，还显现出了良好的规模报酬递增效应。同时，我国特色乡村农业、轻工业、物流业等众多传统产业因为数字技术的赋能作用而快速发展。

其次，数字经济时代，改变了企业创新要素，深刻影响着企业的创新理念、创新体系和创新价值。其中，企业生产和创新过程不再仅仅局限于单个企业内部，而是形成了一个涵盖诸如企业、政府、大学、科研院所、个体开发者甚至消费者在内众多市场主体参与的完整产业创新生态系统。基于大数据、云计算、人工智能等技术的应用背景，生产组织方式形成了一个技术、数据、生产制造、销售能力等众多要素相结合的协同网络。在工业时代，生态创新模式已经成为企业创新的主流。比如小米（AIoT 生态）、联想（智能生态）等企业均提出自己的生态体系概念。在数字经济3.0 时代，企业只有充分与创新生态系统内众多合作伙伴的多样化特质和需求相结合，以开放和包容的态度构建或嵌入商业生态系统中才能实现自身的可持续发展。

最后，数字技术为从业者赋能，推动我国就业规模不断增加，从而改变了原有的就业模式。在传统的雇用就业模式之外，催生了诸如自主创业、自由职业等更具灵活性的新兴模式。大量以数字技术为基础的平台经济、分享经济出现，推动新就业形态大范围出现。数字技术降低了教育和培训的成本，为创业者构建了相互协同的创新生态系统。比如我国"淘宝村"的极速发展，自 2009 年起，受数字化平台发展的影响，我国农村创新创业逐渐出现燎原之势。截至 2020 年，我国有 296 万个"淘宝村"网店活跃于各大数字化平台中，创造了 828 万个就业机会。"十三五"期间，新就业形态从业者从 5000 万人增长至 8400 万人，年均增长率为 10.9%[①]。在市场端，数字技术的应用带来了更为高效和精准的供需匹配，优化了资源配置，提高了资源利用率和收益率。在供给端，数字技术的应用使企业管理手段变得更为高效，在生活服务上减少了投入到收益的时间，可以将企业经营的不确定性降到最低，同时为企业的未来发展收集信息，以保证企业能够持续应对不断变化的市场环境。

（3）数字产业创业图谱。

在我国，技术创新的政策红利叠加巨大的市场需求，以及新兴技术的发展成熟和赋能落地，为数字化领域的创新提供了肥沃的土壤，一大批数字化转型服务企业应运而生。近 10 年数字经济创业企业在一级市场有融资的各领域企业分布如图 2.24 所示。

在创业企业地域分布方面，北上广深等城市，依托强大的经济基础、丰富的创新资源，无论是在以企业服务、人工智能、大数据为代表领域的数字化技术层的投融资事件数，还是在以智能制造、医疗数字化、智能汽车为代表的数字化应用层的投融资事件数，均位居前列。在数字化应用层，长三角地区的苏州、南京等城市，成渝地区的成都、重庆，长江中游地区的武汉，这些城市展示出强劲的发展态势（见图 2.25）。

---

① 阿里研究院 . 1% 的改变——2020 中国淘宝村研究报告［R］. 2020.

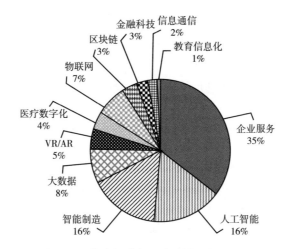

图 2.24　数字经济创业企业产业领域分布

资料来源：睿兽分析。

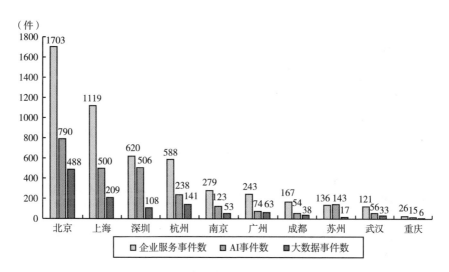

图 2.25　数字经济创业企业地域布局

资料来源：睿兽分析。

　　由于新一轮科技革命和产业变革的影响，创新发展模式下的中小微企业将迎来难得的历史机遇。在这一新知识经济背景下，个体或者小团队的技术能力决定着新技术的发展水平，而固定资产的影响力将不断被削弱，人力资本主导的创新模式将催生出更多的中小微企业。现阶段，众多中小微企业对我国技术创新的巨大推动作用已经逐步确立和深化。

本章参考文献

［1］北京大学企业大数据研究中心．中国小微经营者调查2022年一季度报告［R］．2022－04．

［2］Boao Forum for Asia. Asian Economic Outlook and Integration Progress 2021［R］．2021.

［3］OECD. Financing SMEs and Entrepreneurs 2022：An OECD Scoreboard［R］．2022.

［4］OECD. OECD Policy Responses to Coronavirus（COVID－19）：Trade Facilitation and the COVID－19 Pandemic［R］．2020.

［5］金融学院．聚焦疫情对小微企业生存的影响［N］．https：//www. tsinghua. edu. cn/info/1175/21551. htm，2021－03－02.

［6］36氪研究院．2021年中国独角兽企业发展研究报告［R］．36氪研究院，2021－12．

［7］埃森哲．独角兽进化论［R］．埃森哲中国独角兽研究，2021．

［8］恒大研究院．中国独角兽报告（2020）［R］．2020－10，https：//mp. weixin. qq. com/s/1Y1oJJiT7JlH3QqHaTl4aw.

［9］OECD. Coronavirus（COVID－19）：SME Policy Responses.［R］．2021.

［10］OECD. SME and Entrepreneurship Outlook 2021［R］．2021.

［11］ILO. A Snapshot of COVID－19's Prolonged Impacts During Q3 2021［R］．2021.

［12］UN. The Covid－19 Pandemic Impact on Micro, Small and Medium Sized Enterprises［R］．2021.

［13］教育部等．2021中国国际"互联网＋"大学生创新创业大赛项目成长力报告［R］．2021.

［14］张成刚等．中国新就业形态研究中心课题组．数字经济与中国妇女就业创业研究报告［N］．阿里研究院，2022－03．

［15］德勤．第三方风险管理全球调研报告［R］．2021.

［16］WTO. Helping MSMES Navigate the COVID－19 Crisis［R］．2020.

［17］Belghitar Y.，Moro A. & Radic N. When the Rainy Day Is the Worst Hurricane Ever：The Effects of Governmental Policies on SMEs during COVID－19［J］．Small Business Economics，2022，58（2）：943－961．

［18］Bartlett R. P. & Morse A. Small-Business Survival Capabilities and Fiscal Programs：Evidence from Oakland［J］．Journal of Financial and Quantitative Analysis，2021，56（7）：2500－2544．

［19］万相昱，安达，王亚强等．新冠疫情背景下减税降费政策对小微企业影响研

究——基于微观模拟的测算分析［J］. 价格理论与实践，2021（1）：27 – 33.

　　［20］创业邦研究中心. 数字浪潮下的创新力——2021 中国数字化全景图谱与创新企业研究报告［R］. 2021.

　　［21］中国信通院. 全球数字经济新图景［R］. 2019 – 10.

　　［22］赫尔曼·西蒙（Hermann Simon），杨一安. 隐形冠军：未来全球化的先锋［M］. 张帆译. 北京：机械工业出版社，2019.

第 3 章

多层次的创新创业孵化载体分析

在科技创新中，发展载体起着举足轻重的作用，而创新型组织正是在新时代实现创新驱动发展战略的重要载体。

3.1 创业服务业萌生及其发展

一方面，随着人力成本的提升，我国在全球生产链中的地位逐渐呈现出下降趋势，尤其是受2008年全球金融危机影响，生产低价值产品的传统企业受到巨大冲击。但另一方面，随着全球化形势日益紧密、科技大潮层层迭进的形势，创新创业企业遇到了全新的成长、发展契机。因此，创业服务对于初创公司的可持续成长，以及对于提高创业成功率起着关键作用。

2018年，财政部会同工业和信息化部、科技部联合制定了《关于支持打造特色载体推动中小企业创新创业升级的实施方案》，支持优质实体经济开发区打造不同类型的创新创业特色载体，着力提升各类载体市场化专业化服务水平，提高创新创业资源融通效率与质量，促进中小企业专业化高质量发展，推动地方构建各具特色的区域创新创业生态环境。其中，重点支持发展四种类型的创新创业特色载体。

一是专业资本集聚型。鼓励发展创业投资、产业投资资本主导的特色载体，支持引导载体发挥专业资本在投融资服务、资本运作、价值管理等方面的优势，通过设立或与其他社会资本合作的天使投资、创业投资等，吸引并引导更多社会资本向在孵企业聚集，为入驻的创新型创业企业提供股权投资支持和增值服务，加快形成"投资＋孵化"的市场化持续运营机制，提升资本服务创新创业的质量与效率。

二是大中小企业融通型。鼓励发展行业龙头企业主导的特色载体，支持引导载体发挥行业龙头企业在资本、品牌和产供销体系等方面的优势，开放共享资源，促使大中小企业在设计研发、生产制造、物资采购、市场营销、资金融通、品牌嫁接等方面深度融合、相互嵌入式合作，从而推动中小企业在细分行业领域精准布局，提升专业化能力和水平，加快形成"龙头企业＋孵化"的共生共赢生态，提升龙头企业与中小企业协同创新的质量与效率。

三是科技资源支撑型。鼓励发展高校、科研院所主导的特色载体，支持引导载体发挥高校、科研院所的科技创新资源优势，利用财税激励政策，吸引更多科技人才创办企业，引导更多科技成果实现产业化、资本化，转化为现实生产力；对接更多的专业实验室、技术研发中心等开放共享科技资源，加快形成"科技＋孵化"的产学研用协同发展机制，提升科技资源支撑创新创业的质量与效率。

四是高端人才引领型。鼓励发展以聚集高端人才为核心要素的特色载体，发挥人才引进政策作用，支持引导载体利用综合体运营商拥有的物理空间、共享设施等资源，拓展创业辅导、资源对接、市场开拓等孵化功能，提供专业化服务；集聚国际顶尖人才、海外留学人才、高技能人才、大企业高管、优秀青年人才等知识型、技能型、创新型人才创办企业，将个体居住转为聚集创业，加快形成"人才＋孵化"的智力转化机制，提升人才资源引领创新创业的质量与效率。

创业服务是围绕技术创新、企业发展所建立的业务群。它通过集合与创新创业发展有关的专业知识、人员、资本、信息化等资源，为创业人才与初创企业提供所需要的法律法规、投融资项目、财会知识、信息技术、管理培训、政策及信息咨询、业务交流与创新指导、人员招募、办公场地管理等业务，通过促进初创企业的发展而获得收益。国内创业服务发展大致可划分为以下三个阶段。

第一阶段是政府创新服务阶段，即 1.0 模式。该阶段的服务方式主要表现为政府为中小型创新创业企业提供必要的办公场所，以此来实现"孵化器"作用。此类模式服务对新创新创业企业没有明显的条件限制，主要依靠租金和基本服务费取得收益，例如优客工场等。

第二阶段是移动互联创业服务阶段，即 2.0 模式。随着互联网的渗透，创业服务逐渐跳出以物理空间硬件服务为主要表现形式的限制，逐步拓展为多样化的个性服务，在场地服务的基础上融入财务、人才、知识、投融资等服务。此类模式服务对入选企业有一定条件限制，一般侧重于与新兴产业有关的企业，例如上海创汇等。

第三阶段是创业生态服务阶段，即3.0模式。随着创新创业理念的逐渐深化和创新创业活动的深入开展，创业服务逐渐进化为轻资产、重服务的表现方式。新型创业服务企业可根据服务对象的不同特征，针对性地提供人力资源、财务管理、技术研发等资源服务。创业服务企业同样参与到融资渠道中，进一步拓展利润空间，甚至通过提供服务换取服务对象的股权，实现了与服务对象的利益一致化，例如创新工场、联想之星。

在创业服务3.0模式中，创业服务内容不仅仅局限于具体的、阶段性的硬件或软件服务，而是提供覆盖初创企业从创业起步到发展再到成功的全过程，且在每个发展阶段提供不同侧重点的服务内容。在创业萌芽阶段，创业服务主要集中在寻求投资，支撑企业生存和运行；在创业落地阶段，创业服务主要集中在谋求基本的办公条件和配套的服务，用以支撑将思路转化为产品、将理想转化为现实；在创业初具规模阶段，创业服务要按照产品的性质重点进行市场拓展，同时着力在企业的运营和管理上，确保规范化、组织化；在创业稳步发展阶段，创业服务主要针对企业发展的方向和目标，引入战略资源，提高企业的核心竞争力。在创业的不同阶段，创业服务可在财务、运营甚至业务拓展与整合资源等方面提供精准的服务内容。我国创业服务模式更迭如图3.1所示。

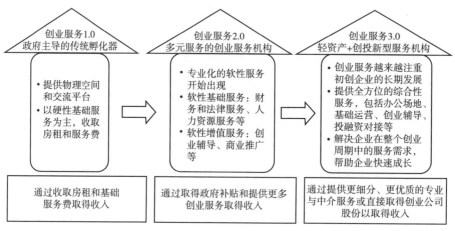

图3.1 我国创业服务模式更迭

当前，创业服务行业的发展规模不断壮大，呈现出五个特点：一是创业服务逐步向中小城市深入；二是线上培训成为创业辅导培训的重要模式；三是创业辅导服务于创业企业全生命链；四是创业服务形成了闭环；五是创业服务的多元化日益明显。

3.2　典型创新创业服务载体

20 世纪 50 年代，美国加州贝特维亚出现了世界上第一个企业孵化器，为世界上之后出现的企业孵化器在功能和模式方面作出了定位。从此，各国相继丰富、衍生出了多种形式的创业服务载体，例如孵化器、加速器、科技园等。近年来，创业服务载体的发展模式和路径不断得到探索完善，有效满足了创新时代对创业服务的需求，在当今全球创新创业浪潮中起着至关重要的作用。

3.2.1　孵化器

孵化器是一种新兴的社会经济机构，它通过向初创企业提供必备的研究、制造、运营产品的场所和通信、互联网等方面的公共基础设施，以及开展系统的技术培训、咨询服务和市场推广等方面的资金支持，从而减少初创企业的创新风险和生产成本，提高企业的成活度。孵化器的主要作用是围绕初创企业的发展需要，整合各种生产要素资源，减少企业创新成本，促进企业发展，提高创业存活率，促进企业成长，进而以创业的成功带动就业的提升，激发出全社会的创新创业活力。孵化器同时还具有产业生态系统制造功能，它可以按照产业自身发展所必需的自然环境要求进行优化选择，针对性地在一定空间内建立一种缩小的、更有效的产业生态系统。作为最先产生的创业孵化方式，孵化器的数量至今仍在迅速增长，并在世界范围内的经济发展中起着巨大的作用。

3.2.1.1　国外孵化器的发展与现状

孵化器起源于 1950 年的美国。1959 年，曼库索（Joe Mancusoc）建立了美国的第一家孵化器 Batavia。1984 年，美国联邦中小企业管理局开始大力发展孵化器项目。早期，孵化器项目的开展多由美国地方政府部门负责；到20 世纪

80 年代中后期，孵化器投资主体日益多元化，包括企业、高校、房产商、社会团体等，政府部门逐步由直接支持变为大数据提供和网络支撑，或出台引导性的优惠政策，形成了"政府引导，市场主导，企业化运作"的发展模式。

在实践中，由于大企业资金雄厚，投资管理经验丰富，因此许多大企业都会设置创投资金，用以支持初创公司的迅速成长，因此孵化器和投资公司都与大企业有着紧密的投资关系，大企业往往会成为初创公司中较为常见的投资者。例如，硅谷的孵化器 Plug & Play 就和谷歌、脸书等国际大公司保持经常性的合作。得益于长期发展，美国既可称为孵化器的摇篮，同时又是世界各国中孵化器体系最健全的国家，并在重振国家经济中发挥着重要作用。

随着时间的推移，欧美各国的孵化器也不断发展，发展模式同美国基本一致，从初期的政府指导转换为市场化经营，孵化方式从"官方孵化 + 政府部门投资"转为"专门孵化 + 专人咨询服务 + 创投"。如今，国外孵化器业务功能已经基本发展成熟，业务范围极其广阔，例如，除开展基本业务之外，还为客户开展专门的业务策划和咨询、培训指导、风险投资、品牌战略等各种业务。此外，孵化器公司还雇用了专门管理人员参与自身的运作，并雇用专业人员对初创公司进行跟踪式的指导和培养，确保在孵项目的质量。

同时，各国孵化器内部的交流协作也日益频繁，随之产生了一些国际孵化器公司，例如 YCombinator 等全球著名的孵化器公司纷纷向世界各地扩张，寻求创新机会。国际孵化器的发展成熟为中国孵化器的发展提供了一个思路、一个趋势。

3.2.1.2 我国孵化器的发展与现状

国内的创业孵化与改革开放紧密相关，一定程度上来讲，创业孵化本身也是中国社会创新发展的一个缩影。1987 年 6 月，国内第一个孵化器在武汉市东湖建立。1988 年，孵化器项目被纳入国家火炬计划。从此，一个独特的创新孵化之路开始起步。21 世纪前，国内的孵化器项目几乎都是或由政府部门直接投入，或由高校、国企或国有单位牵头创建。2000 年左右，中国民营投资企业纷纷进军孵化器领域。21 世纪的第二个十年，随着"双创时代"到来以后，新增的孵化器（包含众创空间）主要为民营项目。2014 年，在"大众创业、万众创新"的浪潮中，我国政府制定了各种支持优惠政策，进一步营造了良好的创新创业氛围，极大推动了中国科技企业孵化器的发展，并探索出一条具有中国特色的运行机制和发展模式。

目前，随着移动网络、人工智能等信息技术迅速发展，创新创业行动已由大学生及创业团体的"单枪匹马"演变为大学生及公司、银行、高校和研究单位、政府部门等多主体的"群策群力"。2012 年 10 月，北京英诺创新空间创立，该公司是国内第一个创新型孵化 + 协同办公空间，并针对产业的综合化发展趋势，提出了"创业综合体"的模式，创新了孵化器的发展模式。在此种模式下，创业空间并不是具体的物理概念，而是以开放、创新、发展为核心理念，通过构建良性循环管理机制，为创业者和投资人创造多元化服务的综合服务平台，标志着国内创业服务进入 3.0 时代。

3.2.1.3　孵化器的发展模式

按不同的分类方式，孵化器有不同的形式。按孵化范围的跨度划分，可分为综合型孵化器和专业型孵化器；按兴办主体分类，主要包括政府投入兴办、民营企业投资兴办、大学设立、多元化主体合办等；按涉外范围划分，可分为留学人员创业园和国外企业孵化器；按培育范围的不同，可划分为工程培育、产业培育、虚拟培育和国际培育。以下介绍部分类别的孵化器。

第一，综合型孵化器。综合型孵化器是指顺应国家经济体制改革、科技体制改革以及国家创新体系需要，吸纳可以转化的高新技术成果和有发展前景的小型科技企业，立足企业发展需求，提供硬件支撑功能、一般服务功能、专业管理服务功能等，为其提供通用的孵化场地、服务设施、物业管理及商业服务等孵化服务，为科技成果转化和科技企业培育提供良好综合条件的创业服务平台。此类型孵化器适用于需求高密集度科技资源的初创企业，目前呈现出网络化发展趋势。

第二，专业型孵化器。专业型孵化器是指根据孵化器服务的深化要求和发展特定高新技术产业的需求，面向某一特定技术领域，提供专业实验室、专业技术设备、专业商业服务、专业信息咨询、专业人员培训等功能，并向初创企业提供专业技术设备、专业商务服务的专业型创业服务平台。此类型孵化器适用于资源优势突出、产业发展方向明确、专业技术平台和专业技术人才丰富的地区。目前在医药、微电子等多种专业领域出现了该类型孵化器。

第三，大学科技园。大学科技园是指充分利用大学的科技资源，以研究型大学或大学群为依托，聚焦大学科技产业的社会化发展和科技企业的发展要求，发挥人才的集中优势、技术的创新优势、融资渠道多元化优势，把大学的人才、技术、信息、实验设备等综合智力优势与其他社会资源优势相结合，为技术创新和成果转化提供服务的机构。此类型孵化器适用于科技实力较强、地区经济发展水平高、科学技术水平和智力密集程度较高的地区，目前呈现出组建模式多样化的发展趋势。

第四，留学人员创业园。留学人员创业园是指立足聚集重要的人才资源、国内科技企业发展的内在需求以及支持留学人员回国创业的目标，强调创业对象的特殊性、对周围环境的依赖性，面向海内外留学人员，为其提供创业服务的科技企业孵化器，同时将国际先进的科研成果、管理理念、科学知识等转化为国内所需商品的创业服务平台。此类型孵化器适用于留学人员相对集中、科技资源聚集度较高的地区。目前呈现出网络化与国际化发展的趋势。

第五，国际企业孵化器。国际企业孵化器是指根据世界经济全球化的宏观形势，聚焦孵化器的国际化发展现状，强调国际性、外向型的特性，以实现国际化发展，协助高新技术企业开拓国际市场，以及帮助中小型科技企业进入中国市场的一种形式。此类型孵化器适用于外向型经济活跃的地区或具备国际化服务体系的地区，目前呈现出发展国际企业孵化器网络的发展趋势。

第六，公司制孵化器。公司制孵化器是指根据拓宽融资渠道的需求，以提高科技企业孵化器管理人员的水平，以公司形式组建的科技企业孵化器模式。孵化器有个主要特征是由具有企业管理经验的管理者来经营管理孵化器本身，因此更符合现代管理制度，具有吸引更多创业资金、与中介服务机构合作紧密的优势。此类型孵化器适用于有限责任公司或股份责任公司，目前呈现出集团化发展的趋势。

典型孵化器发展模式如表 3.1 所示。

表 3.1　　　　　　　　　孵化器的典型发展模式

类型	概念	建立背景	特性	适用条件	发展状况
综合型孵化器	吸纳可以转化的高新技术成果和有发展前景的小型科技企业，为其提供通用的孵化场地、服务设施及物业管理、商业服务等孵化服务，为科技成果转化和科技企业培育提供良好条件的平台	• 经济体制改革 • 科技体制改革 • 火炬计划、国家创新体系 • 企业发展要求	• 硬件支撑功能 • 一般服务功能 • 专业管理服务功能	• 发展高新技术产业 • 支持中小科技企业发展 • 科技资源具有较高的密集程度	网络化发展趋势

类型	概念	建立背景	特性	适用条件	发展状况
专业型孵化器	面向某一特定技术领域，由专业实验室、专业技术设备、专业商业服务、专业信息咨询、专业人员培训等构成的专业型创业服务平台	• 深化孵化器服务的要求 • 发展特定高新技术产业的需求	• 形成聚集效应 • 提供专业技术设备 • 提供专业商务服务	• 地区资源优势突出、产业发展方向明确 • 具备专业技术平台和专业技术人才	• 主要发展态势 • 呈现医药、微电子等多种专业类型
大学科技园	以研究型大学或大学群为依托，把大学的人才、技术、信息、实验设备等综合智力优势与其他社会资源优势相结合，为技术创新和成果转化提供服务的平台	• 充分利用大学的科技资源 • 大学科技产业的社会化发展 • 科技企业发展要求	• 人才的集中优势 • 技术的创新优势 • 融资渠道多元化	• 具备良好的科技实力 • 地区经济发展的发展水平较高 • 地区科学技术水平和智力密集程度较高	• 组建模式多样化 • 因地制宜
留学人员创业园	面向海内外留学人员，为其提供创业服务的科技企业孵化器，为留学人员提供创业服务平台，将国际先进的科研成果、管理理念、科学知识等转化为国内所需商品的平台	• 聚集重要人才资源 • 国内科技企业发展的内在需求 • 支持留学人员回国创业	• 创业对象的特殊性 • 对周围环境的依赖性 • 孵化器的国际化	• 与人事部共同搭建的创业平台 • 留学人员相对集中 • 科技资源具有较高的密集程度	网络化与国际化发展
国际企业孵化器	科技企业孵化器实现国际化发展，协助国内的高新技术企业开拓国际市场，帮助国外的中小型科技企业进入中国市场的平台	• 世界经济全球化的宏观经济形势 • 孵化器的国际化发展	• 国际性 • 外向型	• 外向型经济活跃的地区 • 具备国际化的支撑服务体系 • 具备相对稳定的国际合作伙伴	• 扩大国际合作进程 • 发展国际企业孵化器网络
公司制孵化器	以公司形式组建的科技企业孵化器模式，由具有企业管理经验的管理者来经营与管理孵化器本身	• 拓宽融资渠道 • 提高科技企业孵化器管理人员的水平 • 进入市场的有效选择	• 符合现代管理制度 • 吸引更多的创业资金 • 与中介服务机构建立紧密的合作关系	• 有限责任公司形式 • 股份责任公司形式	集团化发展

3.2.1.4 典型孵化器案例分析

第一，YCombinator 与其正向闭环运作典型模式①。

YCombinator（以下简称"YC"）创建于 2005 年，公司总部设在美国加利福尼亚州，主要致力于为初创公司进行系统化、全面的创新解决方案。截至目前，YC 先后投入了超过 1900 家初创企业，并聚集了超过 4000 个创业者，其中包括房屋短租平台 Airbnb、云端储存服务供应商 Dropbox 等国际知名的行业领军企业。2018 年，YC 正式宣布进入中国，全面发力中国市场，致力于要把美国硅谷的成功经验带到中国并充分本地化，拓展其全球化布局。

YC 的成功很大程度上得益于其完整的创业生态系统——正向闭环运作模式（见图 3.2）。YC 每年都会收到大量的项目申请，经过筛选后，公司会进行小金额、大批量的投资。通常，会为每个早期项目投资 15 万美元，并换取约 7%的股份作为回报。YC 最核心的资源是拥有成功的创业经历的、强大的合伙人团队以及背后丰富的导师资源。每年 YC 会组织两次为期 3 个月的高强度培训，重点通过路演日和投资者日，教导创始人如何更好地获得投资者的资金支持，从而帮助初创企业实现从 0 到 1 的突破。

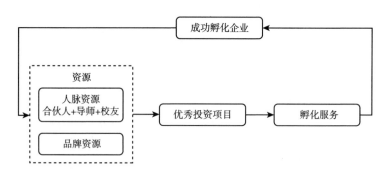

图 3.2　YC 正向闭环运作模式

此外，YC 还搭建了名为"Open Office Hour"的平台，更高效地让创始人及时获得导师的点评和支持。在此运作模式下，一个庞大的全球人脉资源网逐步形成，每个 YC 的创业者，不仅自己得到了帮助，同时也非常乐意帮助其他创业者。初创项目顺利孵化后，创始人将加入导师队伍，成为 YC

---

① 资料来源：前瞻产业研究院 . 2015～2020 年中国众创空间发展模式与投资战略规划研究报告［R］. 2015 – 05 – 18.

社区的一员，不断积淀的优质项目品牌资源持续增强 YC 的品牌力，又促进了下一轮孵化计划的推广，由此形成了 YC 的正向循环运作模型。

YC 所建立的系统化、全方位的创投生态系统，主要得益于以下五个方面：（1）提供大量早期投入基金，并换取了少量的股权；（2）高强度的培训；（3）庞大的人脉资源；（4）Open Office Hour 平台；（5）品牌力。

第二，中关村软件产业园[①]。

中关村软件园为软件类专业孵化器，主要围绕技术条件、高新技术金融服务、技术中介三个板块，形成了围绕新一代信息技术领域的"一纵六横"创业服务平台体系，即"一套管理系统 + 六个平台"综合一体化服务提供体系。六个平台包括：工商注册、税务登记、财务管理、人才服务、政策咨询等一站式、全方位、专业化中介服务的"服务中介支撑平台"；6 个子工程 16 个建设要素构成的"软件人才服务平台"；由技术产品发布子平台、技术融合推广子平台、知识产权服务子平台、科技信息服务子平台 4 个子平台构建的"技术创新服务平台"；由企业融资评估体系、孵化创投、融资对接服务子平台、信用服务平台 4 个子平台构建的"投融资服务平台"；集聚重点产业领域大中小微企业，促进产业上下游融合，通过"大手拉小手"，形成双向或多向对接，共同发展的"产业微集群促进平台"；加强国际交流与合作的"国际交流合作平台"。完善的工作运行模式，使得中关村软件园在推动科技创新方面具有一定的示范效应。中关村软件园运营特点如表 3.2 所示。

表 3.2　　　中关村软件园"一套管理系统 + 六个平台"简介

园区服务管理支撑系统	行政办公、物业管理、孵化服务管理、各类支撑平台管理和党工团管理的综合管理服务系统。以"资产运营管理系统"为基础，将企业筛选管理、企业入孵服务、房租服务协议管理、毕业企业管理、行政办公程序、各类支撑平台服务管理和党工团管理的管理程序流程化、信息化和系统化
服务中介支撑平台	一站式全方位专业化中介服务，包括工商注册、税务登记、财务管理、人才服务、政策咨询、技术咨询、信用评级、投融资咨询、税务筹划、财务筹划、知识产权规划、创业导师辅导、改制、新三板及主板上市辅导等

① 资料来源：北京市创业孵化示范基地宣传推广内容［EB/OL］. 中关村软件园孵化器官网，www.zgcspi.com. 根据该网络资源整理。

软件人才服务平台		分为 6 个子工程 16 个建设要素。精准锁定北京地区 IT 行业的人才、职业发展和招募，汇集院校、培训机构、行业协会的专业资源，面向企业提供人才供给，为从业人员提供职业发展与职业信誉认证，为决策机构提供数据支撑
技术创新服务平台	技术产品发布子平台	通过网络营销、产品手册、产品发布、媒体联盟以及有形展示五种专业营销推广服务，营造活跃的软件技术展示交流平台，搭建技术成果展示窗口，形成软件独、特、新技术的集散地
	技术融合推广子平台	全方位融合云计算、物联网、移动互联网、信息安全、大数据、智能装备等先进的技术和产品，通过技术和产品的高度融合，形成具有发展潜力和应用前景的系统产品集合，在信息安全、食品安全、环境安全、智慧城市（生活）等重点行业领域提供一体化技术产品解决方案
	知识产权服务子平台	提供知识产权托管服务，帮助企业建立制度，培训人员，建立知识产权规划、实施知识产权申报等
	科技信息服务子平台	为入驻企业提供政府政策、行业动态、企业动态等信息服务，为政府提供企业发展信息和企业动态信息支持
投融资服务平台	企业融资评估体系	通过对企业财务指标的精准分析，结合企业运营、管理等要素，从企业盈利能力、知识产权情况、企业研发投入情况、企业成长性等方面进行融资能力分析，为孵化器遴选优质项目提供专业依据，为企业融资提供专业建议，协助其选择适宜的融资渠道和金融产品
	孵化创投	利用自身拥有的 400 万元创投资金，以 "1 + N" 的组合投资方式，通过对初创企业注资，带动社会资本的关注，扩大企业 A 轮融资额度
	融资对接服务子平台	利用风投、担保、银行、证券、天使投资等战略合作机构专业资源，通过金融超市、项目对接、融资沙龙等多样化服务，营造专业投融资对接平台
	信用服务平台	方便企业就近办理中关村企业信用，促进会员入会、年审、星级评定、资金补贴申请、政策咨询及培训等业务
产业微集群促进平台		集聚重点产业领域大中小微企业，促进产业上下游融合，通过 "大手拉小手"，形成双向或多向对接，共同发展。促进以云计算、物联网、移动互联等行业企业聚合，实施产业集群孵化，逐步形成多个专业产业板块；关注高端领军企业、"瞪羚计划" 企业、"金种子工程" 企业发展需求，组织相关资源，做好跟进服务工作
国际交流合作平台		帮助园区企业 "走出去"，对接外部市场，参与国际竞争；引进国外先进技术项目和企业；吸引高端人才归国创业；通过中关村驻海外 7 大办事处，加强与加拿大、美国硅谷、芬兰、以色列、德国、日本等国家的国际组织和孵化器机构的国际交流与合作

3.2.2　大学科技园

大学科技园，是指以教学研究型高校及学院群为基础，将高校的人才培养、科技、信息、实验设施、书籍材料等智力资源优点和社会的人力资源优点结合，为成果转移与创新发展提供公共技术服务的专门机构。大学科技园是知识经济时代高校社会服务功能的延续与扩展。

3.2.2.1　国外大学科技园的形成与发展

大学科技园最早出现在 20 世纪 50～60 年代的美国。1951 年，"硅谷之父"弗雷德里克·特曼博士率先提出将产业和学术相结合，并建立了当今世界上首个大学科技园——斯坦福大学科技园。科技园的成立，标志着集教学、科学研究和企业发展于一体的新兴社区企业结构的形成。此后，美国许多知名高校先后建立了波士顿 128 公路和北卡罗来纳州三角科研区。美国大学科技园的成功，让人们认识到把高校的教学科研与区域经济紧密结合的重要意义。受美国的启发，日本建立了筑波科学技术城，法国成立了大学技术城。

20 世纪 70 年代，英国政府开始引导、扶持建立高校科技园，相继形成了赫利奥瓦特公司大学科技园、剑桥科学技术园、沃里克大学科技园等一批科技园，韩国也加入科学城建设之列。

20 世纪 80 年代，受到美国硅谷和剑桥科技园的榜样效应，德国、意大利、芬兰等发达国家也纷纷设立了大学科技园。联邦德国政府在 1983 年依托柏林工业学院成立了西柏林革新和创造研究中心。

20 世纪 90 年代，其他发达国家纷纷加入了大学科技园的创建，印度、泰国等发展中国家也开始积极探索大学科技园。

目前，国外的大学科技园已经实现了完全市场化运营方式，主要表现为搭建起政府、高校与企业合作发展，实现技术产业化的综合型高新技术服务平台。

随着大学科技园的迅速发展，相应的社团机构也在不断发展，比如，1986 年，来自美国内外的大学科研园共同成立了大学相关研究园区协会，该协会是一个非营利性团体；2001 年，该协会改名为美国大学研究院协会。协会现有会员 230 个，其目的在于推动与大学相关的科学研究园的发展，加强大学和企业的互动，进一步促进技术创新、高新技术成果转化和产业化。

3.2.2.2　我国大学科技园的发展

1990 年，中国首个高校科技园——东北大学科技园成立。同年，教育部、科技部共同启动了火炬计划，引导全国各地区政府、各高校成立大学科技园。此后，北京大学、清华大学等多家先后成立大学科技园。截至2021 年，教育部、科技部已通过十批次共约 140 个大学科技园。随着经济社会的发展，高校在国家创新体系中的地位日益突出，先后出现了"中关村现象""同济现象"等，印证了高校对产业集聚所起到的关键作用。历经30 多年的探索与发展，国内各大学科技园依靠高校资源优势，进一步完善了核心功能，在创新资源整合、科技成果转移、高新技术创新培育、创新型人才培养、国际开放合作与发展等方面，取得了显著成就。

同时，为了改变地方高校科学技术园长期分属多个行政区划、单兵作战的状况，有效促进地方高校科学技术园的资源整合与优势互补，地方资源共享和联合体制逐渐兴起。目前，已形成了北京市中关村大学科技园联盟、上海市大学科技园联盟、东北高校科学技术园联盟、长三角大学科技园联盟等跨地区的联盟组织。各联盟通过搭建共享平台，共同建设了大学生创新平台、教师教学与训练平台、政策研发平台等，实现了优势资源共享，营造了有利于发展的生态环境，推动了管理运营模式创新，形成了技术发展多产业的新格局。

当前，国内的大学科技园类型主要有三类，分别为依托高新区建设、高校自身建设以及合作共建。创建管理模式主要有"一校一园"管理模式、"多校一园"管理模式和"虚拟科技园"管理模式等。"一校一园"管理模式是由单个高校主体创建隶属自身的大学科技园。"多校一园"管理模式是由几个高等学校共同建设的科技园，同时各参与高校可在此基础上创建自己的分园。"虚拟科技园"管理模式也即虚实融合管理模式，在地域空间范围上采用虚拟存在的方法，在运营管理模式和运行机制、市场开拓上采用实体管理模式。

经过多年的发展，大学科技园已经由单纯的技术创新研究场所转型成为充分利用高新技术人才、推动技术创新成果转移的重要平台，在人才培育数量、质量，企业效益提升以及产品开发推广等方面，发挥着突出作用。作为一个集成了科技人才，并将教育、科研和产业有机结合起来的全新载体，大学科技园使创新活动的运转机制更趋完善，同时，实现了大学服务社会的重要职能。

3.2.2.3　典型大学科技园介绍——美国斯坦福大学科技园①

1951 年，为增强斯坦福大学的研发能力，学校副校长特尔曼博士建立了世界上首个大学科技园——斯坦福大学科技园。园区的成立，源于一位富有创业精神的大学教授鼓励他的二位学生创新创业的思路。斯坦福大学极力支持这位教授专门从事研发工作，并为二位学生建造了一座小型实验室作为生产厂房，这便是如今"硅谷"的发祥地。在 20 世纪 70 年代，斯坦福大学科技园的入园企业数量已从原来的 7 家增加至 70 余家，其中包括惠普、瓦里安联合公司等。至 1985 年，将近 100 家公司聚集在园区，科研和工业相结合的发展模式极大促进了硅谷的蓬勃发展。特别是在 20 世纪 80 年代后期，大量软件企业的进入，使硅谷逐步变成了全球的高新技术圣地。目前，园区内行业主要涉及电脑、通信、软件、军事航天、服务半导体、生物科技、医药设备等。

3.2.3　特色小镇

3.2.3.1　特色小镇的产生与发展

随着国家经济社会转型和信息化、工业化、城镇化的逐步深化，一种新型创新生态系统——特色小镇，应时而生。

特色小镇在国外有着较长的发展史，例如美国的纽约好时巧克力小镇、法国巴黎格拉斯香水小镇以及瑞士达沃斯国际会议小镇等。这些造型多样、主题鲜明的小城镇同样伴随工业产业发展、"逆城市化"的时代潮流。特色小镇拓宽了科技园区以企业为主体的投资选择空间，转而以集聚创新型人才、风险投资、前沿科技、专业金融服务等优质要素为发展目标。在特色小镇内，人员、技术、资金甚至思想都实现了高密度的交流，从整体上强化了科技园区的内部交流互动，优化了资源配置，有效推进了产业结构由单一整合到协调统筹的发展。

国内特色小镇诞生于经济发达的江浙地区。2014 年，杭州市率先建设

---

① 金博. 斯坦福大学在硅谷科技创新中的作用研究［D］. 哈尔滨：哈尔滨理工大学，2014.

特色小镇，使之成为推进高科技园区创业活动的主要平台。国内特色小镇最初主要集中于科技创业发展。杭州陆续打造了云栖小镇、梦幻小镇、淘宝小镇等一大批特色小镇。通过建设云栖小镇，杭州市转塘科技发展园成功升级成为国家云计算行业先发地。随后，浙江的特色小镇建设实践得到推广。2016 年 7 月，国家住房和城乡建设部、国家发改委和财政部联合发布《关于开展特色小镇培育工作的通知》指出，到 2020 年全国要培育 1000个左右的特色小镇，推动了各地建设特色小镇的浪潮。

2016 年，国家发改委印发了《关于加快美丽特色小（城）镇建设的指导意见》，明确提出"特色小镇主要指聚焦特色产业和新兴产业，集聚发展要素，不同于行政建制镇和产业园区的创新创业平台"。党中央、国务院高度重视，国家发展改革委等部门先后印发实施《关于加快美丽特色小（城）镇建设的指导意见》《关于规范推进特色小镇和特色小城镇建设的若干意见》，引导特色小镇和特色小城镇发展取得一定成效。国内的特色小镇大多立足于产业发展支撑，依靠创新人才和创新企业进行创新发展，形成创新创业的巨大推动力，增强经济发展活力。一方面，特色小镇大量吸纳高素质的科技创业人才，并借助完善的政府激励机制产生良好的科技创业氛围，从而激活小镇的发展活力；另一方面，特色小镇积极引进与主导产业密切相关的创新型企业、研究机构，加大技术创新链和产业链的融入，实现产学研发展，实现高科技产业集群化，从而增强小镇的竞争力。由此，科技创新创业已逐渐成为特色小镇发展的重要助推器。

3.2.3.2　典型特色小镇——云栖小镇[①]

云栖小镇位于杭州市西湖区之江国家旅游度假区。其前身是 2002 年成立的传统工业园区，是浙江省特色小镇发源地、杭州城市大脑策源地。2014年，西湖区依托阿里巴巴云公司和转塘科技经济园区两大平台，将小镇打造为一个以云生态为主导的产业平台。小镇核心区面积 3.5 平方公里，总规划面积 13.8 平方公里。在传统产业转型成为云栖小镇的过程中，阿里巴巴、富士康、英特尔等一大批大企业发挥了主导作用，通过输出核心能力，为"中小微"企业打造创新创业服务基础设施。

---

① 朱秀梅，林晓玥，王天东. 数字创业生态系统动态演进机理——基于杭州云栖小镇的案例研究 [J]. 管理学报，2020（4）：11；项国鹏，吴泳琪，周洪仕. 核心企业网络能力，创新网络与科创型特色小镇发展——以杭州云栖小镇为例 [J]. 科技进步与对策，2021，38（3）：10.

从服务领域上看，云栖小镇目前已累计吸纳了包含安莱云、富士康技术、Intel、中航产业等 600 余家高科技公司，其中有关云公司 400 多家，基本涵盖了大数据分析、App 应用、网络金融服务等各个领域，已基本建立起较为完备的云计算行业形态。随着云计算行业大聚集功能的形成，小镇上又紧紧围绕科技创业，形成"技术创新牧场—工业黑土—科学天空"的创新型创业生态。"创新牧场"是服务草根创业者的"舞台"，通过提供全球一流的产品设计、开发、生产、测试等基础服务，扶植和协助中小企业成长，让云栖小镇切实成为"大众创业、万众创新"的沃土。例如，在"创新牧场"网络平台上帮助小微智能硬件公司投资和创业的"淘富成真"服务项目，是由阿里云、富士康、银杏谷等龙头公司共同开展的。通过把阿里云的云端业务力量与富士康的工业 4.0 智造力量融合，形成极具竞争力的基础设施网络平台，并提供网上创新创业金融服务。

在人才引育方面，云栖小镇以阿里云为基础，聚集了国内 70% 以上的云计算、大数据等领域的工程师，成为全国云计算大数据行业人才的集聚地。同时，西湖大学、国科大杭州高等研究院等也提供了高层次人才培养服务。

在创新文化建设方面，小镇通过开展云栖大会、2050 大会、空天信息会议、城市大脑峰会等重大产业活动，积极传播创新文化，积极传递创新创业正能量。

3.3　众创空间概述

国内众创空间的发展模式借鉴并源于孵化器，是政府部门促进就业、推动创新创业的有效载体。

3.3.1　众创空间的发展

"众创"即"大众创新"（"mass innovation""crowd-powered innovation"）。布德罗等（Boudreau et al.，2013）认为，大众创客同样是企业创业合伙人，且将在某种程度上胜过企业，因此谁在企业的创业工具箱中排除了大众创客，谁就将失去机会。

2015 年 1 月 28 日，李克强总理主持召开国务院常务会议，研究确定支持发展众创空间，推进大众创新创业的政策措施。这是中央文件第一次提到"众创空间"。会议指出，要构建面向人人的众创空间等创业服务平台。

2015 年 3 月 11 日，国务院办公厅印发众创空间纲领性文件《国务院办公厅关于发展众创空间推进大众创新创业的指导意见》和《国务院关于大力推进大众创业万众创新若干政策措施的意见》，明确了众创空间的功能定位、建设原则、基本要求和发展方向。

一要在创客空间、创新工场等孵化模式的基础上，大力发展市场化、专业化、集成化、网络化的众创空间，实现创新与创业、线上与线下、孵化与投资相结合，为小微创新企业成长和个人创业提供低成本、便利化、全要素的开放式综合服务平台。

二要加大政策扶持。适应众创空间等新型孵化机构集中办公等特点，简化登记手续，为创业企业工商注册等提供便利。支持有条件的地方对众创空间的房租、宽带网络、公共软件等给予适当补贴，或通过盘活闲置厂房等资源提供成本较低的场所。

三要完善创业投融资机制。发挥政府创投引导基金和财税政策作用，对种子期、初创期科技型中小企业给予支持，培育发展天使投资。完善互联网股权众筹融资机制，发展区域性股权交易市场，鼓励金融机构开发科技融资担保、知识产权质押等产品和服务。

四要打造良好创业创新生态环境。健全创业辅导指导制度，支持举办创业训练营、创新创业大赛等活动，培育创客文化，让创业创新蔚然成风。

2017 年，在全国"双创"活动周上，科技部火炬中心发布了《众创空间服务规范（试行）》和《众创空间（联合办公）服务标准》。两个文件明确规定，众创空间需要为创业者提供知识产权信息、战略、代理等服务。随后国家先后颁布了多项扶持众创空间开发的规章制度，建设众创空间的热情纷纷高涨，众创空间的建设进入一个崭新的阶段。

目前，众创空间整体继续保持稳健增长，成为各地区促发展、稳就业的"新基础设施"。从运营主体性质来看，在全国 8000 家众创空间中，国有性质的众创空间有 2321 家，占比为 29.0%；民营性质的众创空间达 5679 家，占比为 71.0%，民营资本成为众创空间投入主体。从发展模式上看，由高校、科研院所成立的众创空间为 967 家，由投资机构直接建立的众创空间为 580 家，"成果＋孵化""投资＋孵化"正在成为众创空间发展的新模式。从各省份数量上看，广东省众创空间总数位列全国第一，共有 952 家，占全国总数的 11.9%。从区域分布来看，京津冀、粤港澳、长三角占全国众创空间总数的 48.6%，说明众创空间的分布与区域经济发展为正相关①。

截至 2019 年底，全国在孵企业和团队共有 65.8 万家，其中众创空间 2019 年孵化的创业团队和初创企业数量为 44.1 万个。创业孵化机构 2019 年总运营收入为 653.6 亿元，其中众创空间总收入为 203.7 亿元；创业孵化机构总运营成本为 586.1 亿元，其中众创空间运营成本为 215.3 亿元②。

众创空间创业带动就业取得一定成效。2019 年，全国创业孵化机构从业人员达到 16.8 万人，众创空间从业人员有 9.5 万人；在孵企业和创业团队共吸纳就业人员达到 450.3 万人。众创空间在孵企业和团队吸纳就业人员达到 155.0 万人，包括应届毕业大学生 19.9 万人。科技成果产出明显，截至 2019 年，拥有的有效知识产权数共计 90.6 万件，同比增长 38.1%，发明专利共计 16.0 万件，其中众创空间常驻企业和团队拥有有效知识产权 34.3 万件，同比增长 60.2%，包括发明专利 6.2 万件③。

3.3.2　众创空间的概念

2015 年 3 月，国务院办公厅印发《关于发展众创空间推进大众创新创业的指导意见》，指出"众创空间是为适应互联网时代创新企业发展的特征与要求，利用市场化制度、专业化服务方式和资金化渠道，搭建的廉价、便捷化、全因素、开放性的新兴创业服务网络平台的统称"。这类网络平台通常包括个人工作空间、网络空间、社区空间，以及资源共享空间设计。

2015 年 9 月，科技部印发的《发展众创空间工作指引》指出，"众创空间是顺应新一轮科技革命和产业变革新趋势、有效满足网络时代大众创新创业需求的新型创业服务平台。众创空间的主要功能是通过创新与创业相结合、线上与线下相结合、孵化与投资相结合，以专业化服务推动创业者应用新技术、开发新产品、开拓新市场、培育新业态"。

2015 年 9 月，《国务院关于加快构建大众创业万众创新支撑平台的指导意见》指出，"鼓励各类线上虚拟众创空间发展，为创业创新者提供跨行业、跨学科、跨地域的线上交流和资源链接服务，鼓励创客空间、创业咖

---

①②③　科学技术部火炬高技术产业开发中心 . 中国创业孵化发展报告 2020［M］. 北京：科学技术文献出版社，2020.

啡、创新工场等新型众创空间发展"。由此可见，众创空间不局限于一个特定物理实体空间，可以扩展为扶持创新创业发展的虚拟空间。

2016年2月，国务院办公厅《关于加快众创空间发展服务实体经济转型升级的指导意见》进一步指出，"众创空间是一个通过龙头企业、中小微企业、科研院所、高校、创客等多方协同，打造的产学研用紧密结合的众创空间"。明确规定，鼓励在重点产业领域发展众创空间，鼓励龙头骨干企业围绕主营业务方向建设众创空间，鼓励科研院所、高校围绕优势专业领域建设众创空间，鼓励地方在依托国家级创新平台和双创基地的基础上打造一批具有当地特色的众创空间。

综上所述，众创空间主体主要有三类：一是政府部门、研究院校；二是中小企业、技术中介机构、投融资组织；三是创客个体。内容涵盖各类创客空间、高新技术企业孵化器、大学科技园、国家高新技术产业园区等。

作为创新2.0时代的产物，众创空间具有如下特征：

● 开放性：针对全体人群开放。

● 低成本：实行部分服务收费或无偿服务。

● 重协同：通过组织沙龙、训练营、培训、比赛等活动，促使创业者加强沟通，建立协同圈，推动互帮互助，实现协同进步。

● 互动性：实现了团队与人才、线上与线下、孵化与资本的有效互动。

● 便捷性：既向初创企业提供全周期创业服务，确保企业稳定发展，又通过现场展示、举办活动，方便企业进行项目介绍、观念共享和投资项目路演等。

● 全要素：提供创业过程所需要的物质、装备和场地。

众创空间的理论基础来源于清华大学高云峰院士与著名ICT（教育信息化）教育科学家高震所创立的学术模型"GIS"，全称为"群体创新空间"（Group Innovation Space），目的是在网络时代背景下培育海量拥有出众技能的学习者和创新者。GIS是指一种以松散群体的创造过程为特点，从提供创意到实现创意所需要的工具/装备和系统，以及具有集体社交特性的物理空间。一个完整的可持续开发的GIS系统，还应该包含合理的空间布局、为开发人员提供的技术知识、激励创新的机制、丰富的案例、各类导师、具有共享与合作能力的创新者、负责任的管理人员，以及优秀的技术设施操作者等。

3.3.3　众创空间的功能

3.3.3.1　拓展实践空间

利用已有的孵化载体和老工业园改建等，完善工业空间结构格局，进一步扩大实践空间。

第一，创建众创空间。在高等院校、科研单位、公司或者一些团体中设立众创空间，为创客群体提供研究场所、研究工具、创意作品展览、创意交流共享、小批量生产、创业指导和融资对接等综合服务。

第二，创办实验室。在中小学、技工院校和高等院校内开设创客实验室，通过提供基础制作工具，增强在校学生的动手能力，培育其创造意识。

第三，吸引海外创客机构。吸引海外创客机构建立分支机构，提高创客载体的经营能力和国际水平。

第四，促进孵化器功能提升。充分发挥现有孵化器功能，进一步拓展孵化业务的功能范围，为创客提供工作场所、设备、创业指导和预孵化等专业服务。

3.3.3.2　搭建服务平台

畅通科技、创业、创投、创客的金融服务链，提升服务意识和能力，提高创业质量。

第一，丰富的开源软硬件。推动开源软硬件研究，通过开发各种内容丰富、功能强大的应用开发工具、项目开发系统，让创客们可以通过创意设计产生项目原型。

第二，开放的仪器装置。促进高等院校、研究机构、高新技术企业对外开放重大科研仪器，促进仪器设备、研究论文和数据等信息资源的共用，为创客供应应用软件、云计算技术和云存储技术支持。

第三，构建开源许可制度。组织与创客机构、产业组织等交流，共同探讨软硬件建设开放许可协议的行业标准，促进企业形成以分享技术为核心的创客开放机制。

第四，开辟创客发展通道。充分发挥众筹资金对创新创业的支持作用，积极鼓励创客企业开展众筹项目，促进创客成果产业化。

第五，培育创客团队。发挥创客空间、创客服务作用，建立形式多样的创客社团、协会，充分发挥其在专业发展、交流协作和监督自律等方面的积极功能。

3.3.3.3 打造活动品牌

第一，举办国际创客周。举办分享、体验、展览、比赛等创客交流活动，开展主题讲坛、创客大赛和创客马拉松等系列公益活动，积极营造创客文化氛围，吸引社会参与。

第二，开展创客公益项目。组织创客成就展、创客产品路演和创客跳蚤集市等类型多样化的民间公益项目，促进创客的自由创作和与投资者的互动，挖掘优质创客人才和创新创业项目。

第三，举办创客交流活动。举办国内国际创客高峰论坛或创新创业大赛，聘请著名创客，对国内外的科技发展焦点问题进行专题研讨，让创客文化、创客视野给企业创新发展带来动力。

3.3.3.4 人才汇聚与培养

第一，鼓励有丰富实践经验的创客、创业者和科技人员担任导师，聚焦建立创客、创业引导、创业者和科技人员之间的交流关系，积极发展创客团队，对创业人员提供创业引导和创客引导。

第二，完善培训服务体系，健全教师培训课程；组织创客节，展出发明创造成果，并奖励优秀学员创意作品，增进创新能力。

第三，做好科普教育，深入开展创客进社区行动，促进交流共享、项目示范和创新应用。

3.3.3.5 引导社会资金支持

第一，支持和引导社会资本通过天使融资、创新投入、股权融资、互联网众筹、投资担保等方式为创客活动提供资金支持或咨询服务。

第二，研究技术担保融资、知识产权融资、股权质押融资等投融资方法，引导企业、券商、银行、担保、创投、小额贷款公司等团体与创客个体对接，为创客创新活动提供资金保障。

3.3.3.6 大力培育创客文化

提倡"开源、共享、合作"的创客文化，充实"敢于探索、倡导技术创新、寻求胜利、容忍错误"的创业教育内容，营造支持创新创业的良好氛围。

众创空间在本质上是提供创新、创业公共服务，提供服务的方式主要有依托内部科研基地等技术平台提供可靠的孵化项目，依托产业园区创造与大公司互动或资源落地的机遇，针对企业创新需求提供孵化服务，提供产业上下游资源孵化实验室精英项目，依托大企业的产业平台优势对接产业上下游资源，提供咨询式的收费服务，对创业导师实施股权激励，与其他投资机构成立投资战略联盟，开展丰富的创客活动等方面。

3.3.4　众创空间的类型

根据规模大小、运行模式、服务内容、创客构成等方面的差异，众创空间可分为不同的类型。

3.3.4.1　根据创业服务类型进行分类

根据创业服务类型的不同，可以把众创空间区分成为辅导培训型、共享办公型、融资服务型、专业服务型、媒体平台型、创客孵化型六种类型。

（1）辅导培训型。该类型众创空间主要利用丰富的人脉资源，邀请知名企业家、创投专家、行业专家等作为创业导师，为初创企业开展辅导培训，提升创业者的综合能力，此类型众创空间核心资源是导师，盈利模式主要是按照课程收取相应的培训费，例如创业黑马。

创业黑马是一个综合创业服务商，共开发了黑马发展营、黑马训练营、黑马导师营、天使营、千里马策划、全球游学策划等服务项目。其主营业务范围涵盖了创业指导培训、相关业务、会员服务，以及创业信息服务，目标用户人群涵盖了各类企业家和教育行业的潜在领导者。此外，优秀的导师资源是创业黑马的基础资源，不仅为学生提供优质的教育服务，还扩大了公司的影响力，使得创业黑马辅导培训课程收费远高于其他类别的教育培训课程。总体上讲，创业教育服务是创业黑马的核心业务，同时也具备多品种、优质、高收费的特点。

（2）共享办公型。与早期孵化器的服务模式类似，共享办公型众创空间主要为初创企业提供办公设备与场地，或为创业者提供财务咨询等具体服务和相应的创业咨询服务，用以解决初创企业的办公硬件、财务咨询、注册办理等问题。此类型众创空间的核心资源是设备和场地，盈利模式主要是收取设备租赁、场地出租费用或相关咨询费，例如 WeWork。

WeWork 公司是全球最有价值的创业公司之一，主营业务范围为个人共享式办公平台，主要针对新创业公司、自由职业者以及大企业的客户开展业务。其共享式办公平台已覆盖包括中国、美国、德国等 16 个国家的市场。在 WeWork 共享办公平台上，社区感是一个核心目标。通过采用高品质的空间设计，WeWork 可为独立设计师或巨型公司等用户提供与其相匹配的空间设计方案。通过其营造的社区环境和良好的办公氛围，大大拓展目标用户的活动范围，也同时带给用户"微缩世界感"。同时，WeWork 吸纳了包括汇丰、微软等众多名企加盟，给创业公司无形中创造了交流空间，使大企业和创新团队通过共同办公的方式，产生良性的交流与合作。

（3）融资服务型。具备较为健全的融资体系和渠道，主要为初创企业解决急需资金的问题。此类型众创空间的核心资源是融资渠道和资金，盈利模式是为客户提供融资渠道所收取的费用以及作为投资机构获得的回报，如联想之星。

联想之星是由联想集团控股，以"投资 + 孵化"为发展重点，创业教育、天使融资和开放平台为其三大主营业务，以帮助初创公司解决融资难题为服务宗旨，对创业者进行"天使投资 + 深度培育"的特色服务。联想之星融资目标明晰，投资行业前沿，其投资服务直接解决了初创企业早期发展的资金难题。目前联想之星重点投资于 TMT（technology，media，tele-com，即数字新媒体产业）、医药健康领域，以及计算机、智能设备、生物科技等前沿行业。此外，联想之星除企业融资服务外，还以"创业 CEO 特训班"的方式无偿开展技术咨询，这与天使融资业务建立起良性互动的关系，实现了相互促进、相互发展的目标。

（4）专业服务型。主要依托先进的技术资源、庞大的产业资源和雄厚的资金支持，为初创企业提供社交网络、专业技术服务平台及产业链资源支持，解决初创企业面临的专业性、技术性问题，此类型众创空间的核心资源是技术资源，盈利模式是以提供专业服务收取一定费用，例如创投圈。

创投圈是国内知名的创新型创业咨询与服务组织，由知名天使投资者以及技术创新工厂等联合投资创办。创投圈有着专门的资金管理队伍，一方面为创客提供平台支持、创友会、创投咨询、挑战路演、天使投资、创业课堂等专业的项目投融资咨询和金融服务，另一方面通过项目推介、观点发表、联合推荐等方式为投资者甄选优秀的创投计划。

（5）媒体平台型。以媒体平台为特征，主要利用宣传优势，为初创企业提供包括宣传、信息、投资在内的各种综合性服务，为企业提供信息、资讯及宣传服务。此类型众创空间的核心资源是线上媒体平台，盈利模式是收取赞助费、冠名权、品牌推广费等，例如 36 氪。

36 氪以 36 氪媒体为核心服务内容，是综合性的互联网创业生态服务平台。主要由 36 氪媒体、36 氪创投和氪空间三个板块组成，其产业链覆盖齐全，能够结合需求推出技术、消费行为等多方面的信息资讯服务，致力于成为互联网界的《华尔街日报》。作为大型的互联网创新商务传媒，36 氪在时效性上具有突出的优势，可以实现 24 小时推送实时资讯，可以向创业者、投资人推送包括早期项目、大公司、创投新闻等六大板块信息，涵盖 TMT 和大消费、创业公司和成熟公司、宏观经济与行业动态、外界新闻和个人技能等多领域的信息内容，为创业者、投资人提供全方位及时性的信息服务。2016 年开始，36 氪传媒逐步增加了对初创企业中后期发展甚至对大企业的报道，业务逐渐扩大至全商务范畴，全面传播商业价值与市场发展趋势。

（6）创客孵化型。具备完善的开源硬件平台和硬件加工车间，主要通过为创客提供互联网开源硬件平台、开放实验室、加工车间、产品设计辅导、供应链管理服务和创意思想交流碰撞的空间，为创业者搭建综合服务孵化平台。此类型众创空间的核心资源是开源硬件平台和硬件加工车间，例如海创汇。

海创汇是海尔集团面向全球创业者打造的加速器平台。该平台的打造使得海尔集团从"制造产品"向"孵化创客"转变，做到了科技与创业、线上与线下、孵化与融资的有效整合，为创新企业提供了全方位的孵化支持。平台具有海创汇云、海创汇＋、海创汇加速营以及海创汇基金四大业务。通过给创客们带来包括项目、资金、新产品等全方位孵化支持，实现创业者和企业的双赢。

在海创汇生态系统内部，各类创业项目与海尔内部平台合作，共享海尔供应链、销售渠道等资源；在外部，海创汇将全球一流资源汇集至平台上，链接大企业，提供生生不息的创业热带雨林生态体系。

海创汇已在全球 12 个国家布局了 40 个加速器，汇聚了来自全球的 4000 多个创业项目，其中重点加速项目 360 余个，A 轮成功率是行业的 5

倍。截至 2022 年 7 月，已成功孵化出 4 家上市公司、7 家独角兽、102 家瞪羚企业，取得阶段性加速成果①。

3.3.4.2　根据运营主体分类

根据众创空间运营主体的不同，众创空间可分为政府主导型、社会组织主导型、大企业主导型等。

（1）政府主导型。

该类型主要是地方政府牵头，为打造重点产业，培养产业品牌和产业链而成立的，目的是促进地方经济发展。例如江苏省印发实施的《中华人民共和国江苏省推动众创空间项目建设管理工作实施》《"创新国家"苏南创新型创业示范平台工程建设实施（2015－2020）》等，对众创空间发展项目建立了专项资金。国内其他省市区均制定了类似优惠政策。

（2）社会组织主导型。

该类型众创空间主要由高校和共青团组织发起，通过建立服务于大学生的创业和教学相结合平台，利用高校的学科资源、知识优势实现跨学科思想碰撞，推动科研成果转化。例如清华大学 X-Lab（清华大学创意创新创业教育平台）。

2013 年 4 月，清华创办了面向清华大学全校学生、校友和教师，依托清华大学经济管理学院，由 14 个院系合作共建，并与清华科技园等建立了战略合作伙伴关系的公益性开放平台——清华 X-Lab。

清华 X-Lab 倡导学科交叉、探索未知、体验式学习与团队协作的教育理念，探索新型的人才教育模式，围绕学习、活动、资源和培育四个功能板块开创出学生的教育平台，打造了培育平台、资源聚集平台和学科交叉平台"三位一体"的生态平台。清华 X-Lab 着力开展创意、创新、创业教育，鼓励创新创业团队进行跨学科协同创新、团队合作和互动交流，帮助学生学习创意、创新、创业知识、技能和理念，培养学生的创造力，包括创造性精神、创造性思维、创造性能力和执行能力，以此培养面向未来的创意、创新、创业人才。

清华 X-Lab 通过推出"清华大学学生创新力提升证书"课程，为学生提供专业领域的训练、指导和咨询，为不同类型的创业团队开展创新工作

---

① 资料来源：海创汇官网，https：//ihaier. com/about2021/index. html？ lang＝cn。

坊、驻校企业家等活动，进一步推动校内多学科合作，整合校外各种资源，为学生创新创业提供社会价值实现途径。已经有超过2万人次的清华及其他高校的青年学生参与了清华X-Lab组织的各类活动。来自清华在校生和校友的1500多个创意、创新、创业项目加入清华X-Lab，注册企业直接带动就业8000余人，经过X-Lab培育的公司项目融资金额已突破30亿元人民币[①]。清华X-Lab成为北京市科委授牌的第一批"众创空间"，也是唯一获此荣誉的高校机构，同时还被中关村管委会认定为"创新型孵化器"和"中关村（清华）梦想实验室"，此外还获得了高新技术企业的国家级认定。

（3）大企业主导型。

该类型主要是大中型企业为了对公司内部资源进行优化，或进一步与创业者优势互补、合作发展，实现内部的创新创业，推动企业转型升级而成立的众创空间。例如海创汇。在大健康领域，海创汇孵化了盈康一生；在电子产品领域，海创汇孵化出了雷神品牌笔记本电脑。

3.3.4.3　根据空间形态分类

根据空间形态的不同，众创空间可以分为单体模式、街区模式、小镇模式、连锁经营模式。

（1）单体模式。

现实中，大部分众创空间属于单体模式，其生态结构比较简单，主要是运营租赁办公室或者厂区作为独立的办公空间，为入驻企业提供项目申报、会计、法律、人才、金融等服务，进行孵化。

（2）街区模式。

在单体模式的基础上，为了充分发挥资源和人才优势，节省空间成本，提高办公效率，加强氛围营造，打造创新创业生态，多家孵化器、加速器、众创空间等汇聚在一条创业大街上形成一个创新创业社群，构成了街区模式，如武汉SBI创业大街。

（3）小镇模式。

随着互联网技术的发展，众创空间对个体空间的要求日益缩小，但对资源集中程度、服务种类的广泛程度提出了新要求。因此，出现了将IT、云服务等互联网相关的产业和创业团队资源集中在一个区域，形成占地面

---

① 资料来源：清华大学创意创新创业教育平台官网，http：// www. x-lab. tsinghua. edu. cn/about. html。

积更大、分布更广、众创空间等服务机构更多的孵化模式，即小镇模式，如浙江云栖小镇。

（4）连锁经营模式。

此类众创空间是针对特定行业，有效整合整个产业链资源，设置多个站点提供极高专业化服务的平台。例如 IC 咖啡，作为国内首家以 IC、IT 科技传播为主题的咖啡馆，业务涵盖 IC、IT 领域创投、行业资讯与科技信息推广等，至今已在全球共建立包括硅谷站、新加坡站在内的多家站点，共影响了近 50 万名电子信息工程相关专业的群体，并成功孵化了 50 多家企业。[①]

3.3.4.4 根据盈利模式分类

（1）活动聚合型。

此类型主要通过开展活动交流，定期进行创新想法以及项目的发表、介绍、路演等活动整合，是一种自主运营，非营利的组织。例如北京创客空间、上海新车间。上海新车间是国内首个创客空间，主要业务涵盖技术支持、创新和发展物理设计、开源硬件，以及物联网等。为实现"从工作中寻找乐趣"的宗旨，新车间经常组织各种演讲、讨论、比赛、初创推广、工坊等活动以及组织参加国际比赛等，鼓励创客寻找和创作自己的创意。[②]

（2）投资驱动型。

此类型以资金为基础，通过集合天使投资人和融资企业，吸引并汇集优秀的创业项目，并为创业公司进行投资，解决投融资问题，提升创投效率。例如，车库咖啡、天使汇等。车库咖啡作为咖啡型众创空间的先锋企业，将入驻的早期创业人以及团队分成了三类，并提供差异化服务。第一是流动创业人，空间近 60% 的使用面积都提供给这些创始人；第二是常驻组织，空间提供相对稳定的桌椅数量和写字楼位置，可以同时解决十多个相对稳定团队的工作需要，确保企业的正常运行；第三是"认证机制"团队，每年车库咖啡将从全国范围内 1000 个申请团队中筛选出 100 个团队提供服务，在力所能及的基础上保证队伍质量。经过车库咖啡确认并成为其成员后，车库将为团队建立内部的、有效的资源交流共享平台。[③]

---

① IC 咖啡官网，http：//www.iccafe.com/。
② 新车间官网，https：//xinchejian.com/about－2/manifesto/。
③ 车库咖啡，https：//tv.cctv.com/2015/04/23/VIDA1429774077071960.shtml。

（3）地产思维型。

此类型主要由房地产商打造的联合办公空间，类似于 WeWork 模式，房地产公司变相把写字楼空置而未租出去的地方改造成为众创空间，打造短、新、快的运行模式，甚至通过只租一个星期或一个月，只租一张办公桌或一间办公室来实现盈利。如 SOHO3Q、优客工场（UrWork）等。位于北京市等城市中心并拥有大量高端商业地产品牌的 SOHO 公司发布了 SOHO3Q 计划，主打"办公室在线短租"，创造了一种移动网络时代的现代化共享式办公空间。①

（4）产业链服务型。

此类型以产业链咨询为主，涉及企业打磨、产业链上下游组织的协作沟通、设立机构和联合投资等。例如创客总部。创客总部以全产业链金融服务和天使融资为主要特色，是专注于移动互联和互联网金融领域的企业孵化器，旨在通过建立创业者、从业者、投资商，以及行业链上下游组织的联合交流平台，为创业团队提供专业的产业链服务。创客总部对自身的经营模式定位为"产业链发展金融服务＋天使投资"，发展关联行业相应的服务和产品。②

由于众创空间参与者主体的经营目标有所不同，收入来源及其所对应的获利方式也各有侧重点：经济活动聚集型一般利用附加值业务来获利，而资本驱动型、产业链服务型则更注重股权投资收益，地产思维型则会注重房租总收入和房屋附加值。

3.4 多层次创新创业孵化载体运行模式分析

纵观当前国内各城市关于众创空间发展的现状，不难看出各城市在众创空间建设方面有着不同的政策驱动和侧重。例如北京市有着丰富的科教资源与平台和现代服务业的高效配套，致力于建设全国科技发展中心，其核心竞争力是自身丰富的科教文卫资源赋予的创新以及政策优势，发展中心也更加倾向于科技发展，众创空间主要布局在中关村、望京 CBD、朝阳

---

① SOHO 官网，https：//www.sohodd.com/archives/104569。
② 入驻创客总部，加速创业从零到一 ［EB/OL］. https：// www.sohu.com/a/418862547_194357.

CBD，载体有北京中关村创业大街等；杭州市重点在建设有世界竞争力的"互联网＋"创新创业中心，其民营经济、网络经济和适宜创新发展的自然环境使得城市更加注重模式的革新，立足互联网背景下的新经济发展趋势，现已形成"一区十片、多园多点"的空间布局，载体有梦想小镇等；深圳市作为珠三角完备先进的生产制造基地、国际创客产业链最完善的城市之一，有着浓厚的创新创业氛围、不断壮大的创客群体，致力于建设全球的创客中心和科技创新之城，其核心竞争力是高度发达的经济和现代服务业，其着力点也更着重于科技创新，形成了"一区十园、双核驱动"的空间布局，载体有深圳大沙河创新走廊等；天津市则依靠政府、企业、科技资源等多要素驱动，以及较为丰富的科教创新资源和先进的制造业产业基础，经过近些年的迅速发展，正在聚焦以高度专业化的经营模式，发展实体企业，推动社会企业发展。

经过对国内外多层次创新创业孵化载体的综合分析，目前各类孵化载体运行模式可归类为以下六种。

3.4.1 常规孵化模式

常规孵化模式是指企业在培育载体过程中，遵循以培养优质的高新技术企业为目标，围绕培育对象成长过程有计划地进行资源配置、业务研究和生产过程优化等活动，以此来提供优良的创新培育环境，从而提升企业培育成功率。该模式在实践中多以政策支持、设备完善和低成本服务为前提条件，聚焦资源、服务的高度集中与共享配置，吸纳大批高新技术企业进驻。其孵化流程主要为单向线型运作结构，主要表现为"项目筛选——企业孵化——毕业退出"的路径。常规孵化模式如图3.3所示。

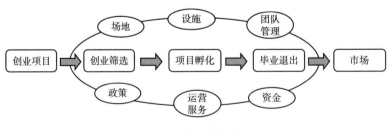

图 3.3　常规孵化模式

3.4.2　峡光孵化模式

峡光孵化模式是一种"无园区"的孵化模式。峡光模式是以有限责任公司的技术孵化服务型组织为基础，以企业内部组建的模拟企业为主体，将理论研究与技术转化相结合而开展的一个全新的孵化方式。模拟法人实体下设项目组，由具有一定前期研究和技术创新能力的高校、科研机构的专家构成，探索实现技术原型和可批量生产的技术转移路径，再由企业组织人员进行成果推广。实践中，峡光模式主要由政府作为投资单位，完全按照公司模式管理运行，聚焦实现培育科技企业和孵化器盈利的双重目标，实现高校、科研院所研究成果的转移转化和市场化。峡光孵化模式如图 3.4 所示。

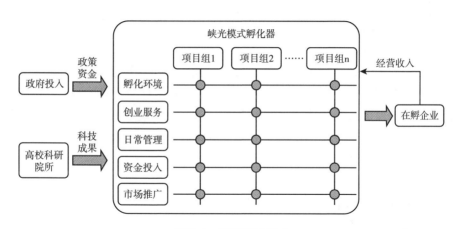

图 3.4　峡光孵化模式

3.4.3　反向孵化模式

反向孵化模式一般建立在传统的孵化模型基础上，立足潜在的市场需求，主动开展高新技术产品开发工作，并以科技项目培育的方式，培育出更符合需求的新产品的孵化模式。反向孵化一般按传统孵化链结构的相反形式展开，其特征就是以"需求"为主导，积极地创新符合市场潜在需求的高新技术品种，并借助孵化器实现技术品种孵化或企业发展。反向孵化的运行结构或孵化过程主要表现为"潜在市场需求分析——制订生产研发计划——实现技术品种项目孵化——孵化获得成功——实现市场应用"。此体系完成了孵化器从"被动孵化"向"主动孵化"的转换。反向孵化模式如图 3.5 所示。

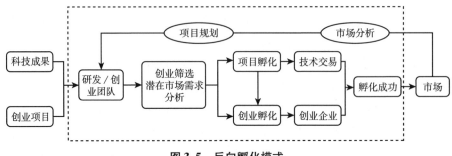

图 3.5　反向孵化模式

3.4.4　协同孵化模式

协同孵化模式是指由孵化器、投资机构、科研院所和中介组织等，以合作协议形式共同组建特殊的孵化联合机构，并依托所具备的科技、管理、社会资本等关键资源和能力优势，联合实施各种孵化服务的合作模式。该模式主要强调协同合作，依托企业常规的孵化链条，在横向延伸的基础上形成网状结构。

3.4.5　衍生孵化模式

衍生孵化模式是指在依托传统常规的孵化链条的基础上，孵化器依靠孵化链的上、下游延伸来扩大孵化企业经营空间，以促进区域高科技产业发展的模式。该模式将潜在的服务空间大致分为上游、中游、下游三个层次，分别为科技创新项目孵化、科技创新活动孵化、高新技术产业孵化。该模式通过孵化业务空间拓展，带动新兴产业形成壮大，并产生较强的产业衍生效果。

3.4.6　联盟孵化模式

联盟孵化模式是各科技企业孵化器之间形成孵化联盟，孵化联盟对孵化企业共享孵化资源，进而实现资源利用和效益的最大化。联盟孵化并非仅仅是指孵化系统的规模扩大和资源的单纯叠加，更是对科技孵化系统的改革，让传统的企业孵化制度的内容与外延都更加丰富。联盟孵化模式可以清除以往孵化体制在关键环节长期存在的一些弊端，使孵化系统的运作更加高效。联盟孵化模式如图 3.6 所示。

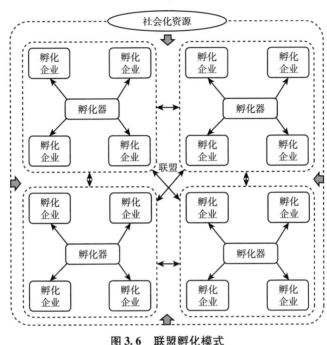

图 3.6　联盟孵化模式

3.5　众创空间网络外部性及其服务效能研究

当今世界，正处于"百年未有之大变局"，新冠疫情的暴发更是加剧了国内外经济社会局势变化，面对前所未有的大变局，面对"十四五"发展蓝图和中华民族伟大复兴的美好前景，如何把创新驱动发展战略落实到创新创业的具体工作中，具有重要的实践意义。

3.5.1　众创空间发展过程中存在的问题

事物的发展是一个螺旋式上升的过程。在众创空间蓬勃发展的同时，也逐渐暴露出其发展过程中存在的问题。2016 年 2 月，深圳"地库"众创空间设计宣布停业；2016 年 4 月，北京中关村创新大街出现国内首家因资金链断裂而停止运行的众创空间；同月深圳市凤凰机构也由于资金困难而暂停了运营；2016 年 8 月，国内首家"互联网＋金融"众创空间克拉咖啡宣告停止运营。

从 2016 年开始，众创空间发展开始显现出停业的"马太效应"。大部分的众创空间面临着专业人才与导师力量配置不足、投融资实力薄弱、长期依赖于政府财政补助等问题。想要实现在发展壮大中既提升企业的品牌影响力、核心竞争力，又达到可持续性盈利的新运营模式，还需要分析平台双方需求，探索众创空间服务效能提升对策。

3.5.1.1 众创空间资源需求方分析

从资源需求方面来看，众创空间所提供服务的主体主要是在进行创新、创业过程中有资源需求的创客、创业团队以及新创企业等。

（1）创业服务需求主体构成及其特点。

在新科技的推动下，以年轻化、高学历为主要特征和主要参与者的创客运动出现并得到迅速发展，并表现在非主流、山寨、DIY 等新元素，以及3D 打印、人工智能、网络、开源软件等新科技要素。众创空间的创客群体类型极其丰富且多元化。从列入国家火炬计划项目的企业类型来看，主要有大学生创业、高新技术人才创业、公司高管辞职创业、留学人员回国创业以及国外企业入驻等，其中，大学生创业企业所占的比重最高，为49.3%，创业人员构成情况如图 3.7 所示。

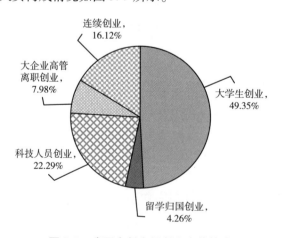

图 3.7　我国众创空间创业主体构成

资料来源：前瞻产业研究院。

在众创空间的创业主体构成中，自信、年轻、极具创新意识和能力的大学生是绝对中坚力量；而已累积了一定规模知识与资源的技术人员、公司高管同样是创业的主体。不同的创业主体具有不同的特点，其需求也存在差异性。

（2）创业服务需求特点分析。

对创客需求的研究，国内学者倾向于从价值与协同的角度，对资金、品牌等要素进行分析，提出需求。国外学者更注重创业个体的行为特征，从个体的兴趣习惯、认可度、创新动力等角度，探讨需求。综合国内外学者相关研究，将创新创业活动分为两个层次，即从创业到产业的创新活动和从产品研发到商业化的创新活动，进行行为分析，进而从四个方面提出创业服务需求，即对入驻众创空间的需求、对人才的需求、对产权共享的需求、对知识智力的需求。

第一，对入驻众创空间的需求。创新团队在进入众创空间时，首先需要从产业结构、人才资源、地区创新氛围、地区科技水平等方面进行综合考虑。产业结构与地区的经济社会发展阶段与层次直接挂钩；高等学校、科研院所以及较先进科技水平可以提供丰富的技术人才；创新氛围可以增强创新的外部功能、放大创新的辐射力。因此，具有相对高级的产业结构、具有较多高等学校或科研院所、具有较为浓厚创新氛围、具有较先进的科技水平等因素将会使企业创新的成功率大大提升。

第二，对人才的需求。对人才的需求主要分为对管理人才和技术人才的需求。从时间来看，在众创空间孵化的公司中一般有着相对较低比例（不超过10%）的中高级管理者，而普通员工则有可能占70%以上。因此，对于创新创业团队来讲，需要众创空间提供具有丰富实践经验的管理人员，或者大公司的高管为其提供创业辅导。

第三，对产权共享的需求。在众创空间中，创新创业团队希望通过产权共享，实现公共资源最优化使用，从而促进自身创新创业事业的发展。因此，众创空间可以提供各种有形资产或无形资产的供给主体与需求主体在平台上对接的机会，实现双方共赢。

第四，对知识智力的需求。科学技术是第一生产力，创业者对知识智力的需求永远是第一需求。知识和智力作为知识经济的基础和实现手段，既能够通过知识聚合为创业者带来效益与价值，又能够通过知识的放大效应，促进知识自身的积累与转化，实现知识自身的创新，进一步促进资源聚集，从而增加科技溢出、人才溢出、文化溢出和市场溢出。

3.5.1.2 众创空间资源供给方分析

创业者的创新创业过程具有不同的个体特点。创业服务平台需要了解创业者及其团队在整个创业过程中、不同阶段中的需求（见图3.8），并根据需求整合资源，提供创业者在分工协作、价值共享、资源互补等方面需要的服务。

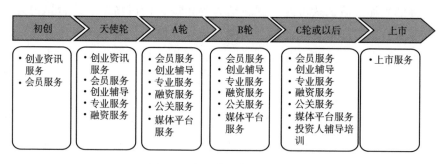

图3.8　创业全周期服务需求

按照科技部《众创空间服务规范》要求，众创空间要具有创新指导、投融资、人才对接、环境营造等基本功能。由于众创空间具有不同的类型、功能，其所推出的服务类型也不同，且每一类有不同的侧重点。从总体上看，目前，众创空间供给的资源主要包括基础建设服务、金融服务、辅导咨询、投融资服务、法律咨询服务等。不同类型的孵化功能见第3.3.3节所述。

3.5.1.3 众创空间平台外部性及平台黏性分析

创业服务平台在集聚资源发挥平台外部性，为创业者提供针对性服务的同时，必须要把服务的效能放在重要位置，只有这样才能使平台具有黏性。

（1）平台外部性分析。

从物理空间角度出发，众创空间打破了企业与外部相对隔离的局面，为多个创业者或创业团队提供了可以共同办公的实体空间。在众创空间中，创业者或创业团队之间、创业者或创业团队和资源供应商之间、创业者或创业团队的创业项目与外部之间，有着更多的交流机会，众创空间在客观上成为了创业服务平台。因此，想要实现自身的可持续发展，创业服务平台必须发挥其外部性，在吸引创新创业需求方加入的基础上，还要进一步完善空间功能，为需求方提供更多更匹配的资源，使创业者的发展需求在平台上得到有效满足。

从全国范围来看，由于各地政策的不一致、部分地区政策的连续性不足、对金融风险投资缺少有效管控、公共实验室或科研设备技术支持力度较弱的原因，部分平台服务还没有实现跨地区、跨地域，跨平台的相互链接，外部性仍不强，平台的产出效益还有较大提升空间。

（2）平台黏性分析。

平台黏性首先要考虑的是满足需求方的使用，扩大需求方对平台的需求程度，同时，平台也应对提供数据与信息的质量和准确性进行保证，以此来提高需求方的黏性和参与度，增强平台的凝聚力。但客观上存在的是，部分地区的众创空间专业能力还不够强，比如对所在行业的定位还不清晰，提供的服务简单地表现为办公条件等物理空间，没有或无法提供公共实验室或科研技术设备等内涵式建设所需服务；部分众创空间紧跟电商行业发展窗口，集中提供电商服务，导致资源过于集中，而其他需求得不到有效满足；部分众创空间缺少自主创新能力，无法吸引高成长性研发团队入驻，可持续发展能力有待提升。

3.5.1.4　众创空间发展中存在的问题

近年来，众创空间的发展可以用"井喷"来形容。通过众创空间的服务，一定程度上加速推动了创客或创业者将想法变成实践，部分紧跟社会发展潮流的小微公司也有了稳固的发展。但在快速发展的同时，同质化竞争、经营专业化程度较低等问题也开始暴露出来，个别地区甚至发生了众创空间集体停业现象。因此，众创空间在为创客、初创企业成长提供服务的同时，如何保持自我的良好、健康发展，成为亟须解决的现实问题。

（1）发展定位不明确，同质化现象明显。

在"双创"的时代背景下，在政府政策的刺激下，许多背景不同、形态各异的众创空间纷纷诞生，并在资金补贴、税费减免、租金减免或补助等政策鼓励下获得发展。但实际上，一些众创空间未找准自身定位，其服务的出发点并非促进创新创业，或为了培育新型产业行业与经济增长点，而是受外部利益的驱动，甚至直接是为了获取政策优惠而来。例如，一些政府部门主导推进的专业型科技项目孵化器，本意是为了通过盘活地产，实现资源的优化配置并提供创业服务，但一些地产公司参与了孵化器，其主要目的却是实现租金回报。在此类孵化器中，专业服务或技术服务的地位处于非关键地位，不利于孵化器自身发展。仅以地产思维的联合办公为主要服务形式的众创空间服务效能并不高。

同时，众创空间服务的方向应当是根据地区的产业布局、发展规划、产业基础、资源要素配置等因素来确定，但在具体操作中，一些众创空间集中于租金较低、相对偏远的城市边缘，这一现象致使众创空间的服务与创业者的需求无法形成有效对接，更重要的是与地区的经济社会发展需要不能有效对接，反而在空间上形成了同质化竞争。此外，从管理者的角度来看，与众创空间过快拓展进度不一致的是管理队伍能力未有效提升，究其原因，众创空间大多以基础业务服务为主，如工商登记、财务咨询、政策法规解读、培训指导等，这些服务专业化水平较低，具有较大的可替代性，其根本原因在于专业人才的缺失或不足。

综上所述，众创空间应当首先明确自身定位，找准服务特色，进而打造差异化的竞争力。

（2）可持续经营模式亟待优化。

从经营模式上看，大部分众创空间的收入来源主要依靠财政补贴和房屋租赁等，技术与服务仍不能占据收入的主导地位，缺乏长期发展的可持续性。

在综合服务能力上，受专业技术人才和导师相对紧缺的限制，众创空间的服务能力有待提升。一方面，每个众创空间导师数量有限，而且和进驻公司之间缺乏强有力的连接。另一方面，众创空间自身技术水平也处于受限状态，这一限制在民营孵化器众创空间中表现得更为突出。同时，对于一个专业化运营机构来说，必须拥有具备提供基础服务功能的公共技术平台，以满足产业细分的孵化需求。比如在医药健康领域的孵化器，应具备能够整合生物健康领域相关实验室以及测试类技术服务的资源；大学科技园应具备能够使用高校教育、科研资源的能力，如与图书馆联合提供文献检索服务、与实验室联合提供研发与质量检测服务等。但实际上，这些服务并非一个单位或几个部门可单独承载，尤其是对于政府或企事业单位主导的孵化器，往往受到更多条件限制，在较多情况下，进入孵化器中的创业者和创新团队共享到的公共技术服务资源是有限的、有条件的。

国内大部分众创空间资金来源一般为财政直接投入，从国家科技创业基金、地方专项科技孵化基金和火炬计划基金等项目中立项，因此，很多新成立的众创空间的创建动机或直接目的，是获取政策补贴、税费减免等红利，自身的盈利能力先天不足，这也导致了个别地区个别众创空间后期发展中集体"停业"；另外，以政策导向为主的经营管理模式，会导致产生注重政策趋向、忽略企业孵化效果，注重投资规模、忽略孵化服务的现象。

因此，众创空间在未来要解决的主要问题，要从创新服务模式、丰富市场化手段、提供高价值服务、降低政策依赖等方面入手。

（3）众创空间品牌影响力有限。

众创空间目前在国内处于发展阶段，相对成规模的空间品牌影响力相对有限。同时，受条件限制，大部分入驻众创空间的创业者或创业团队一般是以行政区域为单位，相对固定在一个区域，在资源链接上还存在较大不足。因此，众创空间要朝着具有特色和凝聚力的创新平台方向建设，持续注重品牌输出。

（4）对科研资源的利用需要强化。

当前，众创空间在发展中同样面临着科技型众创空间规模小、比例小，产学研合作不紧密、制度不完善等问题。例如，由高校、科研机构和企业组办的众创空间，应当形成一批具有较强专业优势的技术研发人员和产品运营人员，但在实践中往往会出现技术研发和产品运营对接不紧密的情况。

因此，众创空间要首先明确对科研资源的重视程度，以丰富的科研资源为创业者和创业团队提供专业化、高水平的技术服务，创造技术共享平台，例如可以为不具备建设实验室的初创企业提供相关的设施设备资源，使科技创新成为引领众创空间发展的重要动力。

3.5.2　众创空间服务效能提升对策研究

基于众创空间平台资源，需求方可以快速获得发展所需资源，供给方可以通过平台获取买方信息，供给方与需求方双方实现资源互补，从而改变企业的有效运营，促进多边用户的竞争与创新。这个过程是建立在平台的良好信用基础上的。在供给与需求的过程中，供需双方的利益和满足感都能实现最大化，一方面，平台良好的信用评价和高效的资源配置机制能促成供需双方达成更多交易，一定程度上扩大平台的外部性；另一方面，需求方得到相应资源后，在新产品开发中会投入更多，进而创造出更多优质的商品。因此，平台双方之间正反馈越强，平台就具有更好的成长性，发展也会更具可持续性。另外，为了提高平台的外部性强度，创造更大的利益，平台上的供需双方可采取一体化策略提高双方之间资源开放与共享程度，提高资源利用率，实现资源的更有效配置。

在共享、互联网经济背景下成长起来的众创空间，其本质是通过将线上与线下的资源进行融合、配置，为参与者提供创新创业服务的新型孵化平台。众创空间的服务效能可以被理解为利用场地和人力、技术等资源，在一定条件限制下，满足创新创业过程需求的能力。其服务能力，主要来源于人力、知识、资本、技术等方面，因此，提升众创空间的效能和外部效应，使供给方和需求方能够长期稳定地聚集在平台上，可围绕以下方面制定相应的措施。

（1）聚焦专业化，促进产业结构升级。

从本质上看，众创空间不仅是为创业者和创业团队提供办公硬件或软件的平台，更应该承担起行业以及相关供应链上的所有参与者之间的有效互动圈，使参与其中的创业者、企业、资源供应方等都能共享到经验、技术等要素。因此，众创空间要根据所在地区的产业结构特色，深度挖掘、利用区位优势、资源优势和品牌特色，根据细分服务领域，走专业化发展道路；要形成自身特色，放大品牌效应，采取多种方式提升空间的吸引力，形成差异化竞争和优势互补；要围绕服务特色产业的需求，建立起提供各类服务要素的公共平台，打造专业化产业集群，充分发挥地方的资源、教育、劳动力等优势，着重提升服务科技企业的能力，进而推动整个产业的建设发展。

（2）聚焦成果转化，提升服务科技创新企业能力。

受新冠疫情影响，2020年以来，全球经济呈现出萎靡态势，但与之相对应的是，科技型企业显示出坚强韧劲。高新技术企业的培育和发展，是未来经济持续发展的重要保障。因此，众创空间应围绕国家科技发展战略，利用自身优势，搭建起更多科技型创业服务平台，逐步推动众创空间的设备设施、技术数据等资源向中小企业开放，培育更多的科技创新公司，进一步优化市场运作机制，加强科研成果运用、转化制度建设，完善技术转移服务体系，加强科技成果的共享和交流，推动产学研有效合作。

（3）创新运营模式，激发人才创新活力。

人才资源是第一资源。众创空间要通过强化与高校、科研院所的合作协同，进一步发挥大学科技园的功能，引导高技术人才进行科技创新，以多种形式在众创空间内开展教育科研、技术创新和科技成果转移等，吸引创新创业人才；完善空间运营机制，打造符合现代企业运行规律的运营管理团队，建立完善人才培养体系，制定实施人才培养工程，制定完善的人才管理制度，比如制定具体有效的福利及激励政策，提高人才引进和培养的水平；充分利用地方人社部门人才引进的有关政策，为引进人才做好户口等方面的服务，解决好住房、保险福利等后续保障问题，吸引更多技术人才加入。

（4）加强创新生态建设，提高服务精准度。

在加强服务平台外部性方面，要结合城市产业布局与规划发展，着眼于培养新型的产业业态与经济增长点，挖掘地方特色产业，充分利用高校等技术资源，构建多边市场集成的创业服务平台发展模式（见图3.9），发挥共享经济效能，集成并推动各类服务共享，建立起供需双方有效沟通的资源网络，完善相关产业链服务，推动创新创业服务与城市功能相适应、相促进，激发并产生创新创业驱动力，提升平台的外部性和黏性。

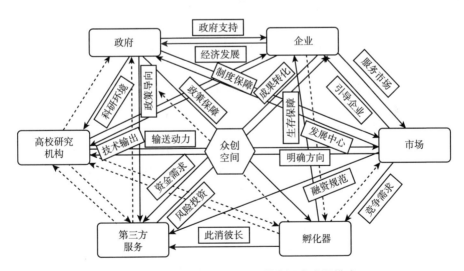

图 3.9　多边市场集成的创业服务平台发展模式

在创新服务资源供应方面，要跳出提供简单服务的思路，建立起智慧供给，即把人员、技术、知识等要素与企业创新创业的各阶段发展相匹配，建立智慧资产与价值网络，做到企业创新创业过程中的智慧供给；要通过提高自身能力建设丰富资源供给整合，着力实现空间内的资源共享，通过利用资源聚合管理机制、调节管理机制、协调机制以及组织运行机制等，推动各类资源优势互补、共用共享，实现合作共赢。

在服务精准性上，针对大学生创业、科技人员创业、归国人员创业等不同的需求，要利用互联网创新创业与金融服务渠道，针对性地提供更精准的服务，进一步提高服务质量。

此外，作为创业者活动的重要平台，众创空间应当在促使市场参与者建设平台方面作出探索，要根据供需双方的能力，推动服务平台的资源种类多元化建设，使双方的需求得到有效匹配，发挥出连接点的效应，实现平台的多元价值。

本章参考文献

［1］章正. 双创升级版，来了［N］. 人民日报，2018 – 12 – 12.

［2］李燕萍，陈武，李正海. 驱动中国创新发展的创客与众创空间培育：理论与实践［J］. 科技进步与对策，2016（20）：154 – 160.

［3］李燕萍，陈武，陈建安. 创客导向型平台组织的生态网络要素及能力生成研究［J］. 经济管理，2017，39（6）：101 – 115.

［4］Rochet J, Tirole J. Two-sided Markets：A Progress Report［J］. RAND Journal of Economics，2006，35（3）：645 – 667.

［5］陈宏民，胥莉. 双边市场：企业竞争环境的新视角［M］. 上海：上海人民出版社，2007.

［6］Gawer A. Bridging Differing Perspectives on Technological Platforms：Toward an Integrative Framework［J］. Research Policy，2014，43（7）：1239 – 1249.

［7］Thomas L. W. , Autio E. and Gann D. M. Architectural Leverage：Putting Platforms in Context［J］. Academy of Management Perspectives，2014，28（2）：198 – 219.

［8］Cheng H. K. and Liu Y. Optimal Software Free Trial Strategy：The Impact of Network Externalities and Consumer Uncertainty［J］. Information Systems Research，2012，23（2）：488 – 504.

［9］Tiwana A. Platform Ecosystems：Aligning Architecture, Governance, and Strategy［M］. Waltham MA：Elsevier，2013.

［10］Bhargava H. K. and Choudhary V. Economics of an Information Intermediary with Aggregation Benefits［J］. Information Systems Research，2004，15（1）：22 – 36.

［11］刘志迎，陈青祥，徐毅. 众创的概念模型及其理论解析［J］. 科学学与科学技术管理，2015（2）：52 – 61.

［12］束云霞. 众创空间在江苏的发展现状及典型案例研究［J］. 江苏科技信息，2015（36）：7 – 9.

［13］Kera D. Nano Smano Lab in Ljubljana：Disruptive Prototypes and Experimental Governance of Nanotechnologies in the Hacker-spaces［J］. Journal of Science Communication，2012，11（4）：37 – 49.

［14］倪瑛. 基于产权共享的众创空间运行绩效研究［D］. 杭州：杭州电子科技大学，2018，（5）：12 – 16.

［15］陈武，李燕萍. 嵌入性视角下的平台组织竞争力培育——基于众创空间的多案例研究［J］. 经济管理，2018，40（3）：74 – 92.

［16］Moorefieldlang H. M. When Makerspaces Go Mobile：Case Studies of Transportable Maker Locations［J］. Library Hi Tech，2015，33（4）：462 – 471.

［17］邬惠婷，唐根年，鲍宏雷. 中国"众创空间"分布与创客进驻偏向性选择研究［J］. 科技与经济，2017（2）：26 – 30.

［18］尹国俊，倪瑛. 基于产权共享的众创空间运行绩效研究［J］. 生产力研究，2017（12）：83 – 86.

［19］田颖，田增瑞，赵袁军. H – S – R 三维结构视角下众创空间智力资本协同创新对创客创新绩效的影响［J］. 科技进步与对策，2018（8）：16 – 22.

［20］郭细根. 创新型企业空间分布及其影响因素研究——来自全国 676 家创新型试点企业的数据分析［J］. 科技进步与对策，2016（15）：62 – 67.

［21］陈夙，项丽瑶，俞荣建. 众创空间创业生态系统：特征、结构、机制与策略——以杭州梦想小镇为例［J］. 商业经济与管理，2015（11）：35 – 43.

［22］王晶，甄峰. 城市众创空间的特征、机制及其空间规划应对［J］. 规划师论坛，2016（9）.

［23］路菡. 特色小镇与新兴产业共融共生［J］. 新经济导刊，2017（6）：43 – 48.

［24］徐梦周，潘家栋. 特色小镇驱动科技园区高质量发展的模式研究——以杭州未来科技城为例［J］. 中国软科学，2019（8）：92 – 99.

［25］魏劭琨. 理清思路科学认识实现特色小镇的健康发展［J］. 小城镇建设，2016（11）：25 – 28.

［26］盛世豪，张伟明. 特色小镇：一种产业空间组织形式［J］. 浙江社会科学，2016（3）：36 – 38.

［27］王大为，李媛. 特色小镇发展的典型问题与可持续推进策略［J］. 经济纵横，2019（8）：69 – 75.

［28］Boudreau K. J. ，Lakhani K. R. Using the Crowd as an Innovation Partner［J］. Harvard Business Review, 2013, 91 (4): 61 – 69.

　　［29］张亚君. 图书馆创客空间协作建设研究［J］. 大学图书情报学刊, 2015, (1): 117 – 121.

　　［30］陶蕾. 图书馆创客空间建设研究［J］. 图书情报工作, 2013 (14): 72 – 76, 113.

　　［31］袁野丰琳. 苏州工业园区"众创空间"体系构建模式及方法研究［D］. 南京: 东南大学, 2017.

　　［32］刘小龙. 天津市众创空间运行绩效评估体系构建及实证研究［D］. 天津: 天津理工大学, 2017.

　　［33］赵黎明, 任凯. 付春满. 科技企业孵化器的孵化模式比较研究［J］. 中国科技论坛, 2012 (8): 68 – 70.

　　［34］张礼建, 王晨旭. 试论"峡光模式"在科技企业孵化器模式上的创新［J］. 科技管理研究, 2008 (5): 81 – 83.

　　［35］张震宇, 肖建. 联盟孵化——推动科技孵化事业发展的新型模式［J］. 科技管理研究, 2015 (12): 85 – 87.

　　［36］高昕. 辽宁省大学科技园孵化效率研究［D］. 大连: 大连交通大学, 2017.

　　［37］上海胡润百富投资管理咨询有限公司. 上海市众创空间发展白皮书——现状与问题研究［R］. 胡润百富, 2018, 10.

第 4 章

基于技术转移与成果转化的创新 与创业耦合成长研究

技术转移与成果转化已成为今后相当长一段时期内科技工作的重点任务。各行业的龙头企业、各类科研机构以及高等院校等发挥各自的科技资源优势与科研积淀，积极实施技术转移与成果转化，打造若干专业化的众创空间，不仅能够推动企业内部创业、促进社会众创，而且能进一步增强产品创新与科技创新水平，积极服务于实体经济转型升级，逐步构建形成大中小企业融通成长、产学研协同合作、"研发—制造—服务"一体式多元化的创新与创业耦合发展格局。

4.1　技术转移与成果转化的概念与模式

4.1.1　"技术转移"和"成果转化"的基本概念

4.1.1.1　技术转移的概念界定

1964 年，联合国召开了第一届贸易发展会议。在本次会议中，"技术转移"这一概念第一次出现在大众的视野。同时，"技术转移"也被赋予了一个明确的含义，即技术在不同国家或者不同区域中引进与输出的整个过程。布鲁克斯（Brooks, 1989）指出，技术转移是一个过程，即一个对科学技术进行推广和宣传的过程，且技术的转移方式主要分为垂直和水平两种。垂直的技术转移是指一个新的知识或成果被转化为一项新技术或新产品的过程。水平的技术转移被定义为在已有的技术上通过一系列改善，转化为一个新的工艺或用途。《国际技术转移行动守则（草案）》认为，"技术转移"是通过利用生产方法制造各类产品或将其服务的系统知识进行转移。上述概念排除了单纯的货物买卖等行为。技术的生成过程主要包括人、物、信息三个要素，《世界经济百科全书》则把技术转移定义为这三者之间的交流与转移。《国际技术转移行动守则》把技术转移看作知识转移，即将知识的相关内容转移到运用知识的地方。2018 年 1 月 1 日，我国科技部在《技术转移服务规范》中对技术转移进行了更清晰的定义，即在制造产品时，技术的供给方利用一些方式将制造产品的工艺或者服务等系统化的知识移交给技术需求方的过程。

另外，有一些学者认为，技术转移可以分成横向和纵向两个方向的技术转移活动。横向技术转移指技术在空间水平方向进行移交，即在不同的国家、区域进行技术转移；纵向技术转移指技术由研发机构到经济市场的链式转移，这种转移方式也被称为商业化开发技术的过程。目前，学者对技术转移的研究主要集中在纵向转移上，即科学技术的研发成果如何被实际应用等问题。

4.1.1.2 技术转移的基本要素

在进行技术转移活动时，技术供给体、技术受体、技术本体这三种要素是转移过程必须具备的，也是最基本的要素。其中，技术转移供给体和技术受体的范围比较广泛，可以为自然人，也可以为科研单位、非营利组织等具备法人资格的组织机构。在进行技术转移时，技术供给体凭借其拥有某项技术的独特地位及其在法律上受到的保护而处于高位；技术转移的受体，相比之下则受制于技术供给体，处于技术转移过程中的低位。技术供给体和技术受体在技术转移过程中所处地位不同，存在一定差异。因此，两者之间产生了梯度差，也使技术从高位流向低位。具体表现为技术上先进的、具有优势的国家、地区、行业、企业向技术落后的国家、地区、行业进行技术转移。成功的技术转移活动会减少两者在技术上的差距，并通过技术互动和交流促进技术的改进，甚至催生新的技术。

技术转移是一个复杂的社会经济活动过程，除了技术参与主体之间网络般的联系外，还受技术、经济、社会、法律以及文化观念等诸多影响。技术转移成功与否，最直接的影响是技术供给体、技术受体和技术本体三方特点与关系，三者的特质直接决定了一项技术能否成功实现转移。以下分别介绍技术转移的三个基本要素。

第一，技术供给体。技术供给体指在技术转移过程中输出技术的一方，主要包括技术开发者和技术所有者等。技术供给体常常处于主导地位，其主导地位也意味着技术供给体对能否成功进行技术转移以及技术转移的实际效果有非常大的影响。以往，技术供给体进行技术转移的目的是获得垄断地位或垄断技术所带来的商业价值。因此，当一些国家或部分地区出现经济市场不能大规模运营其技术的情况时，技术供给体就缺少了进行技术转移的动力。或者，当出现资本不能进行直接投资或者对相关市场不够了解的情况时，技术转移供给体就不会选择进行技术转移。再或者，当可以把技术转移作为某种超经济的策略工具用来换取额外的利益时，技术供给体才乐于实施技术转移。而在共享经济时代，这些观念已被刷新。技术供给体通过技术转移实现技术的行业或产业共享，从而可以规避技术创新周期较短，更新速度较快带来的风险，在更高层面上实现价值共创。

第二，技术受体。技术受体指在技术转移过程中引进技术的一方，主要指技术使用者等。技术受体处于低位，但是其接收、消化引进技术的能力对技术转移途径、技术转移方式以及技术转移的实际效果等产生了直接的影响。技术的接收、消化能力可以从多维度来衡量，主要指学习、体验、接收、消化、感知、模仿等能力相互交融、不断进化的一种复杂且多元的能力形态。

第三，技术本体。技术本体一般是指技术本身，包括技术路线、技术构成、技术工艺等，也包括专利、设计、商标等一些无形资产。当市场竞争变得复杂化或者市场的不确定性增大时，手握技术本体的组织可能无法进入或者控制这些市场。此时，该组织可以通过技术转移来提高该技术的市场份额和价值并增强对该技术市场的垄断。

技术本体具有复杂特性，这也就使技术在转移过程中具备了复杂性。首先，技术本身的成熟度对技术转移产生了一定影响。不同成熟度的技术在进行技术转移过程时的转移成本、社会需求存在差异，这就对技术转移的实际成效产生了影响。当一项技术处于发展周期的产业化阶段时，技术本身具有较强的拓展广泛性，可以比较轻松地转移到产业领域。其次，技术的匹配状态。技术匹配状态指相关联的技术要素间的依存关系，主要分为技术本身系统内的相互匹配、技术与其他技术系统间的匹配等多种相互匹配关系。当确立技术体系时，不仅需要系统内部之间的技术匹配，还需要和外部相关联的技术系统匹配。如果这种匹配资源不足或技术匹配状态不佳，则会影响技术的转移转化。最后，技术所处的环境也在一定程度上限制着技术的横向转移。技术环境主要指技术本身所在国家、地区的政策和法律，技术所处行业的成熟度，技术发展的背景和趋势等。

4.1.1.3 科技成果转化的概念界定

熊彼特在其《经济发展理论》一书中指出，将具有新意的科技成果转化为可以盈利的产品或产业的最大动力来源于，这种转化可以推动经济的快速发展。科技成果的转化对科技成果商业化和推动社会经济发展十分重要。1996 年，中国出台了《中华人民共和国促进科技成果转化法》。该法对科技成果转化进行了定义：以提高生产力水平为目的，通过对科学技术成果进行开发、应用、推广等措施来产生新工艺、新产品等活动。该定义从狭义上对科技成果转化进行了界定。广义的科技成果转化指：以技术能力和科学知识为基础，对社会生产和科学技术创新有重大作用、对推动社会经济快速发展十分重要的所有活动。

本书将技术成果转化界定为实现科技成果的产品化和市场化，即科技成果持有人依法将成果转让给企业或与企业合作，将其转化成能够满足社会需求，并在市场中流通的产品形态，通过其流通实现相应的经济利益和社会效益。

4.1.1.4 "技术转移"和"成果转化"概念间的关系

从内容的角度来看，"科技成果转化"与"技术转移"这两个内容一般可以交换使用。就概念而言，二者既有内在联系又有明显区别。首先，二者的目标都是以生成新工艺、新产品为途径，来满足社会经济发展需求，进而发展生产力。但二者的侧重点不同，前者的侧重点为"化"，指科技成果、技术形态的变化，如由研究报告或数据文本等的虚拟形态到产品的实体形态；后者的侧重点为"移"，指技术空间位置的转移，或者是拥有主体的转换。其次，当科技成果的转化完成时，一定会产生新产品；但当技术的转移结束时，新产品不一定能产生。当匹配到合适的主体时，技术转移将会推动科技成果的转化。这就意味着不是所有的技术转移都有推动科技成果转化的作用。

4.1.2　技术转移与成果转化模式

目前，高校、科研院所和公司三者之间技术转移与成果转化模式有六种，分别是直接转移转化、与企业联合开发、创办企业、技术入股、共建研究中心、委托中介转移转化。每种模式各有特点、各有利弊，当技术转移主体不同时，所选择的转移模式也不一样。

4.1.2.1　直接转移转化

技术转让、技术许可是直接转移转化的两种方式。技术许可指技术所有者或技术持有人等按照一定的合约将技术转移给接收者，此时技术的所有权没有进行转移。例如，研发机构等拥有的技术、科研成果等，按照一定的合约允许企业（技术接收者）具有技术成果的使用权。技术许可根据使用权范围的不同，又分为以下三种形式：普通许可、独家许可和独占许可，使用权依次增大。当技术受体需要的使用权越大，其所花费的技术许可成本越高。在合作初期，企业考虑到技术风险的影响，一般不敢投入太多资本。一般情况下，技术转移双方将技术许可门槛降低，利用"入门费和提成"的模式，来维持双方的合作，推动技术的发展。

技术转让的本质是通过技术成果权力的让渡而获取相应收益。技术转让是技术成果所有权的转移，即技术接收者拥有技术的所有权。对技术转移来说，技术人员的相关对接和服务也十分重要，影响着技术是否能成功转移。技术转让模式的实施方式有专利发明人或技术成果所有权人以及相关管理人员通过各种渠道，寻找有需求意向的企业；也有企业为了解决技术难题或投资新项目等原因，主动到高校或研究院所搜寻具有市场前景的专利或技术成果。技术转让模式的优势是参与的主体仅是转让方和受让方，双方的沟通成本较低，容易达成共识。但不足之处是由于转让方人员市场议价能力有限，在最后交易的过程中所获取收益有时难以达到预期；同时因转让方的信息资源不足，对受让方的选择范围受限，无法实现高质量对接，难以从根本上发挥科技成果的自身价值。

4.1.2.2 与企业联合开发

联合开发主要是指企业与企业，或者企业与科研院校合作共同参与研发或订单式研发，主要形式是产学研等。此外，与企业联合开发的项目一般有两种来源。第一种是来自高等院校或者科研院所等机构负责的重大课题，这些课题包含了国家或社会的需求。第二种来自企业的生产需求或行业需求，一般采用订单式研发。在联合研发中，高等院校和科研院所等机构的作用是研发核心技术，企业则负责研发资金、研发环境及技术的应用等，两者合作快速提升技术成果市场化水平。

4.1.2.3 创办企业

技术创业是技术转移与成果转化的典型方式。基于高等院校和科研院所等机构的丰富技术资源，技术成果发明人或持有人将专利等具备知识产权的技术研发成果作为基础和客体来依法创建企业。这种方式通过公司化的途径，来推动科技成果的研发，并促进产业化的发展。

技术创业模式的优点在于，打通了科技成果与产品之间的鸿沟，企业利用自身雄厚的研发实力，不断开发高新技术应用新场景，布局新产品，提高科技成果转化的效率和效益。但是技术创业模式对创业者要求很高，既要有科学思维，又要有市场思维；既要有产品研发的技术能力，也要有引领市场或产业的战略把控等。

4.1.2.4 技术入股

技术入股指对技术进行评估后，技术所有权的持有者将技术作为一种无形资产作价后来投资企业，占有约定股份并分享收益，承担风险。目前，这种方式是一种十分有效的激励科研人员积极参与技术成果转移转化的途径。技术成果入股后，技术持有人成为企业股东，科技成果的所有者为企业。该方式合作门槛低，合作方式相对灵活，各方利益捆绑，技术保障性较好，具有长远发展潜力，企业更愿意采用。

4.1.2.5 共建研究中心

共建研究中心指以"利益共享、风险共担"原则为基础，高等院校、科研院所和企业等一起创建研究中心。共建过程中，高等院校和科研院提供人才、技术等资源，企业发挥其经营管理、投入资金、市场灵敏性等优势。成果开发者提前感知市场及应用场景并开发技术，企业也将较早地了解和使用研究成果，将科学技术研究和产业发展充分连接在一起，来促进区域经济协同创新发展。

4.1.2.6　委托中介转移转化

技术从供给体转移到受体的过程可以由一些中介环节来完成。技术转移中介包含高校和科研机构中的技术转移办公室、技术转移专业组织、咨询公司、知识产权服务机构等各种中介部门。在市场不对称的情况下，采取中介环节来进行技术转移可以提高技术转移转化的效率。

4.2　基于技术转移与成果转化的创新创业主体分析

在中国被誉为推动科技成果转移转化的"三部曲"分别是：2015 年修订的《中华人民共和国促进科技成果转化法》、2016 年 3 月发布的《实施〈中华人民共和国促进科技成果转化法〉若干规定》和 2016 年 4 月出台的《促进科技成果转移转化行动方案》。这三部法律法规的颁布实施，既有原则性的条文，也有数字化的目标，例如，中国要成立 100 个国家技术转移机构等。这一系列措施极大地释放了科研工作者的创造性，激励高校与科研单位推进成果转移转化，加速企业创新发展，为探索科技成果转化机制和推进全面创新发展起到关键而重要的作用。

与此同时，国家相关部委和地方政府发布、修订多项法规和政策文件，从加强知识产权保护和研发经费支持、健全完善科技成果评价体系、扶持科技成果转化平台建设、强化技术转移转化人才队伍建设等一系列配套政策，不断优化和完善科技成果转化政策体系与生态环境。此外，很多省市也将推进科技成果转化纳入重点规划和工程建设。

据国家统计局数据，2020 年，中国企业的科技研发经费已经投入了18673.8 亿元，占整个社会研发经费的 75%。此外，政府所属科研机构经费支出为 3408.8 亿元，高等院校的经费支出为 1882.5 亿元，占比不足整个社会研发经费的 1/10。目前，企业已名副其实地成为我国科技研发活动投入的主力军。下面对高校、科研院所、企业三大创新创业主体的技术转移与成果转化情况进行分析。

4.2.1 中国高校和科研院所技术转移与成果转化现状分析

高校与科研院所作为我国基础研究和应用基础研究科技成果的重要策源地，聚集了大量优质的科技人才、科技成果和科研设备等创新要素，在创新活动中的重要性日益凸显，已经成为我国知识创新的主要源头。高等院校与科研院所一直在优化科技成果转化体系建设，完善科技成果转化机制。国家和企业对高质量科技成果的需求愈加明确，股权投资市场对高校与科研院所科技成果转化项目的关注度明显提升，2021 年甚至出现了一波风险投资（VC）排队"抢"教授的浪潮，彰显出高校与科研院所在科技成果转化及创业企业发展方面具有强大的活力与巨大的潜力。

4.2.1.1 高校和科研院所技术转移与科技成果转化重点政策

继 2015 年、2016 年国家科技成果转化"三部曲"后，我国科技成果转移转化取得明显成效。2017 年，党的十九大又提出了"中国经济由高速增长阶段转向高质量发展阶段"，为科技工作尤其是科技成果转移转化提出了更高要求。为了加强对知识产权保护、研发经费的支持和扶持科技成果转化平台建设，国务院各部委陆续修订和发布了多项法律法规和政策文件，大力推动知识产权权益分配改革和科技成果评价体系建设（见表 4.1）。

表 4.1　2020 年以来我国科技成果转化的代表性法律法规与政策

时间	发布部门	文件名称	主要内容
2020 年 2 月	教育部、国家知识产权局、科技部	《关于提升高等学校专利质量促进转化运用的若干意见》	完善知识产权管理体系，健全知识产权统筹协调机制，建立健全重大项目知识产权管理流程，逐步建立职务科技成果披露制度；建立专利申请前评估制度，明确产权归属与费用分担；加强技术转移与知识产权运营机构建设，加快专业化人才队伍建设等
2020 年 3 月	中共中央、国务院	《关于构建更加完善的要素市场化配置体制机制的意见》	健全职务科技成果产权制度、完善科技创新资源配置方式、培育发展技术转移机构和技术经理人、促进技术要素与资本要素融合发展、支持国际科技创新合作等五个方面

时间	发布部门	文件名称	主要内容
2020 年 4 月	财政部、国家知识产权局	《关于做好 2020 年知识产权运营服务体系建设工作的通知》	深化知识产权金融服务
2020 年 5 月	科技部、教育部	《关于进一步推进高等学校专业化技术转移机构建设发展的实施意见》	建立技术转移机构、明确成果转化职能、建立专业化人员队伍、完善机构运行机制、提升专业服务能力和加强监督管理等六个方面的重点任务
2020 年 10 月	国务院	《中华人民共和国国民经济和社会发展第十四个五年规划和 2035 年远景目标纲要》	加强知识产权保护，大幅提高科技成果转移转化成效
2021 年 1 月	科技部、教育部	《关于首批高校专业化国家技术转移机构建设试点启动的通知》	确定了首批 20 个高校专业化国家技术转移机构建设试点
2021 年 3 月	人力资源和社会保障部、财政部、科技部	《关于事业单位科研人员职务科技成果转化现金奖励纳入绩效工资管理有关问题的通知》	科研人员获得的职务科技成果转化现金奖励计入当年本单位绩效工资总量，但不受总量限制，不纳入总量基数
2021 年 6 月	全国人民代表大会常务委员会	《中华人民共和国专利法》	单位可以依法处置其职务发明创造申请专利的权利和专利权；国家鼓励被授予专利权的单位实行产权激励
2021 年 8 月	中共中央、国务院	《关于进一步完善中央财政科研项目资金管理等政策的若干意见》	优化科研经费管理的政策和措施
2021 年 8 月	国务院	《关于改革完善中央财政科研经费管理的若干意见》	激励科研人员多出高质量科技成果，赋予科研人员更大的经费管理自主权
2021 年 8 月	国务院	《关于完善科技成果评价机制的指导意见》	全面准确评价科技成果的科学、技术、经济、社会、文化价值；健全完善科技成果分类评价体系；加快推进国家科技项目成果评价改革；大力发展科技成果市场化评价；引导规范科技成果第三方评价等

时间	发布部门	文件名称	主要内容
2021 年 9 月	中共中央、国务院	《知识产权强国建设纲要（2021~2035 年）》	推动企业、高校、科研机构健全知识产权管理体系，鼓励高校、科研机构建立专业化知识产权转移转化机构等
2021 年 9 月	国务院	《关于改革完善中央财政科研经费管理的若干意见》	加大科技成果转化激励力度，对持有的科技成果，通过协议定价、在技术交易市场挂牌交易、拍卖等市场化方式进行转化
2021 年 10 月	国务院	《"十四五"国家知识产权保护和运用规划》	全面加强知识产权保护、提升知识产权转移转化效能等
2021 年 10 月	国家知识产权局、教育部、科技部等	《产学研合作协议知识产权相关条款制定指引（试行）》	企业和高等院校、科研机构在产学研合作中的知识产权归属与处置工作，鼓励完善知识产权转化收益分配机制
2022 年 3 月	科技部、教育部、财政部等	《〈关于扩大高校和科研院所科研相关自主权的若干意见〉问答手册》	针对基层难以接权、基层不敢接权、基层用不好权等问题进行权威解答

与此同时，北京、上海、广东等省市发布了一系列实施方案和管理措施来推动科技成果的转移转化。主要从优化科技成果转化体系、加大科技成果转化领域财政投入、鼓励科技创新人才培养等方面给予更加接地气、具有地区经济发展特色的激励政策，促进技术、资金、项目、市场等对接，创建科技成果转移转化示范平台，加快科技成果高质量转化。

4.2.1.2　科技成果转化领域重点基金情况

经济资本对科学技术成果转移转化活动十分重要。国家不仅加大了对科技成果转移转化的政策支持，还在不断引导社会上各种力量加大对科技成果转化的资本投入。广东、上海、安徽、浙江等地的科技成果转化基金较为活跃。

2011 年，中国政府创建了国家科技成果转化引导基金。基金类型为 FOF 基金（Fund of Funds，简称"FOF"，指母基金，即投资于其他基金的基金），引导和带动金融资本、地方政府等机构一起加大对科技成果转化的投入。2021 年 10 月，科技部与其他部门联合发布了《国家科技成果转化引导基金管理暂

行办法》（以下简称《科转基金办法》）的修订版。《科转基金办法》主要对
国家科技成果转化引导基金的管理模式、子基金的投资阶段以及组织管理与
监督等方面做出重大修改。新版的《科转基金办法》不仅利用股权投资等方
法大力支持科技成果的转化，还使科技成果转化引导基金的运作方式偏向市
场化。此外，转化、应用科技成果的科技型中小企业不论是初创期还是成长
期，都在国家大力扶持的范围内。新版的《科转基金办法》也明确指出，国
家科技成果转化引导基金需要对子基金负责，例如，承担参与关键决策、监
督子基金投资和运作等职责来给予普通合伙人更多管理的自主权。目前，国
家科技成果转化引导基金已经达到 700 亿元，还成立了 40 多个子基金。

4.2.1.3　高校与科研院所的科技成果转移转化实施情况

（1）高校与科研院所科技成果的转化方式。

高校与科研院所拥有许多科技成果转化途径，其中，技术转让、技术
开发、技术咨询、技术许可等方法是科技成果转化的主要途径。高校及其
科研单位创设和参股新公司，高校的院士、教授、副教授等兼职或离岗创
业成为高校科技成果转化的新亮点（见图 4.1）。

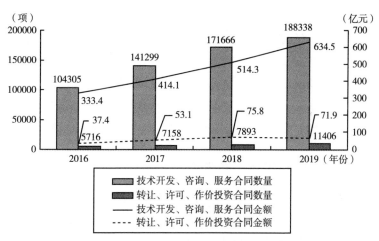

图 4.1　高等院校不同转化方式合同数量及合同金额情况

资料来源：《中国科技成果转化 2020 年度报告（高等院校与科研院所篇）》。

2019 年，高校签订了 199744 项"四技"① 合同，与上年相比增长了

---

①　技术转让（包括转让、许可、作价投资）、技术开发、技术咨询、技术服务，简称为"四技"。

11.2%。其中，高校的技术开发、咨询、服务合同为 188338 项，与上年相比增长了 9.7%，在"四技"合同总项数中的占比高达 94.3%；广东省、浙江省、江苏省所属高校签订的该类合同数量排在前 3 位。另外，以转让、许可、作价投资 3 种方式转化科技成果的合同数量为 11406 项，与上年相比增长了 44.5%；其中，转让是科技成果转化的主要方法，在转让、许可、作价投资这三种方法合同总项数中占比已经超过 7/10。

（2）高校与科研院所技术转移机构建设。

作为高校和科研院所实现科技成果转化的平台，技术转移机构有自建、与企业合建、与第三方技术转移机构合作三种实施类型。其中，高校和科研院所自己创建的技术转移机构和与企业一起合建的研发、转移机构都在日益增长；高等院校或科研院所与第三方市场化技术转移机构合作开展科技成果转化的情况近几年也有所增长。

（3）高校与科研院所技术转移队伍建设。

科技成果转化活动不仅是一项系统工程，还涉及知识产权、技术实力、技术开发、企业管理等多方面的专业技术能力。对从事技术转移人员的复合型知识和跨专业技能要求较高。目前，在高校与科研院所里科技成果转移转化工作人员的专职人员较少，多以兼职为主。高校与科研院所还需要加强建设科技成果转移转化的队伍。在利益分配和激励机制方面，国内科技成果转化收益基本全部归属于学校（院所）、学院（研究室）和技术发明人。对于技术转移机构及其人员的利益分配机制明显缺位，不利于技术转移人员积极了解企业技术需求，主动推进科技成果转化；不利于汇聚高质量的科技成果转移转化人才，全面提升技术成果转移转化水准。

4.2.1.4 高校创业企业发展概况

高校创业企业是科技成果转化的重要渠道。主要包括两种类型的企业：一是高校关联企业，包括高校或其关联单位控股、参股、设立、孵化的企业等。一般以高校科技成果转化为背景或目的设立。二是高校人员关联企业，包括高校院士、教授、研究人员等兼职或离岗创业、作价入股、团队集体创业的企业，主要集中在科技成果转化较为活跃的硬科技相关行业领域。高校创业企业大多具有强"硬科技"属性，随着国家对科技型中小企业的持续而大力的扶持，政府引导基金、市场化投资机构等对"投早、投小、投硬科技"的关注度进一步提升，也将为高校项目孵化、高校人员创业提供更好的发展环境。

高校创业企业背景方面，目前 90% 的高校创业企业已经脱离"校办企业"的属性，更多是基于科研项目产业化、高校人员及团队创业、资本市场投资孵化等的需求催生，这类企业自身发展的灵活性和市场化程度更高，也更易获得投资机构的青睐和投后赋能，实现可持续发展。

高校创业企业分布具有鲜明的行业特色和技术更迭的时代特征。高校创业企业主要分布在信息技术与服务、人工智能、高端制造、半导体等科技属性较强、市场投融资较为活跃的领域，与国家产业政策、行业发展阶段、市场热点的引导和支持方向高度吻合。从重点行业企业的关联高校看，高校创业企业发展与高校传统优势学科分布、高校科技成果转化平台建设和实际操作指引、高校所在省市的重点产业基础及规划、社会创新创业活力、股权投资活跃度等，均具有密切关联。

4.2.1.5　高校与科研院所科技成果转化的主要问题

高校与科研院所科技成果转化取得成效的同时，也面临更多的机遇和挑战。一方面，国内外大环境的变化已形成国内科技成果转化的大趋势；另一方面，高校科技成果转化还存在不少制约因素（见图 4.2）。高校与科研院所科技成果转化问题主要体现在三个方面。

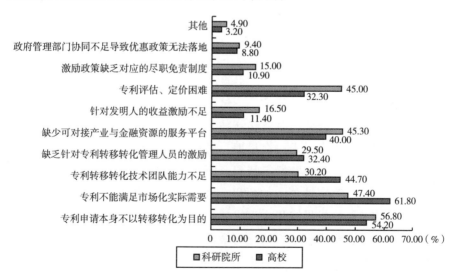

图 4.2　高校与科研院所专利转移转化制约因素对比分析

资料来源：国家知识产权局战略规划司，国家知识产权局知识产权发展研究中心.2021 年中国专利调查报告［R］.2022，6.

（1）原创性成果难以产业化，现有成果与企业技术承接能力脱节。

目前，高校与科研院所通过转让、许可、作价投资等方式成功转化的科技成果，大多是较成熟的一般性技术，用于产品的更新换代以拓展新市场，对于专利形式的科研成果，存在原创性高、产业化程度低的问题，需要投入较多的经费和人力进行进一步的中试和开发，直接被企业接受的可能性较低。

高校创业企业在较为前沿、尚未实现商业化的技术上具有深厚积累和先发优势。高校创业团队一般拥有足够的热情和领先的技术，但往往缺乏对商业化运作的认知与经验。高校科研人员创业意识相对薄弱，致使投入科技成果转化研究的精力不足。如何鼓励高校科研人员投身原创性成果的产业化开发，如何面向国家战略目标组织长期稳定的科研队伍，解决高校科技成果的技术方向、成熟度等不能满足企业需求的现状，是当前高校与科研院所科技成果转化工作的难点。

（2）技术转移机构的专业化服务水平需要提升。

目前，高校和科研院所已经成立的技术转移机构，多数存在职能不健全、专业化服务水平不高，进而无法满足有效实施成果转化活动的需求；同时，市场化的第三方技术转移机构也存在专业水平不均衡，内部转移转化机制不健全，难以满足高校与科研院所高质量成果转化的要求等不足。

（3）科技成果转移转化市场化资本体系需完善。

相较于成熟技术的应用推广，实验室新兴技术的产业化，需要高校或科研院所与企业克服从实验研究、小试、中试到规模化生产全过程中的众多难点和不确定性。因此，对承接新技术转化企业的技术、资金以及承受失败的能力等具有更高要求。在早期，科技成果转化项目一般都具有风险大、投资周期长、回报收益慢等特点，而市场化资本普遍因规避风险而选择回报收益更快、确定性更大的项目。因此，在政府设立引导基金来撬动社会资本、支持科技成果转化方面主要存在的问题有：一是政府引导基金受限制条件和投资要求较多、缺乏有效组织管理运营模式、政府干预较多等因素影响，政府引导基金吸引市场化的社会资本有较大难度；二是政府引导基金决策体系与评价周期较长，工作流程相对复杂，与社会资本高度市场化、专业化的运行机制存在矛盾；三是政府引导基金决策目标，首先是资金安全，其次满足政策性诉求，把收益性需求放在后面，导致引导基金政策性目标和商业性资本目标存在差异，成熟期和扩张期的企业往往会收到更多的资金投入，而种子期、初创期企业的被支持力度存在明显不足，这导致科技成果与资本未能实现有效对接。

虽然 2021 年投资机构对高校创业企业的关注度有所提升，但受高校科技成果转化的配套政策和实施细则不健全、多数高校科技成果管理和转化服务能力较弱、高校科技成果的技术方向和成熟度不能满足市场需求、科技成果转化专业技术转移机构和人才缺乏、国内技术市场生态还不健全等诸多因素影响，投资机构对高校项目的投资、孵化并未形成成熟可推广的模式和路径。目前专注于或者将高校与科研院所科技成果转化作为投资目标的投资机构较少，市场整体投资理念与投资模式未形成体系，难以形成合力。对于产业化潜力较大的高校与科研院所的科技成果，需要投资机构在比较早期的阶段介入，从公司设立和战略规划、管理和运营、人力资源、资本运作等方面，给予外部信息支持和资源协调，帮助创业企业持续发展。

高校与科研院所已成为国家创新体系的核心组织，是科技成果的重要供给侧。科技成果的转移转化是高校和科研院所提升科研水平，对接市场应用，服务产业发展的重要手段。高校和科研院所需要树立科技成果转化能实现科技成果创新价值的意识。因此，基于技术转移与成果转化的创业成为创新与创业耦合的重要途径。

4.2.2　企业专利转移转化现状分析

4.2.2.1　企业专利产业化现状

专利产业化是将专利运用于商品和服务生产过程、实现专利市场价值的经济活动。专利产业化是企业维持市场竞争优势、运用专利制度获取经济效益的直接手段。在拥有较多专利的产业里普遍会出现专利产业化的特征，充分体现了创新与创业的耦合性。促进知识产权与产业创新发展相融合，并通过高质量的专利来推动产业经济高质量发展是实现创新与创业耦合的重要途径。

专利可以由专利权人自行产业化，也可以通过许可由他人完成产业化。自行产业化的情形包括：一是产品专利已被制造并投入市场；二是方法专利已在产品制造中得到使用；三是外观设计专利已应用于产业并批量生产。

通过许可，由他人完成产业化的判断基准是：将专利许可他人使用并获得许可收益。专利产业化率是专利产业化水平的衡量指标之一。专利产业化率指已产生产品并在市场进行应用的专利与所有有效专利的比值。

近五年，企业有效专利产业化率在波动中略有提升，2021 年达到近五年来的最高水平（49.8%），如图 4.3 所示。

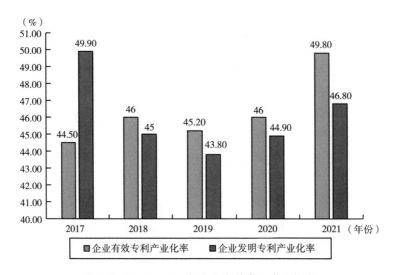

图 4.3 2017～2021 年企业有效专利产业化率

资料来源：国家知识产权局战略规划司，国家知识产权局知识产权发展研究中心 . 2021 年中国专利调查报告［R］. 2022，6.

从结构上看，大、中、小型企业发明专利产业化率分别达到 47.1%、54.6% 和 47.7%。微型和初创型企业发明专利产业化率相对较低。从价值上看，2021 年我国企业发明专利产业化整体平均收益金额为 777.0 万元/件。其中，通过产学研合作产出的发明专利产业化平均收益达到 1029.2 万元/件，超过整体平均收益金额 32.5%，产学研合作提升经济效益作用明显。从专利获取途径来看，企业利用研发途径得到的发明专利产业化率为 50.4%，利用转让途径得到的发明专利产业化率为 24.8%。其中，通过中介机构服务转让得到的发明专利产业化率为 22.8%；通过技术交易市场或平台获得信息并转让获得的发明专利产业化率为 19.7%[①]。企业通过转让获

---

① 国家知识产权局战略规划司，国家知识产权局知识产权发展研究中心 . 2021 年中国专利调查报告［R］. 2022，6.

取的发明专利中,专利转让费用与其产业化率明显正相关(见表4.2)。这种相关性表明部分企业通过转让获取专利的产业化导向不足。

表4.2 企业专利转让费用与专利产业化、转让发明专利占比之间的关系 单位:%

转让费用	<5万元	5万~10万元	>10万元
发明专利产业化率	16.8	31.8	43.6
转让发明专利占比	80.3	11.0	8.7

资料来源:国家知识产权局战略规划司,国家知识产权局知识产权发展研究中心.2021年中国专利调查报告[R].2022,6.

4.2.2.2 我国企业专利产业化活动特点

(1)高价值发明专利对于企业经济活动价值凸显。

为落实国家社会经济高质量发展战略要求和达到知识产权强国目标,知识产权正从追求数量转化为追求高质量。在我国加快推动实现知识产权强国目标的顶层设计中,高价值发明专利的核心地位进一步凸显。

企业高价值发明专利产业化收益平均达863.2万元/件,较其他发明专利(724.6万元/件)高19.1%。其中,收益超过100万元的比例达到48.2%,较其他发明专利高5.3%。维持年限超过十年的高价值发明专利产业化平均收益达到1008.5万元/件,明显高于发明专利产业化收益整体的平均水平[1]。

高价值专利正深度融入企业创新活动和生产经营过程,对于企业获取市场竞争优势、取得更大经济效益的作用逐渐凸显。

(2)发明专利产业化存在结构性短板。

微型、初创型企业和成立时间不足5年的新创企业发明专利产业化率相对较低。不同规模企业、不同成立时间企业发明专利产业化率情况如图4.4和表4.3所示。2021年,我国微型企业发明专利产业化率仅为26.6%,成立时间在5年以下的企业发明专利产业化率为27.3%,均不足三成,明显低于企业整体46.8%的发明专利平均产业化率。规模小、成立年限短的初创型企业发明专利产业化能力较弱。

---

[1] 国家知识产权局战略规划司,国家知识产权局知识产权发展研究中心.2021年中国专利调查报告[R].2022,6.

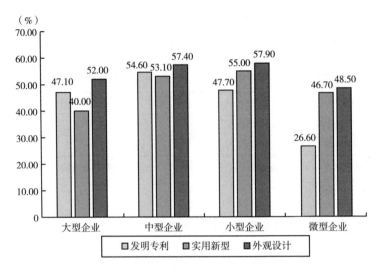

图 4.4　不同规模企业有效专利产业化率

资料来源：国家知识产权局战略规划司，国家知识产权局知识产权发展研究中心．2021 年中国专利调查报告［R］．2022，6．

表4.3　　　　　　　不同成立时间企业专利产业化率　　　　单位：%

企业成立时间	5 年以下	6~20 年	超过 20 年
发明专利	27.3	47.6	51.2
实用新型专利	46.6	50.7	48.8
外观设计专利	50.4	53.5	60.5

资料来源：国家知识产权局战略规划司，国家知识产权局知识产权发展研究中心．2021 年中国专利调查报告［R］．2022，6．

4.2.3　高校、科研院所与企业专利产业化情况对比分析

4.2.3.1　我国专利产业化率情况对比分析

近 5 年，我国有效专利产业化率整体上稳步提高。就有效专利产业化率而言，企业明显高于其他类型专利权人，且稳中有升；其次是科研院所。从专利类型看，外观设计专利产业化率最高，其次是实用新型专利，最后是发明专利。

近 5 年，我国专利产业化率整体水平、不同专利权人有效专利产业化

率、不同专利权人在不同专利类型间的产业化率对比，以及不同规模企业有效专利产业化率如图 4.5 ~ 图 4.7 所示。

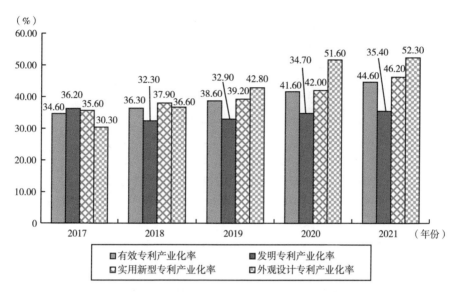

图 4.5　2017 ~ 2021 年我国专利产业化率整体水平

资料来源：国家知识产权局战略规划司，国家知识产权局知识产权发展研究中心 . 2021 年中国专利调查报告［R］. 2022，6.

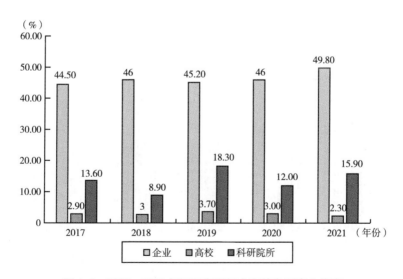

图 4.6　2017 ~ 2021 年不同专利权人有效专利产业化率

资料来源：国家知识产权局战略规划司，国家知识产权局知识产权发展研究中心 . 2021 年中国专利调查报告［R］. 2022，6.

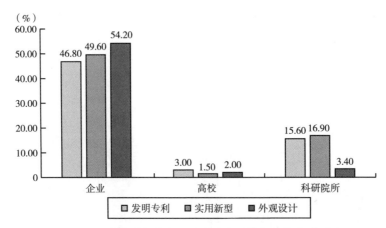

图4.7 不同专利权人在不同专利类型间的产业化率对比

资料来源：国家知识产权局战略规划司，国家知识产权局知识产权发展研究中心.2021年中国专利调查报告［R］.2022，6.

4.2.3.2 我国专利许可转让情况对比分析

2017 年以来，国家和地方陆续发布众多的各类促进科技成果转移转化的管理措施、激励政策、行动方案等已得到落实，且成效明显。2017 年以来，我国有效专利许可率呈整体下降态势（见图 4.8）。从不同专利权人来

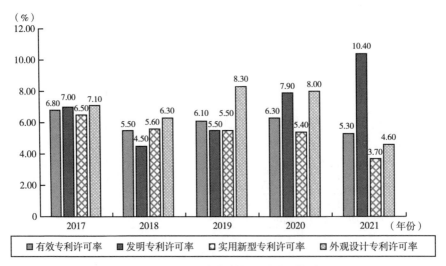

图4.8 2017～2021 年我国专利许可率整体水平

资料来源：国家知识产权局战略规划司，国家知识产权局知识产权发展研究中心.2021年中国专利调查报告［R］.2022，6.

看，企业有效专利许可率总体呈下降态势，但发明专利许可率呈上升趋势；高校与科研院所有效专利许可率近五年则有较快提升（见图4.9、图4.10）。可见发明专利特别是高价值专利的价值在企业间得到了普遍认可，发明专利许可活动较为活跃。

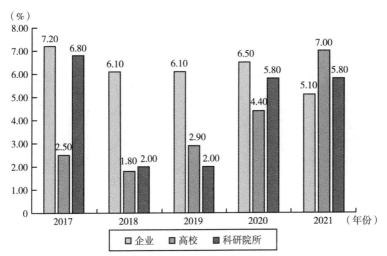

图4.9 2017~2021年不同专利权人有效专利许可率

资料来源：国家知识产权局战略规划司，国家知识产权局知识产权发展研究中心. 2021年中国专利调查报告［R］. 2022，6.

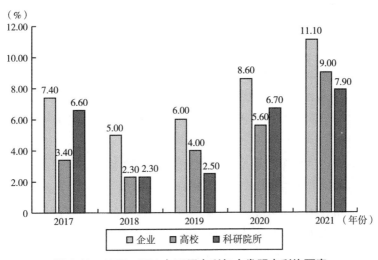

图4.10 2017~2021年不同专利权人发明专利许可率

资料来源：国家知识产权局战略规划司，国家知识产权局知识产权发展研究中心. 2021年中国专利调查报告［R］. 2022，6.

在专利转让方面，近五年呈现"U"型趋势，从发明类别角度看，发明专利转让率近五年出现了先降后升，2021 年则达到了最高水平，如图 4.11 所示。

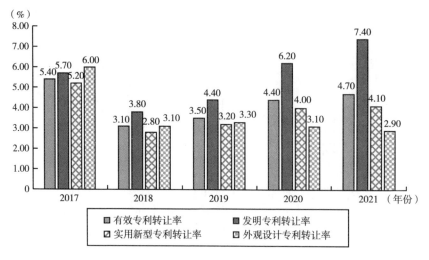

图 4.11　2017～2021 年我国专利转让率整体水平

资料来源：国家知识产权局战略规划司，国家知识产权局知识产权发展研究中心.2021 年中国专利调查报告［R］.2022, 6.

4.2.3.3　我国专利实施情况对比分析

专利实施包括专利产业化、所有形式的专利许可行为、专利质押融资、作价入股等专利价值实现模式。近五年，我国有效专利实施率持续提升，如图 4.12 所示。从不同专利权人来看，企业的有效专利实施率最高，2021 年达到 67.1%，科研院所有效专利实施率居中，而高校的有效专利实施率最低，如图 4.13 所示。

初创企业是我国在新发展阶段推动质量、效率和动力变革的重要新生力量，而能够研发并获得发明专利的科技型初创企业创新能力更加突出，处于初创企业群体的"塔尖"部分。作为开拓市场的核心战略资源，专利权只有被更好地转化为现实生产力，才能够助力初创企业跨越"死亡谷"，实现可持续的创新发展。然而初创企业一般规模较小、成立时间较短，前期将资金主要投入研发之后，往往会面临资金不足、专业人才匮乏等难题，难以有效推动专利产业化。为进一步激发科技型初创企业的创新活力，提升专利转移转化成效，众创空间等服务机构应进一步创新服务模式，面向有专利产业化需求的小微企业加大服务力度，提供高质量的知识产权服务。

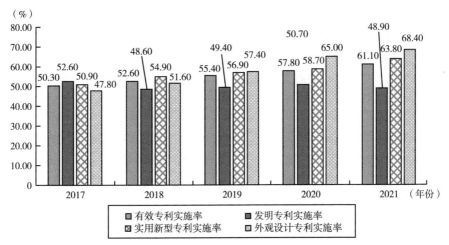

图 4.12　2017～2021 年我国专利实施率整体水平

资料来源：国家知识产权局战略规划司，国家知识产权局知识产权发展研究中心. 2021 年中国专利调查报告 ［R］. 2022，6.

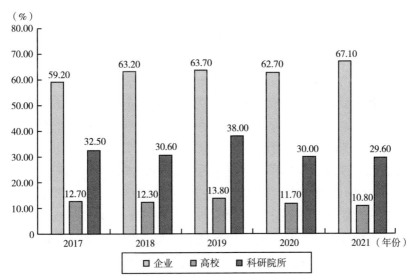

图 4.13　2017～2021 年不同专利权人有效专利实施率

资料来源：国家知识产权局战略规划司，国家知识产权局知识产权发展研究中心. 2021 年中国专利调查报告 ［R］. 2022，6.

4.3 基于技术转移与成果转化的创业模式研究

4.3.1 内创业

4.3.1.1 内创业的概念内涵

作为一种价值创造活动，创业不仅出现在个体层面，而且也发生在既有组织内部。吉福德·平肖（Gifford Pinchot，1985）在分析 IBM、通用电器等大公司内创业活动的基础上，首次提出了"内创业"（intrapreneurship）概念。狭义上，内创业意味着公司利用现有组织内的创业资源或雇员，在现有组织内创造新业务。内创业者的全称是"公司内部创业者"，它专门用来代表在现有组织内部从事创业活动的团队或自然人。广义上，除了要创造新业务外，内创业在组织中还包含多种创新创业活动，例如新产品和服务开发、新技术或管理技术开发、新战略和竞争态势开发等类创新创业活动。另外，在资源使用上也不仅限于组织内，甚至可以跨组织，形成组织间内创业。

结合国内外文献资料来看，对于内创业的概念界定存在三种视角：第一种将内创业视为一种企业家精神的实践或者个人特性的行为；第二种将内创业视为利用现有组织资源或雇员建立新的业务活动；第三种将内创业视为一种管理战略，这种管理战略意在促进企业员工进行创新创业行为，鼓励员工向创客或企业家方向发展，是一个帮助员工寻求那些独立于他们当前所控制资源的机会的过程。

综合以上视角，本书采用内创业的广义范畴定义，内创业包括四个维度的特点：第一，新业务。强调新业务开展，如重新定位公司产品或服务、开发新市场、新建大公司分支机构等。第二，创新。包括新产品的迭代和新的生产方法与程序、新技术或管理技术开发等类创新创业活动，该类活动提升了公司创新创业的广度和频率。第三，自我革新。包括业务重组、组织再造和系统创新。第四，领先行动。指组织在关键业务领域主动规划、战略进攻、提前导入等领导竞争性活动。

内创业可通过整合组织资源形成孵化服务平台，使有创新意识和创业意愿的员工与外部创客形成交互，在企业平台上进行创新创业。内创业员工转变为创客，组织与内创业者通过股权、分红、奖励等方式形成合伙关系，共享创新创业成果、共担创新创业风险。内创业不仅可以帮助大型企业留住优秀员工，还可以帮助企业克服"大企业病"，培育企业新的增长点，甚至提升核心竞争力。

4.3.1.2　内创业的分类

内创业可以从三个视角进行分类。

第一，基于创业主体（包括个人或团队）的分类。按照创业主体的参与范围和程度，内创业可分为精英内部创业和全员内部创业；按照创业主体选择的组织形式，内创业可以分为项目小组、创业孵化器和公司风险投资；按照创业主体参与的范围和形式，内创业又可以分为传统研发、特别创业团队、新创事业部门、全民参与式、购并、创新外包以及前6种形式的混合方式。

第二，基于创业路径视角的分类。据广义内创业概念，内创业路径有两条，即"公司内新创事业"和"公司外衍生创业"。因此，根据创业路径，可将内创业分为内源内创业和外源内创业。内源内创业主要是指内创业活动所使用的资源来自企业内部，如内生型创业。内源内创业主要以依赖于验证性学习的内部孵化策略，从而减少产品生产或服务提供过程的损耗；外源内创业主要是指内创业活动所使用的资源来自企业之外，如通过战略联盟、并购、分包、外部风险资本等方式进行创业活动。外源内创业形式是一种开放式创新创业，这种形式可以弥补现有企业资源和技术不足的缺点。企业内创业实施过程中的风险和成本可以在双路径战略下得到有效降低。

第三，基于组织情境视角的分类。内创业根据投入资源和所有权控制的情况可分为传统创业模式和新兴创业模式；根据所需资源和技术的不同，内创业可分为引致性战略行为和自主性战略行为。

内创业是企业在发展过程中，在外部环境影响下，组织内部创业个体与组织情境交互，激活创造价值的过程。企业营造良好的组织文化可以进一步提高企业的内创业水平。例如，加大管理层的支持、给予内创业者薪酬激励及相应的自主权等，将会加大员工参与力度、促进员工之间示范与带动、相互合作与沟通以及知识交流与共享。选择和构建内创业模式，可从创业主体特质、资源禀赋条件和时代需求变化等方面建立竞争优势。

4.3.2 学术创业

4.3.2.1 学术创业的概念界定

学术创业（academic entrepreneurship，AE）是学术机构的研究人员基于科研成果创建新公司的过程。20世纪末以来，学术创业已经逐步受到国内外学者们的关注，并成为创业领域的热门方向。由于学术研究和主观思想存在不同，对于学术创业定义的问题，不同学者有不同的看法。克里斯曼（Chrisman，1995）认为，学术创业是指以大学为基础其内部学术机构建立公司的活动，其定义强调的关键部分是大学内部。克洛夫斯（Klofsten，2000）认为，学术创业指除了大学正常活动、研究以外的所有商业化活动，其定义的范围更加广泛。埃兹科维茨（Etzkowitz，2007）提出，学术创业指以知识创业为基础把科技成果转化成实际的资本价值，需要平衡好创业和学术两方面，是一个具有内源性和外源性两种特性的集合体。杰恩（Jain，2009）认为，任何形式有潜在商业价值的技术转移都能定义为学术创业。李华晶（2009）认为，学术创业在狭义上是指学者或学术组织所参与的商业上的创业活动（如基于大学的风险投资基金、产学合作、以大学为基础的孵化器企业、由学者组建的新创企业等）；在广义上，既包含学者的创业行为，还包括对学术生涯的创业型管理，如创建一个新的研究领域或机构，以及可能伴随着的商业化过程。在学术创业中，个体层级和组织层级都可以是学术创业的主体，个体层级为学者自己或学术机构的人员，组织层级为大学、科研院所等学术组织机构或学院、研究所、课题组等内部组织。学术创业主体转移的知识不仅仅是自己的科研成果，在遵守法规的前提下还可以转移转化他人的科研成果。

综上所述，学术创业主要有两种形式，分别是商业性学术创业活动和非商业性学术创业活动。前者主要指专利许可、技术转让、咨询、培训和合作研究等活动；后者指组织展览、著作出版与提供社会决策建言和公众演讲等活动。

4.3.2.2 学术创业的过程与模式

学术创业阶段可以分为技术开发、创业团队组建、企业成立和商业化四个阶段。

（1）技术开发阶段。

技术开发是学术创业的起点和基础。技术开发阶段主要分为三种路径。一是，深度开发实验室的先进技术，进一步寻找技术落地的情境以及行业的细分领域。这一路径实施的主体多为高校的科研工作者。例如，由香港中文大学某教授创办的××科技公司，定位于人工智能领域，其核心科技来自香港中文大学多媒体实验室。香港中文大学的多媒体实验室，是该教授于 2001 年创立的，主要研究计算机视觉。2005 年，该教授进入微软亚洲研究院工作，与微软亚洲研究院共同合作研发图像识别技术。这一技术是当时世界上第一项大规模商业应用的图像识别技术，被应用于微软的图像搜索引擎。2014 年 11 月成立了××科技开发有限公司。[①]

二是，攻读博士学位或重大项目研究的群体，深入挖掘在研技术并提升其个人创业技能，产生了创业想法，走上学术创业之路。攻读学位的学生和产业界创业者大多属于这种路径。例如，××科技（北京）有限公司就是由四位斯坦福大学的博士联合创立。这四位博士都是致力于运筹学和机器学习等前沿技术的研究，旨在将企业的实际问题建模并转化为数学模型以求解。通过在杉数优化求解器（COPT）的驱动下，解决生产、配送、销售等一系列实际运行场景中的优化问题，实现了数据驱动的人工智能决策。这一创业公司就是具有决策优化技术核心竞争力的人工智能公司。[②]

三是，风险投资者作为发起人，寻找或跟进学术创业项目。风险投资者往往把焦点放在技术创业公司，不管是在发起阶段还是在融资阶段都可以看到风险投资者的身影。

（2）团队组建阶段。

学术创业团队组建过程中，"导师 + 学生"是常见而具有代表性的模式。主要特点是导师作为联合创始人，提供关键技术指导和技术战略把控，一般不直接参与企业的运营。这种模式的成因有：第一，导师具有较强的技术成果转化意愿，但不方便进行身份转换；第二，学生创业意愿较强，希望借助导师的社会影响力和学术竞争力获得合法性和社会认可。例如，××创新公司由香港科技大学某教授与其学生创办，采用师生共同创

---

①② 北京大学光华管理学院课题组. 中国创业型中小微企业创新行为调研报告［R］. 北京大学光华管理学院，2020，4.

业模式。该教授作为××创新公司董事长，只占据少量股份，主要负责帮助公司培养人才，并针对问题给予建议，其学生则负责公司具体运作管理。①

（3）企业成立阶段。

学术创业一般涉及的是具有雄厚科研实力的高校或科研院所的科研成果转化，技术（知识产权）转移办公室作为执行该项任务的机构已先期介入。为了提高科技成果转化的效率，孵化器、众创空间及关联的VC（风险投资）也陆续进入学术创业网络。在该阶段，从单一学术网络向多元学术网络进化。在组织管理方面，高校教师或科研人员与管理、产品、市场、资本等方面的专业人才合伙创业，本身就是很好的创新与创业耦合方式。首席技术官（CTO）由高校或科研院所的创新创业团队成员担任，负责产品技术研发；首席技术官（CTO）可选择在管理经验、社会经验、资源方面有很强积累的人才，如二次创业的企业家，或者优秀企业的中高层管理者等。产品经理必须在综合考虑市场、客户、技术、政策法规等基础上，强力协调研发、生产、营销等各部门，共同推进产品的商业化最优解，在整个技术转化过程中发挥重要作用。

例如，××科技通过多方发掘人才，构建了不同背景和专攻方向的企业团队。香港中文大学某教授是公司联合创始人也是最大股东，主要负责与其他科研院校的合作；一位联合创始人是公司的董事会执行主席及总裁，同时也是该教授的学生和多媒体实验室成员；另一位联合创始人是公司的首席科学家，同时也是多媒体实验室成员；还有一位联合创始人有摩托罗拉研究院、微软研究院等企业工作经验，是公司的董事会秘书，同时也是多媒体实验室成员。另外，引入外部战略投资者，创新经营机制和管理体制，让科技集团更适应市场化竞争。②

（4）商业化阶段。

学术创业商业化阶段的主要任务是产品落地，把技术变成市场认可的产品。很多人都把获得风险投资作为企业实现从科研网向商业网成功跨越的标志。比较多的场景有参加创业大赛获得VC的赏识、通过孵化器或众创空间实现与VC的对接以及激活个人网络而获得资本等。

---

①② 北京大学光华管理学院课题组. 中国创业型中小微企业创新行为调研报告［R］. 北京：北京大学光华管理学院，2020，4.

4.4　基于技术转移与成果转化的创新与创业耦合模式运营对策

基于知识转移与成果转化视角，分析众创空间进行创新与创业耦合运营模式，为促进创新创业协同成长提供新思路。

4.4.1　基于内创业的创新与创业耦合运作模式

企业在进行基于战略更新的内创业时，往往匹配基于技术更新、组织更新的内创业等过程。

4.4.1.1　面向内创业的组织情境构建要素

基于激发内创业模式而建立的组织情境，能够帮助企业更快地适应时代的变化，获得竞争优势。组织情境包含众多要素，诸如组织结构、人力资源、开放性资源、管理者支持、薪酬的激励性、风险承担方式等。企业可以充分地组合组织情境的各要素，培养和发掘个人的创业潜力，从而激发组织全员创新创业。构建激发企业内创业的核心组织情境要素，主要包括以下方面。

（1）组织结构。

一般认为传统的层次结构由于其严格的体系、规范的运作制度而不利于内创业者产生新的思想、进行相关创业活动；而虚拟或无边界组织结构有利于信息沟通，有利于新思想的产生，从而能够促进创新创业行为的发生。平台型组织或在公司内设立众创空间孵化平台是培育内创业的重要组织形式。

（2）组织文化。

内创业活动意味着风险或可能的错误与失败，如果组织的政策、程序及氛围允许尝试、允许出现错误或失败，则有利于内创业产生，相反则会抑制其产生。相匹配的组织文化是内创业的必要条件。

（3）组织机制。

强调创新与新产品开发的公司战略有利于内创业活动的开展；将内创

业者的想法整合进公司战略中，并匹配于相应激励体系，能对内创业者产生正向激励，有效促进内创业的开展。

下面以海尔集团为例①，探索内创业模式建立过程中组织情境要素的构建。

（1）优化组织结构以适应内创业。

为了动态关注顾客需求，并将客户需求贯通组织全流程，海尔变革传统的"正三角"金字塔式组织结构为"倒三角"的组织结构（见图4.14），大力推行创新、创业文化和内创业新战略。

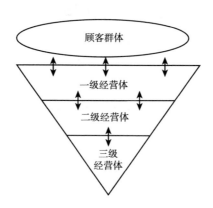

图4.14 海尔"倒三角"组织结构

在"倒三角"组织结构中，顾客置于组织的顶层，建立了海尔将顾客纳入企业价值创造的企业文化，并将顾客作为重要资源融入海尔的组织管理体系，建立了顾客驱动的新机制。一级经营体由一线员工组成，主要包括研发、生产和市场三类经营体，直接面对客户。一级经营体主要职责是识别、创造用户的个性化需求，协调产品设计、销售和市场，最大化满足用户价值，同时以此标准倒逼和评价二级经营体。二级经营体又称为平台经营体，主要是为一级经营体提供专业服务以及必要的资源，包括人力资源管理、供应链、质量体系等。二级经营体需要支持融入一级经营体，并一同对三级经营体的绩效共同作出评价。三级经营体又称为战略经营体，主要职责是制定战略并寻求市场机会，为一级经营体和二级经营体配置资源，营造发展生态，帮助他们达成目标。

---

① 该案例资料来源：李威. 企业内创业过程：实施路径与激励机制［D］. 济南：山东大学，2017.

海尔发挥顾客驱动机制，通过三个层级的组织结构，以价值作为媒介和评价标准，充分调动各个层级的积极性，使其做到自主经营，自我管理，既实现了科学"授权"，又起到了适度"管控"的目的。通过自主经营体这一"创业单元"，授予了内创业单元充分的用人权、分配权和决策权，科学的产权配置确保了员工"自主经营"的企业文化。

（2）创建鼓励内创业的企业文化。

海尔塑造了坚持创新与创业精神、重视顾客价值、鼓励员工自主经营、贯彻预算机制的企业文化。每名员工自己制定目标和工作计划，而不是被动地接受企业分配的指标，强调员工自主经营的企业文化极大提高了员工的工作积极性和创造性；预算机制确保了员工真正成为自己的"CEO"，将成本、预算、报酬透明化，实时监控。同时，海尔通过内部杂志期刊、报纸、电视节目、网络社区，或工作会议等多渠道文化传播系统，真正做到将企业文化落地到日常工作"血液"中，保证组织上下目标的一致性，为内创业机制的实施奠定坚实的基础。

（3）构建和完善内创业机制。

海尔内创业管理机制包括以下四个方面：内创业单元的设立、内创业单元的运转机制、内创业单元的管控体系以及财务支持系统。

第一，内创业单元——自主经营体的设立。例如，创立三门冰箱新型号产品，则需要构建"三门冰箱型号经营体"。通过以下步骤完成：首先，确定自主经营体的第一竞争力的目标；其次，确定自主经营体的团队构成和职责，并完成经营体负责人的竞聘和成员的遴选；最后，签订自主经营体经营目标合同与承诺书，自主经营体正式成立后，以一个独立的代码和账户在海尔的信息平台中注册，以明确其合法地位，保障其正常运行。

第二，内创业单元——全员契约机制的运行。自主经营体所有的目标和任务都来自顾客的需求，自主经营体想要得到"单"，就需要与其他自主经营体签订契约（各个自主经营体之间互为客户），需要真实地、深入地走近顾客，理解顾客、创造顾客，识别和获得具有高价值的"单"，否则，自主经营体可能被兼并、重组或淘汰。

第三，内创业单元——日清体系的管控。日清管理法的含义是全方位地对每个员工每天所做的每一件事进行认真而严格的清理和改进。清理问题所出现的真正原因，找到解决问题的方法，从而实现战略目标和业绩提升。

第四，财务支持和评价体系——全员式管理会计。在理念层面，每一位员工都是自己所创造价值和利润分配的会计；在实践层面，每一个员工对自己制造的产品的研发成本、制造成本以及销售利润都很清晰，以此消除员工在利润分配时的不公平感。实现"我的价值我创造，我的增值我分享"，将员工的薪酬所得与其所创造的价值前所未有地融合起来。

4.4.1.2　内创业与企业创新战略耦合的三种模式

（1）内创业与业务创新的耦合。

内创业在选择对公司已有业务或相关性业务进行拓展、延伸或配套的基础上，还可以拓展与公司现有业务毫无关联的新生长点。主要有以下方式。

第一，内创业加速实现主业扩张：业务复制。例如，西贝莜面村让自己的主厨或店长自行到全国各地进行新店扩张。前期成本由公司承担，创业团队可以获得40%的股份，对区域内排名最后的店实行末位淘汰，但还给予其重新开店的机会。西贝莜面村通过采用这种"创业竞赛部"机制，迅速实现了从一家乡村小店扩张成为价值70亿元左右的餐饮集团的转变。[①]

第二，内创业推动新业务出现：业务延伸。例如，海康威视鼓励员工发展新兴业务。对这些新兴业务的要求是与公司的视频监控主业既有关联又有区别，由此通过内创业进行业务延伸。海康威视以投资人的角色，鼓励员工创新试错并为员工承担新业务风险。当试错获得一部分成效后，再进行大规模的、适时的进入。海康威视旗下的机器人公司、汽车技术公司都是通过内创业"风险投资"公司方式成立的。[②]

第三，内创业提升产业链服务需求：业务拓展。例如，佛山市利迅达机器人公司观察到大多客户对于工业机器人的需求常常伴随着对与工业机器人相关配套产品的需求。但因公司生产能力相对饱和，没有精力满足客户这一关联需求。为此，迅达机器人公司专门组建创客科技中心。只要有能力完成客户需求，强化产业链功能，内部创客和产业链上的外部创客都可以得到平台提供的相应支持。利迅达机器人公司无法满足客户需求的业务，通过创客的创新创业得以实现。[③]

---

①②③　蔺雷．内创业如何与企业创新战略融合［J］．清华管理评论，2020（10）：105－113．

第四，内创业加快裂变新业务：业务增长。例如，互联网知名的服装品牌公司——韩都衣舍，通过实施以"三人小组"为单元的"孵化＋服务"平台模式，实现了业务裂变扩张。"三人小组"包括服装设计师、页面管理员和货品管理员三人。公司则定位于平台型组织，在信息系统、物流系统和销售系统三个方面着力为"三人小组"提供高度标准化、智能化，甚至定制化的服务。各小组经过初步运行成长后，若干个"三人小组"则汇集组合为一个大组，最终一个品牌得以形成。韩都衣舍通过该模式实现了从单一产品走向品牌孵化器，规模迅速扩张。①

（2）内创业与资源创新的耦合。

内创业与资源创新的耦合要求充分利用母体内外的优势资源，进行再创新或科技成果的转移转化。根据资源的来源可划分为完全利用内部资源实现创业孵化和整合内外部两种资源实现创业孵化两种落地方式。

第一，完全利用内部资源实现创业孵化——SKG"内创业孵化园"②。

互联网家电企业 SKG 建立了内创业孵化园出资创业项目孵化。一旦项目被评估为符合公司战略方向并具有产业发展前景，则该项目就可进入孵化园进行为期一年的孵化。这一年期间，员工的薪酬待遇与公司的基本工资相同，如果创业成功，员工就可以成为公司合伙人；如果创业失败，则员工将返回原工作岗位或寻求新的项目进行再孵化。在这种制度的激励下，公司用两年时间，成功孵化了 14 个独立运营的公司。

第二，整合内外部两种资源实现创业孵化——航天科工二院 206 所的"三方创业公司"③。

中国航天科工二院 206 所成立了"原点创客"青年创新创业平台。平台积极引入外部资本和产业化资源，进一步提升内创业的服务质量。中国航天科工二院 206 所给予创客科技成果独占许可，并且允许创客将独占许可使用权作为无形资产作价入股"双创"公司，开创了国内科研院所将科技成果独占许可给创客，并允许作价入股的先河。同时，中国航天科工二院 206 所、成都航天互联网基金和创客共同出资设立"三方公司"，即南京航天极创物联网研究院有限公司。该"三方公司"的创立，使创客、企业、外部投资者的三环生态圈得以建成，在更高层面，相对独立地为内创业提供更优质的服务。

---

①②③　蔺雷. 内创业如何与企业创新战略融合 [J]. 清华管理评论，2020（10）：105－113.

（3）内创业与核心能力创新运用的耦合。

在母公司的核心能力基础上开展内创业，能够使得母公司核心能力的价值得到充分放大，同时，母公司的核心能力在这个过程中也得到增强。

例如，中国科学院西安光学精密机械研究所（以下简称西安光机所）的"科学家创客机制"。西安光机所在光电信息领域的核心能力突出，并充分依托其光电信息优势推动内创业。在"硬件"建设方面，西安光机所联合了地方政府、高校、科研院所及相关企业成立了陕西省光电子集成电路先导技术研究院，为光电子集成产业提供了创新型服务的高端平台。在"软服务"方面，西安光机所建立中科创星孵化器，基于自身的技术能力，为科学家内创业提供全方位的服务支持，为光电子集成领域提供战略咨询、技术诊断以及环境设备、融资服务等，有效促进了科技成果转移转化与"硬科技"企业孵化。[①]

4.4.2　基于学术创业的创新与创业耦合运作模式

学术创业是将科研成果转化为现实生产力，实现科研成果的商业化和产业化。基于技术转移与成果转化的学术创业是其典型模式。技术转移与成果转化学术创业主要分为商业化和非商业化两种。其中，商业化模式主要包括技术许可、技术咨询、技术合作及衍生企业等形式；非商业化模式则包括发表论文、学术交流会议等形式。

我国学术创业活动一般都以技术转移为主，主要为以下三种方式：以大学科技园等为孵化平台实现的技术转移、创建大学衍生企业、专利的许可与转让。

4.4.2.1　基于孵化平台的学术创业

该模式常用的孵化平台主要包括大学科技园、众创空间、技术转移中心等。技术成果在大学完成后转移到众创空间或大学科技园。以大学科技园、众创空间等为平台，注册创办新企业，将特色或者优势学科技术进行转移转化，促进科技成果的产品化和商业化，如图 4.15 所示。

---

① 蔺雷. 内创业如何与企业创新战略融合 [J]. 清华管理评论，2020（10）：105－113.

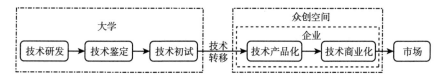

图 4.15　基于众创空间的学术创业

在以技术转移中心为平台的学术创业模式中，技术转移中心发挥两方面作用。一是将大学研发技术与企业或校外孵化机构对接，将技术或成果转移给企业或孵化创业；二是将市场技术需求发布给大学研发机构，使高校研发机构在市场需求导向下进行成果研发，如图 4.16 所示。例如，基于高校现有的科技成果优势，华中科技大学的国家科技转移中心利用产学研技术联盟、重点项目驱动等途径，来发挥技术转移的平台作用，为我国许多企业提供服务，还大力支持提高企业技术创新能力。

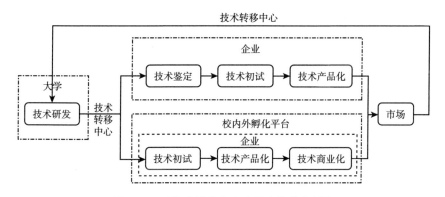

图 4.16　以技术转移中心为平台的学术创业

4.4.2.2　大学衍生企业

大学衍生企业指高校基于现有的科技资源，以注册创办公司的方式来推动高校技术的转移和科技成果的转化，具体如图 4.17 所示。由于每所高校参与形式和程度都存在一定不同，所衍生的企业主要分为三类：第一类是基于大学科技成果和知识产权而创办企业；第二类是在校企进行合作时所创办企业；第三类是大学的个人或团体在创业意识驱动下创办企业。目前，大学衍生企业的数量、规模等都在快速增加，虽然衍生企业的资产规模不大，但企业的收入和创新能力都在持续提高。在我国，大学衍生企业的主要表现形式就是校办企业。其中，北京大学、清华大学校办企业资产总额列全国前两名。

图 4.17　大学衍生企业技术转移模式

4.4.2.3　技术许可与转让

技术许可指有关技术相关权（如所有权、使用权等）的契约或合同。从授权范围视角来看，技术许可分为普通许可和排他性许可；从许可内容视角来看，技术许可分为单一技术许可和捆绑许可；从是否受国家强制力约束视角来看，技术许可分为一般许可和强制性许可等。

据调查，在我国，从企业规模来看，小型企业有效专利的许可率最高。从发明专利情况看，小型企业发明专利许可率最高（见表 4.4 和表 4.5）。可见小微企业以技术创业起家，通过技术许可与转让获得技术是小微型企业常用模式。例如，空间液态金属科技发展（江苏）有限公司成立于 2021年 8 月，至今获得授权专利 13 项，其中 11 项是由中国科学院理化技术研究所专利权利转移方式获得。①

表 4.4　　　　　　　　**不同规模企业有效专利许可率**　　　　　　　　　单位:%

项目	大型企业	中型企业	小型企业	微型企业
发明专利	4.7	10.9	16.6	14.4
实用新型	1.0	2.4	3.3	7.6
外观设计	2.1	3.4	5.4	7.2

资料来源：国家知识产权局战略规划司，国家知识产权局知识产权发展研究中心.2021 年中国专利调查报告［R］.2022，6.

表 4.5　　　　　　　　**不同成立时间企业有效专利许可率**　　　　　　　　单位:%

项目	5 年以下	6 ~ 20 年	超过 20 年
发明专利	11.2	11.1	6.9
实用新型	5.5	3.6	1.4
外观设计	7.9	4.2	2.1

资料来源：国家知识产权局战略规划司，国家知识产权局知识产权发展研究中心.2021 年中国专利调查报告［R］.2022，6.

———————

①　资料来源：国家知识产权局专利数据库。

在许可方式上，高校有效专利采用独占许可和分许可方式的比例高于其他权利人（见表4.6）。

表 4.6　　　　　　不同类型权利人拥有的有效专利许可方式　　　　单位：%

方式	企业	高校	科研院所
独占许可	21.9	31.9	16.2
排他许可	7.1	4.9	11.7
普通许可	68.0	62.2	68.7
分许可	4.2	4.8	4.5
交叉许可	6.6	0.8	5.3

资料来源：国家知识产权局战略规划司，国家知识产权局知识产权发展研究中心 . 2021 年中国专利调查报告［R］. 2022，6.

除此以外，专利质押模式也成为学术创业、小微企业越来越关注的模式。

本章参考文献

［1］Brooks H. Government Policy：Technology Demonstration or Service Delivery［J］. Technology in Society，1989，11（1）：49 – 56.

［2］林果 . 天津生物医药领域技术转移模式匹配性研究［D］. 天津：天津大学，2017.

［3］胡其芳 . 基于创新生态系统理论的技术转移模式研究［D］. 广州：南方医科大学，2019.

［4］章丽霞 . 我国高校科技成果转化模式研究［D］. 昆明：昆明理工大学，2018.

［5］杨善林，郑丽，冯南平，彭张林 . 技术转移与科技成果转化的认识及比较［J］. 中国科技论坛，2013（12）：116 – 122.

［6］谢智威 . 我国"985 大学"科技成果转化机制与政策研究［D］. 长春：吉林大学，2015.

［7］熊彼特 . 经济发展理论［M］. 王永胜，译 . 上海：立信会计出版社，2017.

［8］颜士梅，王重鸣 . 内创业的内涵及研究进展［J］. 软科学，2006（1）：4 – 8.

［9］姜忠辉，罗均梅，基于组织情境要素的内部创业模式分类研究［J］. 科学学与科学技术管理，2017，38（9）：141 – 158.

［10］苏洋 . 我国研究型大学教师学术创业影响因素及激励政策研究［D］. 上海：上海交通大学，2019.

［11］Wood M. S. A Process Model of Academic Entrepreneurship ［J］. Business Horizons，2011，54（2）：153 – 161.

［12］王圣慧，张玉臣，易明，企业内部创业路径研究：以精益创业走出"战争迷雾"［J］. 科研管理，2017，38（3）：144 – 152.

［13］李威. 企业内创业过程：实施路径与激励机制 ［D］. 济南：山东大学，2017.

［14］蔺雷. 内创业如何与企业创新战略融合 ［J］. 清华管理评论，2020（10）：105 – 113.

［15］任梅. 大学学术创业运行机制研究 ［J］. 江苏高教，2018（12）：8.

［16］Pinchot G. I. Intrapreneuring：Why You Don't Have to Leave the Corporation to Become an Entrepreneur ［M］. New York：Harper & Row，1985.

［17］Chrisman J. J.，Hynes T.，Fraser S. Faculty Entrepreneurship and Economic Development：The Case of the University of Calgary ［J］. Journal of Business Venturing，1995，10（4）：267 – 281.

［18］Klofsten M.，Jones-Evans D. Comparing Academic Entrepreneurship in Europe—The case of Sweden and Ireland ［J］. Small Business Economics，2000，14（4）：299 – 309.

［19］埃兹科维茨. 麻省理工学院与创业科学的兴起 ［M］. 王孙禺，袁本涛，译. 北京：清华大学出版社，2007.

［20］Jain S.，George G.，Maltarich M.，et al. Academics or Entrepreneurs? Investigating Role Identity Modification of University Scientists Involved in Commercialization Activity ［J］. Research Policy，2009，38（6）：922 – 935.

［21］李华晶. 学者、学术组织与环境：学术创业研究评析 ［J］. 科学学与科学技术管理，2009，30（2）：51 – 54，116.

第5章

面向科创成果产业化的创新
与创业耦合成长研究

在"大众创业、万众创新"的背景下，科技型小微企业的新产品设计研制能力、产业链保障能力、知识产权能力等得到显著增强，成为科技创新、知识创造、知识衍生和知识产权运营的主力军。创业者实现"创"，不再局限于创办一个公司或者一家企业，而是围绕着应用新技术、开发新产品、拓展新市场、培育新业态的"四新"要求（"四新"指新技术、新产业、新业态、新模式），在产业链、价值链等更高的层面跨越科技门槛。这就要求创新创业要面向科技创新产业化，实现创新与创业的耦合成长。

5.1 相关理论与方法基础

5.1.1 研发创新方法

5.1.1.1 TRIZ 创新方法体系

科技成果研发是科技成果产业化的起点，也决定了产业化成功与否。科技成果研发的过程中遇到的问题是多种多样的，在该过程中所用到的解决问题的方法也是多种多样的。优秀的方法论可以指导科技产业化链条上问题的解决，成为加速从科学到技术转化、基础研究成果到产业化的

"推进器"。在上百种创新方法中，TRIZ 创新方法是其中一套涵盖问题分析、问题解决和概念验证全流程工具，系统性非常强的方法。

　　TRIZ 的含义是发明问题解决理论。TRIZ 理论是 1946 年苏联专家根里奇·斯拉维奇·阿奇舒勒（G. S. Altshuller）在分析大量专利的基础上，概括出发明中的通用规律而总结形成的创新工具。运用这些规律与工具可以突破固有的思维定势来解决问题。截至目前，TRIZ 创新方法在众多学者、专家和企业工程师的共同努力下，经历了三个持续发展阶段，逐步形成了一整套发明问题解决方法。它由一系列问题识别、问题解决、概念验证的工具组成，如图 5.1 所示。

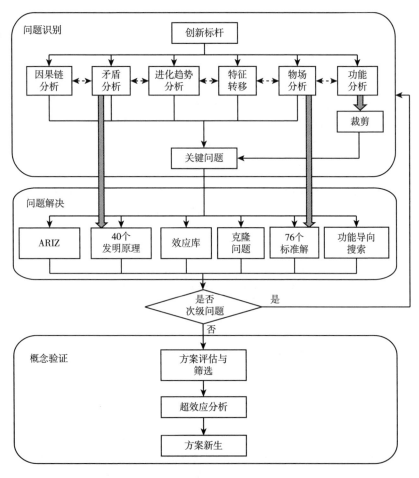

图 5.1　现代 TRIZ 理论工具逻辑框架

5.1.1.2　TRIZ 问题分析工具

问题创新性解决的前提是对问题进行全面、深入的分析。在 TRIZ 创新方法体系中，提供的可以用于问题分析，识别关键问题的工具有因果链分析、功能分析、矛盾分析、进化趋势分析、特征转移、物场分析等。根据分析的目的或分析层次可以采用其中一种或综合使用几种工具，分析出现象背后真正的关键问题。

在这些分析工具中，功能分析从功能的角度来识别工程系统中每个组件的功能，并从功能的视角来查找系统缺陷；分析出缺陷功能或者有害功能后，常用裁剪法将承担有害功能的组件裁剪掉。运用裁剪法将组件裁剪掉后，有可能出现比原有问题更容易解决的新问题，即将原问题转变为新的关键问题，根据新问题特点，使用对应的解决问题的工具即可。

因果链分析是由项目的初始缺陷（项目目标的反面）出发，根据因果关系，构建因果链树，逐层找到大量导致初始缺陷的原因，然后再从因果链树的节点出发寻求解决方案。

物场分析工具认为，最小的系统单元一般至少由两个物质以及两个物质间承担传递能量的场组成，才能够执行一个功能。根据两个物质以及作用于它们之间的场（能量），可以构建物—场模型。建立好物—场模型后，可运用 TRIZ 中的 76 个标准解寻求解决物场模型问题。

TRIZ 理论认为，矛盾（冲突）普遍存在于各种产品的设计和工程问题之中。在传统产品设计和工程问题解决的实践中常常使用折中法，但矛盾（冲突）并没有得到彻底解决，而仅是降低了矛盾（冲突）的程度。产品创新或工程问题解决的标志是消除产品设计或工程问题中的矛盾（冲突），以提升产品竞争力。TRIZ 提供了分析产品参数矛盾的方法，通过分析出系统中的技术矛盾和物理矛盾，运用 40 个发明原理等得到创新性的解决方案。

技术系统进化理论是 TRIZ 理论的重要内容。技术系统的进化不以人的意志为转移，而是遵循事物发展本身的内在规律和应有模式，所有的技术系统都必然地朝着"最终理想化"的方向进化。运用 TRIZ 理论的进化法则，通过进化趋势分析可以把握市场未来需求、开展技术发展预测，进一步针对新产品、新技术、新专利等进行战略布局。

在经历了问题识别阶段之后，研发所面对的问题发生了变化，最初研发项目中表层的、不清晰、模糊的问题，随着运用分析问题的工具进行深入分析后，能够识别出大量的定义清晰的问题，即关键问题。关键问题的分析与定义为解决问题创造了条件。

5.1.1.3 TRIZ 问题解决与概念验证工具

TRIZ 理论的优势是提供了大量的、行之有效的解决问题工具，其中包括 ARIZ、40 个发明原理、效应库、克隆问题、76 个标准解以及功能导向搜索。针对各种问题分析工具识别出的关键问题，采用与其相对应的解决问题工具可以获得大量的创新解决方案。比如，一个问题可以运用矛盾分析法进行分析，使用 40 个发明原理解决矛盾问题；同时也可以通过物场模型进行分析，运用 76 个标准解解决物场模型问题；还可以综合运用因果链和功能分析，对有害功能承担的组件或流程实施裁剪，之后运用功能导向搜索，从其他领域中找到成熟的解决方案（即运用跨领域解决方案解决问题）。因此，一个问题通过使用不同的分析方法和解决方法，可以得到多个解决方案。如果解决方案不会产生新的次级问题，那么就需要对这些方案进行评估和筛选，看这些方案哪些满足项目时间、成本等约束条件。其中，超效应分析工具可以通过充分利用现有的解决方案，整合资源获得更多的创新成果。如果得到的解决方案会产生次级问题，则需要针对次级问题进行下一轮的问题分析识别与解决流程。

TRIZ 理论经过数十年的发展，已经形成了系统的分析问题—解决问题—概念验证的方法论体系。运用这些 TRIZ 工具，以及工具的组合，可以在研发与产品开发中创新性地解决遇到的各类问题，如表 5.1 所示。

表 5.1　　　　　　　　　　现代 TRIZ 理论工具及作用

解决的问题/实现的目标	TRIZ 工具
问题分析与识别	因果链分析、功能分析、矛盾分析、物场分析等
解决发明问题	ARIZ、发明原理、标准解、效应库、功能导向搜索等
专利产生、规避及布局策略	因果链分析、裁剪、科学库、功能导向搜索、技术系统进化趋势等
降低成本	裁剪、因果链等
客户潜在需求的挖掘	技术系统进化趋势、功能分析等
产品发展预测	技术系统进化趋势
FMEA（failure mode and effect analysis）失效模式与效应分析	功能分析、因果链分析、发明原理、标准解等

5.1.2　技术生命周期内涵

5.1.2.1　技术生命周期的概念

一般认为，技术会伴随着基础科学研究的发展积累、应用、商业化过程大量涌现。在该过程中技术会持续对其进行调整和改进，并不断完善发展成熟。任何技术都具有生命周期，其发展规律表明技术改进带来的优势在达到一定极限后呈现边际递减效应，最终会出现新技术代替旧技术。当新技术完全替代原有技术，该技术生命周期也就走到了终点。因此，以技术为核心的企业不仅要关注产品的生命周期，同时还要关注产品背后的技术发展与进化阶段（即技术生命周期），才能在战略层面更好地找准市场定位，制定出符合未来或潜在市场的产品研发策略。

技术生命周期理论（1966 年）最早由弗农（Vernon）提出，弗农（1966）指出，技术发展呈现周期性变化，从研发到进入产品市场，完整经历成长、成熟、饱和和退出的过程。阿瑟·D. 利特尔（Arthur D. Little，1981）认为，技术生命周期与竞争影响力和产品或制造过程密切相关（见图 5.2）。在新技术诞生时期，在市场上的竞争力和与产品或制造过程的结合程度均处于低水平状态，技术与产品的融合度不高。在技术成长期，追踪技术发展起来，市场竞争力得到提高，但是这一阶段技术与产品或制造工艺等仍处于低结合的程度。在技术成熟期，原有技术会进一步发展成为核心技术或关键技术，此时技术的市场竞争力和与产品或制造过程的结合程度均处于高水平状态，技术、制造工艺、产品基本浑然一体，

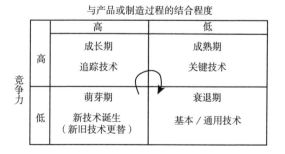

图 5.2　阿瑟·D. 利特尔技术生命周期概念

资料来源：Arthur D. Little. The Strategic Management of Technology [M]. Arthur D. Little Ltd, 1981.

充分融合于产品，形成独具特色的产品形象表达。在技术衰退期，技术广泛应用于产品的制造工艺中，核心技术或关键技术将演变为产业的基础性或通用性技术，即将面临被替代的命运。当新技术替代旧技术时便开始了新一轮的技术生命周期，如此不断循环，形成跳跃式的发展路径。

哈维（Harvey，1984）在技术生命周期"四阶段"的基础上，提出了技术生命周期"六阶段"划分，即技术开发阶段、技术验证阶段、技术开始应用阶段、技术扩张阶段、技术成熟阶段和技术衰退阶段。鲁塞尔（Roussel，1991）将技术生命周期划分为四个阶段并分析了各个阶段的特征。新技术诞生称为胚胎期，该时期技术与工业生产相分离，对于技术是否能够应用于生产处于未知状态。技术发展时期，市场不确定性降低，技术研发工作力度加大。技术成熟期，技术快速发展并应用于工业生产。技术下降时期，即技术无法改进，技术与产品被大量模仿，直至该项技术彻底消失。弗雷德里克（Frederick，1993）认为，技术生命周期是一个持续的时间段，会经历出现、达到自然极限、逐步成熟、被替代直至消失的过程，同时与工业产品的繁荣与衰落紧密相关。卡里尔（Khalil，2005）根据市场交易量将技术生命周期划分为技术萌芽阶段、初步应用阶段、应用扩大阶段、成熟使用阶段、新技术替代阶段和技术衰落阶段六个阶段。提出在技术萌芽阶段，技术的增长率较慢；在成长阶段，技术的增长率会持续加速；在成熟阶段，技术增长达到峰值，此时将进入新旧技术的替代期。

TRIZ 理论的创立者阿奇舒勒（Altshuller）长期从事专利管理工作，发现技术创新类似于生物体，具有生命周期，且有规律可循，并认为掌握了技术生命周期规律就可以超前预测技术发展趋势，以此主动地、有的放矢地进行技术创新。技术生命周期呈现"S"曲线形式，包括萌芽期、成长期、成熟期、衰退期四个阶段（见图 5.3）。

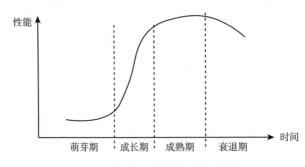

图 5.3　技术生命周期"S"曲线

5.1.2.2　技术生命周期各阶段特征分析

综合国内外学者对技术生命周期的研究成果，本书认同技术生命周期"四阶段"理论，即萌芽期、成长期、成熟期和衰退期，技术生命周期各阶段呈现不同的特征。

（1）萌芽期。

萌芽期是指从技术产生到技术进入产品市场进行试验的时期。此时技术研究主要基于抽象、不深入的理论成果，技术刚刚诞生，对技术发展预期并不明朗，技术研发人员对该领域较为陌生，在处理技术上的基本问题时会出现由于技术知识获取不足而产生不够妥善的情况。技术仍存在缺陷，技术产品会出现性能不稳定的问题。新产品还未进入市场或处于探索阶段，成本投入远远高于产品收益。仅有极个别企业愿意承担较高的研发费用和研发风险开发该项技术。该阶段技术专利是本领域未来的基础专利，原创性级别最高，申请人数和申请数量都非常少。

（2）成长期。

很多基础技术问题在萌芽阶段被攻破，因此在成长阶段技术增长率明显加快。由于技术市场逐渐明朗，很多企业纷纷进入该领域，加大研发经费的投入。但由于该时期开发的技术均是基于前期技术的研发基础，在发明级别上不如萌芽期技术发明级别高。随着技术投入的增多，技术研究程度的加深，产品市场不断拓宽，吸引着更多的企业参与进来，这些企业的加入又促进着技术创新领域的拓宽和技术问题的解决，进而催生了大量的专利申请和授权专利的队伍。产品进入市场，且随着技术不断改进，技术产品性能逐渐优化，市场接受度逐渐变好，技术产品收益越来越好。

（3）成熟期。

经过萌芽期和成长期的发展，该技术进入成熟期，此时技术研究非常深入，被广泛应用在市场产品上，呈现遍地开花的景象。在此阶段，技术研究人员对技术知识掌握充分，技术研发进入瓶颈期，技术商业化程度高，且开始出现新的替代技术。产品竞争激烈，产品市场扩张速度基本上处于停滞状态。由于技术发展进入瓶颈期，且出现新的替代技术，该技术开发数量逐步减少，发明专利的申请量和增长率都在降低，多集中于实用新型和外观设计专利。在该时期，市场领导者继续收割技术产品收益，但收益增长放缓。

（4）衰退期。

经过成熟期的发展，如果该技术无法突破瓶颈，则其在行业中的优势逐渐被替代。此时消费者会寻找新的技术产品来提高满足感，从而导致该产品销量减少，逐渐被消费者抛弃。企业收益减少、市场衰退。专利申请量和增长速度基本上为负增长。最终该技术退出市场，被新技术取代。

技术生命周期各阶段特征参数变化规律如图5.4所示。掌握技术生命周期规律具有以下重要作用。第一，为企业制定及选择战略提供参考。产品的生命周期可以通过技术生命周期反映，通过研究技术所处的生命周期阶段及其特征，为企业产品战略的制定和选择提供依据。第二，确定技术发展路线。通过市场分析和技术生命周期分析，可以准确描绘核心技术发展路线，确定一定时期消费者倾向的技术方向。第三，确定技术发展趋势。通过分析技术生命周期"S"曲线，可以对未来技术发展方向进行预测，保证企业研发步伐和未来技术拓展领域符合技术发展方向。第四，培养消费者习惯，获取最佳经济效益。通过分析技术生命周期曲线，预测未来技术与产品发展方向，提前培育新技术和新产品，减少消费者接受新事物的等待时间，提前预热市场和培养消费习惯，使新技术和产品正式进入市场后能够被消费者快速接受。第五，对创业团队来说，不用从零开始开发新产品。创业团队只需要找到对标产品，进行阶段分析并根据各阶段特点做出相应的策略；对技术研发与管理部门来说指引产品研发方向，降低研发风险。

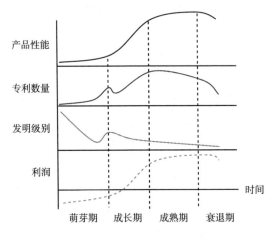

图5.4 技术生命周期各阶段特征参数变化规律

5.1.3　企业生命周期与企业成长理论

5.1.3.1　企业生命周期的内涵与特征

（1）企业生命周期的概念。

企业生命周期一般是指企业从创立到死亡的生命历程。企业从成立到发展高峰期过程中，同时面临着市场机遇和挑战，通过市场实现其资源和能量的交换，企业规模逐步扩大，在发展高峰期过后，企业会因各种管理问题等导致企业发展停滞或者死亡。

企业生命周期理论中最具有代表性和影响力的学者是伊查克·爱迪思（Ichak Adizes），其出版了著作《企业生命周期》。该著作把企业生命周期划分为十个阶段，即孕育期、婴儿期、学步期、青春期、盛年期、稳定期、贵族期、官僚初期、官僚期以及死亡期（见图5.5）。他的研究将对企业生命周期的认识提升到了一个系统化的高度。近年来，学者对企业生命周期的研究重点转移到了更加关注企业寿命以及采取哪些措施和手段来维持和提高企业的成长性，使得企业实现可持续发展。

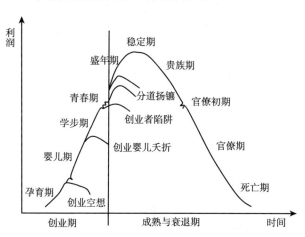

图 5.5　Adizes 企业生命周期的十个阶段

企业生命周期与生物体生命周期既有相似之处，又有显著差异，主要体现在四个方面：第一，企业生命周期具有可逆性。生物体只能经历从出生到死亡的一次性的生命周期，而企业生命周期则存在多次、反复逆转的可能性。企业可以通过组织变革、组织重组、管理创新、二次创业等措施，使处于成熟期的企业逆转到成长期，处于衰退期的企业逆转至初创期。第二，企业可以使生命停止生长，即企业进入生命周期的某一阶段后，不再向下一阶段发展，停滞在某个阶段。第三，企业生命周期并不是循序渐进的，可能会存在跨阶段发展。企业发展面临的内外部环境是复杂多变的，内部战略制定出错、管理失误、研发失败等问题，以及外部资源短缺、经济周期等，会使企业由初创期直接进入衰退期，甚至消亡。第四，企业生命周期可以重复。不同于生物体的最终归宿是死亡，企业可以避免消亡，重复经历生命的不同阶段，企业通过技术创新、组织变革等手段，从衰退期进入新的生命周期，循环往复，周而复始。

（2）企业生命周期阶段的特征分析。

对照于技术生命周期，本书对企业初创期、成长期、成熟期和衰退期生命周期四个阶段的特征进行分析。

第一，初创期企业特征。在企业创建初期，创业者拥有敢闯敢拼的精神，对未来充满信心。企业创立初期尽管组织结构与系统还不健全、不完善，但创业团队拥有强大的凝聚力，团队成员之间信任度和协同性处于最高位。处于初创期的企业因刚刚起步，一般具有规模不大、产品种类不完善且竞争力低、市场占有率不高以及资产规模不大的特征，企业的盈利能力与成熟企业之间相比差距较大。初创期的企业在营收的绝对增长和发展速度方面受到较多限制，想要在资本上增值可能性很小。

创立初期的企业在财务层面有以下表现：首先是资金短缺，对于初创企业来讲，资金不足的问题是企业在经营中面临的最严峻的问题；其次是主要产品对公司经营的现金流贡献较弱，使得企业在经营中对风险的抵御能力不足。一方面，由于成立初期的企业缺少对资金进行专业管理的人才，使得企业在使用资金时缺少合理的管理和控制。另一方面，财务管理层面的规章制度不健全不完善，管理较为粗放，初创期的企业难以制订科学合理的资金使用计划，资本的周转效率还需进一步提升。

第二，成长期企业特征。处于成长期的企业因为产品逐渐得到市场认可，核心产品竞争力开始提高，市场占有率增长速度强劲，并逐渐稳定，销量稳中提升，营收的增长逐渐带来了充足的现金流。资金的投入以及生产能力等方面不断提升，其综合实力也不断增强。在成长期，虽然与成立之初的企业相比，企业经营管理者的行业和管理经验得到一定程度的积累，但随之而来面临的问题和困难也越来越多。因为企业的快速发展需要更多的资金，资产负债率将会保持在相对较高的水平。虽然营收和盈利能力较好，但是因为处于快速扩张的阶段，需要大量的资金，使得资金短缺的问题仍较为严重。

企业在成长阶段，因其销量的增长带来了营收的大幅增长，资金支出和收入规模将会处于一个较高的水平。成长期的企业在经营风险方面虽然与初创期相比有所下降，但该阶段的企业往往存在盲目扩张以及产品不聚焦和多头投资等问题。另外，快速的扩张会消耗大量的资金，使得盈利持续增长的能力下降。纵观现实中大量企业的发展历程，大多数企业会在这个阶段逐渐被淘汰，只有少数企业能顺利熬过这个阶段，实现扩张并进入成熟期。

第三，成熟期企业特征。企业进入成熟期，市场占有率和行业地位相对稳定，前期投入的资本已经产生效益并进入投资回报期。该阶段的企业虽然已处于相对稳定的阶段，但发展速度开始减缓，这是一种正常现象。每个成熟期的企业都会存在一些诸如因为激烈的竞争或市场逐渐萎缩开始进入萧条阶段等经营风险。随着成熟期企业规模和销量的增长，企业经营活动现金流不断提升，从而降低了对外部资金的需求。企业进入成熟期，盈利能力处于峰值，现金流比较充足，提高了企业的风险防范能力。

该阶段的企业在组织管理层面逐渐完善，组织结构和人员结构更为严谨和复杂，但此时会产生积极冒险精神和守成思想之间的矛盾，以致企业内部出现分化。守成思想趋向于故步自封，满足现状，组织活力不足，为市场提供的产品因竞争者的不断加入而趋于饱和，使得业务的增长速度大幅度下降。同时，企业对原有产品的投入不断减少却未有可替代的新业务，将会使企业的资金出现富余和闲置。

企业进入成熟期资金回流畅通，融资渠道丰富，企业负债水平相对较低。此阶段主要面临缺乏新的利润增长点，持续长期盈利能力减弱等问题。因此，开拓新业务或研发新产品，培育或开发新的利润增长点成为这一时期企业经营管理的关键点。

第四，衰退期企业特征。随着市场竞争的逐渐激烈、企业创新投入和创新能力的下降以及终端客户偏好的变化等都会让企业逐渐衰退。处于衰退期的企业主要有以下特征：一是产品更新换代能力差，产品老旧。一方面，由于企业生产设备陈旧，进入换代期，工艺及生产水平难以满足新标准的要求；另一方面，新的产品和替代品逐渐成为市场主流，使得企业所处的整个产业开始衰退。二是企业盈利能力下降，使得资源和产品逐渐萎缩，企业的效益和利润水平进一步下降，财务状况恶化，对企业形象也将产生不利影响，企业在管理和协作方面将会出现更多矛盾。

衰退期的企业如同人到了老年，各方面机能都开始下降，企业将面临多方面甚至是致命的风险。企业若想脱胎换骨获得新生，就必须要灵活转换企业的形态，寻找新的利润增长点或新的产品应用领域。

企业生命周期不同阶段面临的可能陷阱与成长特征如表 5.2 所示。

表 5.2　　　　　　　　企业生命周期不同阶段特征

生命阶段	可能的陷阱	成长特征	管理重点
初创期	• 产品导向而非市场导向； • 资金断裂； • 向短视者融资； • 创业者陷阱、家族陷阱	• 机会驱动； • 资源驱动； • 创业精神； • 决策权高度集中； • 资金短缺	• 关注市场需求； • 适度分权授权； • 逐步完善政策
成长期	• 创业者与职业经理人冲突； • 自大； • 缺乏人才	• 制度化； • 注重成果； • 市场增长很快； • 资金短缺	• 分权与授权； • 职业化管理； • 孕育新业务
成熟期	• 控制部门地位提升，价值创造部门地位降低； • 成长的欲望降低； • 墨守成规； • 鸵鸟心态，孤芳自赏； • 注重形式高于内容	• 产品竞争力强； • 成果导向； • 高度制度化； • 业务稳定，发展速度放缓； • 现金流充足	• 发展新业务； • 通过兼并成长
衰退期	• 冲突内讧； • 责任推诿； • 偿债危机	• 市场萎缩； • 财务恶化	• 强调问题解决； • 强调变化意识，关注顾客需求； • 发展新业务

5.1.3.2　企业成长理论

关于企业成长，不同的学者从不同视角对影响企业成长的因素和机制进行了探讨，提出了不同的观点。亚当·斯密（Adam Smith）提出了市场容量制约企业成长的学说，成为现代企业成长理论的基础。安索夫（An-soff，2012）指出，企业的成长是在协调产品覆盖率及竞争力的基础上逐步提升优势产品，获得成长和竞争力。在组织视角方面，彼得·德鲁克（Pe-ter Drucker，2000）指出，人才的不断成长及管理水平的提高是企业成长能力的关键因素。在交易费用视角方面，科斯（Coase，2014）提出，企业成长的关键要素是有效控制交易费用。在资源视角方面，彭罗斯（Penrose，1959）指出，企业资源可利用的有效性会影响企业的发展，且在创新过程中可能会激发企业自身的潜能。分工理论认为，合理的分工能够使生产效率得到提升，并且这一过程可以提升企业的产量，助推企业规模的扩大和更好发展。

各位学者对企业成长理论的探索，逐渐形成了基于知识、资源和能力构成的多元企业成长的理论。基于知识的企业成长理论强调，企业要想成功就必须要有自己的核心竞争力，需要发挥知识的重要作用。基于能力的企业成长理论强调，企业需要在竞争激烈的市场中保持自己的核心能力以及更新换代的能力，更好地保持长期的竞争优势。基于资源的企业成长理论强调，企业拥有较多的资源，且这些资源拥有其独特性及较大的差异化，这些独特的资源若能很好地利用，就能将其内化为自身的能力，形成独有的发展优势。

5.2　跨越"死亡之谷"的创新与创业耦合

5.2.1　研发困境与科技型企业的"死亡之谷"

5.2.1.1　研发困境

新产品研发过程常常是低效率的，要获得一个市场上成功的产品，通常情况下大约需要有 3000 个原始创意作基础。学者们将此类新产品研发中存在的现象称为创新漏斗现象。企业的研发项目尤其是新项目，必然面对各种各样的失败风险，从而导致获得研发成功的产品或项目凤毛麟角。经过对研发失败的原因进行深层次分析，可以把研发困境归纳为如下四个方面。

（1）对客户需求的认知不够深刻。

企业研发产品的主要依据是客户与客户的需求。如果研发时对客户的需求了解不准确、不确切，就会出现研发产品或项目与客户的真实需求不匹配，形成假想市场，导致研发失败；如果对客户需求的理解不深刻或流于表面，就难以定位客户的痛点或潜在需求，难以开发出满足客户实际的、独特需求的产品或项目；即使开发出产品也难以达到预测市场的目标，甚至因偏离市场而导致研发失败。当然，也存在研发期间市场和消费者的需求发生了变化，致使研发没有意义而导致失败。

（2）研发方法落后。

研发是一种复杂的智力活动过程。这种智力活动既要具有科学知识的存量、实践经验的积累、研发设备的先进性，更要有科学的、行之有效的研发方法指导。从方法论角度来讲，多数采用的是常规的试错法，这种研发方法效率低，耗费人力、物力、时间较多，研发成本高，且成功的概率小。目前有很多现代研发方法，如形态分析法、头脑风暴法、和田十二法、联想类比法、反向求索法、TRIZ 法等。在这些研发方法中，TRIZ 法是一种比较适用而有效的研发方法，可以提高研发成功率。

（3）研发、生产、管理等协同不足。

一个好的产品或项目能够满足客户需求得到市场认可，除了高质量的研发外，还必须有高质量的生产制造来保障。好的产品研发若在生产环节或生产管理环节出现瑕疵，同样会导致研发失败。因此，研发必须立足企业生产、管理等资源，实现资源的高效协同，既可以减少研发成本，又可以提高研发效率，从而跨越研发困境。开放式创新、联合研发、项目外包、产权共享等形式都可以帮助企业走出研发困境。

（4）研发周期长导致遭受同类产品激烈竞争。

研发受到多重复杂因素的影响，其中同类产品竞争影响更大。如果新产品或新项目研发时间长，或研发成功进入市场后，遇到更有优势的同类产品或项目，或出现可替代的更好产品或项目则将导致研发失败。如数码相机的出现，直接导致其他胶卷类相机的研发失败。还有一种情况是研发产品的技术没有实施专利等战略布局或技术保密，或在研发起点没有规避竞争产品的相关技术，造成技术公开但又无法阻止竞争对手运用自己的技术，甚至造成侵权陷入专利或技术纠纷而停产等，从而导致研发失败。

5.2.1.2　科技创新的"死亡之谷"

当前全球各个国家和地区之间的竞争都聚焦在科技竞争，各个国家或地区纷纷加大了科技创新，尤其是新技术领域的高强度投入。企业是创新的主体，必然成为全球激烈竞争的主角，面临着更直接的、更激烈的竞争压力。研发是企业创新和核心竞争力的原动力。一个企业要在激烈的竞争形势下，抢占优势，持续发展，立于不败之地，关键取决于研发速度、质量、效率以及研发成果的成功产业化。然而，科技创新从提出到真正地走向产业化，有很长的路要走。其中大多数的项目都会死在从科研到产业化之间的鸿沟中，即科技成果商业化要面临技术成熟与市场成熟之间的"死亡之谷"。

黛博拉·杰克逊（Deborah J. Jackson，2015）指出，在由发明成果向商业化阶段转化时，很多潜在的创新成果由于缺乏必要资源（金融资本或人力资源）而无法"越过死亡之谷"。科技成果转化早期阶段存在很多风险，其中，缺乏金融资本资源是其中最为致命的风险。科技成果无法有效地商品化、产业化，出现了横在科技成果与产业化发展之间的鸿沟或断层，其被称为科技创新的"死亡之谷（valley of death）"现象（见图5.6）。这种"死亡之谷"普遍存在于世界各国的科技创新活动中，成功跨越"死亡之谷"成为科技创新产业化的焦点问题。

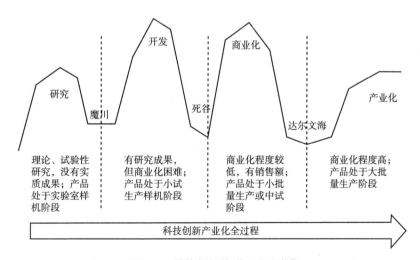

图5.6　科技创新的"死亡之谷"

　　"死亡之谷"为资源投入的累积曲线。在科技创新的初期即基础研究阶段，研究机构和高校在政府资金投入下产出基础研究成果。随着研发进程向应用研究和产品开发、产业化阶段发展，政府资源投入减少，企业资源投入逐渐增加。在两类资源的交叉区域存在一个政府和企业资源投入都不足的低谷。这个低谷就是"死亡之谷"（见图 5.7）。

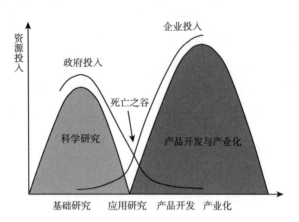

图 5.7　从基础研究到产业的"死亡之谷"

　　科技成果的形成阶段，主要是基础研究，该阶段处于市场失灵阶段，科技成果主要靠政府研发经费投入。随着基础研究的逐渐成熟，转向应用技术研究，政府的科研经费投入逐渐减少，而此时的技术依然面临较高的不确定性和市场开发风险，企业资本进入较少，即"死亡之谷"出现。此时，具有风险意识的初创型企业开始进入，同时天使轮资本逐渐进入。随着技术逐渐研发成熟，技术产品进入中试、进入市场，市场开始明朗，风险降低，初创企业开始获得 A 轮、B 轮融资，初创企业也进入成长阶段。随着产品的产业化产能提升，来自大企业的资本也越来越多地进入该领域，资本的认可与投入，使得技术越来越成熟，同时也演变成商业成果。但不幸的是，大部分科技的创新都在成果进入"死亡之谷"后，因资源投入不足等原因暂停、停滞或终结，没有进入产业化或者商业化的阶段。

　　需要注意的是，即便研发成果进入量产阶段也并不意味着成功。只有成为市场认可的成功产品，才能算是成功的商业化成果。因此，科技企业要规避"死亡之谷"的魔咒，在决定采用哪一种新技术、何时采用、如何定位技术成熟度方面都是非常重要的。

5.2.2　技术成熟度与"死亡之谷"

5.2.2.1　技术成熟度的相关概念

技术成熟度（technology readiness levels，TRL）这一概念是由美国航空航天局（NASA）在 20 世纪 70 年代首先提出的。技术成熟度是指科技成果的技术水平、工艺流程、配套资源、技术生命周期等方面所具有的产业化价值的程度。技术成熟度反映了技术对市场预期目标的满足程度。技术成熟度的评价是通过一系列的过程、数据、工艺条件、技术基础、资源配置、市场环境等要素，对其进行量化评价的。2003 年，美国国防部颁布了世界第一个技术成熟度评价手册（以下简称"手册"）。"手册"针对从技术开发到产品转化的全过程，依据新技术应用的完备性及其验证的充分性，划分为若干等级，以此等级度量技术成熟度。技术成熟度评价覆盖范围广，包括新技术从基本原理发现、概念提出、基础研究、样品制作、中试到批量生产应用的全过程。"手册"把技术成熟度设为 9 个等级，如表 5.3 所示。

表 5.3　　　　　　　　　　美国国防部技术成熟度等级定义

发展阶段	TRL 等级	描述
基础研究	1	基本原理被发现和报告
	2	技术概念和用途被阐明
	3	关键功能和特性的概念验证
应用研究	4	实验室环境下的部件和试验模型验证
	5	相关环境下的部件和试验模型验证
技术开发	6	相关环境下的系统/子系统模型或原型机验证
	7	模拟作战环境下的原型机验证
成品原型和系统测试阶段	8	系统完成技术试验和验证
	9	系统完成使用验证

资料来源：美国国防部. 技术成熟度评估手册［Z］. 2003.

"手册"一般把第五个等级以后的成果认定为具备一定的实用性，适合进一步开发应用与转化。而企业考虑到科技成果应用风险和成本问题，一般不会轻易涉猎"手册"中低于 7 级的技术。因此，"手册"中 4~7 级技术，就被视为进入了科研成果的"死亡之谷"。技术成熟度与"死亡之谷"

对照如图 5.8 所示，横坐标代表科研成果研发与转化不同阶段，纵坐标代表资源的投入。图 5.8 清晰反映了各参与主体在技术成熟度各阶段的参与情况及其与"死亡之谷"之间的关系。

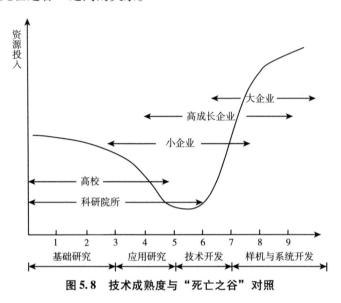

图 5.8　技术成熟度与"死亡之谷"对照

5.2.2.2　技术成熟度曲线与"死亡之谷"

技术成熟度曲线是对各种新技术或相关科技创新发展模式的图形表达。技术成熟度曲线一般有两种形式：一种是技术生命周期曲线，即用"S"曲线描述技术发展全阶段，见本书第 5.1.2 节；另一种是 Gartner 技术成熟度曲线。

Gartner 技术成熟度曲线由全球著名的技术咨询机构之一的 Gartner 公司提出。Gartner 技术成熟度曲线以图形方式演示技术和应用的成熟度和采用情况，以及它们与解决实际业务问题和利用新机会的潜在相关性。可以使人们了解某项技术或应用如何随时间不断演变，从而提供可靠的洞察来源，以便在特定的业务目标背景下进行管理部署。

Gartner 曲线将技术的炒作水平（hype level）曲线与技术生命周期"S"曲线，两条曲线进行叠加形成。Gartner 技术成熟度曲线中，纵轴并不是定量的，它仅表示创新企业和社会对于一项新技术重要性的认识；横轴将技术的生命周期划分为五个关键阶段（见图 5.9）：技术萌芽期（innovation trigger）、期望膨胀期（peak of inflated expectations）、泡沫破裂谷底期

（trough of disillusionment）、稳步爬升复苏期（slope of enlightenment），以及
生产成熟期（plateau of productivity）。技术成熟度曲线是一种判断技术成熟
情况、结构化的定性研究工具。在技术萌芽期，技术还存在很多不确定性，
因此其在曲线上的位置在很大程度上取决于炒作与宣传的水平和市场预期。
在后面的阶段中，随着技术研发逐步成熟，技术的市场表现和技术采用的
可获得信息增多，炒作与宣传水平对技术在技术成熟度曲线上位置的决定
作用会逐渐下降，技术生命周期逐渐起到决定作用。Gartner 曲线各阶段特
征如表 5.4 阐述。

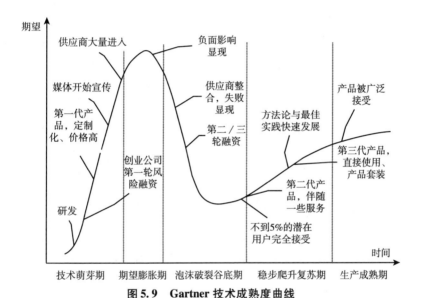

图 5.9　Gartner 技术成熟度曲线

资料来源：Gartner. Understanding Gartner's Hype Cycles.［EB/OL］. https：//www. gartner. com/
en/documents/3887767，2018 – 08 – 20.

表 5.4　　　　　　　　　**Gartner 技术成熟度曲线各阶段特征**

阶段	解释	特征
技术萌芽期	潜在的技术突破即将开始。早期的概念验证报道和媒体关注引发广泛宣传。通常不存在可用的产品，商业可行性未得到证明	• 将一款极具创新性的产品推向市场（如苹果的 iPad） • 只有少数供应商在销售创新产品（通常只有一两个） • 由风险投资的种子轮提供资金 • 创新需要大量定制才能在操作环境中工作 • 价格很高 • 没有先前案例可参考

阶段	解释	特征
期望膨胀期	早期宣传产生了许多成功案例，但通常也伴随着多次失败。某些公司会采取行动，但大多数不会	• 商业媒体广泛报道有关创新以及早期采用者 • 更具学术性或专业性的工程术语出现 • 分析师、博主和媒体都在猜测创新的未来影响和变革力量 • 简单、夸张的营销口号出现 • 进入该领域的公司开始增加 • 投资者积极为其投资组合寻找具有代表性的投资企业。一些早期的风险投资家可能会在这一点上出售其早期投资 • 成熟的公司在高峰期末期以昂贵、高调的收购方式收购一两家早期领先的创业公司
泡沫破裂谷底期	随着实验和实施失败，人们的兴趣逐渐减弱。技术创造者被抛弃或失败。只有幸存的提供商改进产品，使早期采用者满意，投资才会继续	• 新闻文章变得消极，突出了创新的挑战和失败。标题中使用了"失败"和"反弹"等术语 • 人们对创新的转型潜力普遍持怀疑态度 • 供应商整合开始，包括大公司和投资者的收购 • 供应商需要投资者提供第二轮和第三轮资金
稳步爬升复苏期	有关该技术如何使企业受益的更多实例开始具体化，并获得更广泛的认识。技术提供商推出第二代和第三代产品。更多企业投资试验；保守的公司依然很谨慎	• 创新的供应商提供第二代或第三代产品 • 技术创新供应商提供的产品将创新融入更广泛的领域中 • 咨询和行业组织发布了采用创新的方法 • 新闻文章重点介绍供应商的成熟能力和市场动态 • 新的成功案例和参考资料开始激增 • 有关成本、价值和价值实现时间的可靠数据变得可用
生产成熟期	主流采用开始激增。评估提供商生存能力的标准更加明确。该技术的广泛市场适用性和相关性明显得到回报	• 商业期刊和网站开始关注有关如何部署创新的最佳实践文章 • 投资活动侧重于收购和首次公开募股 • 在多个行业中存在许多成功的案例 • 与创新相关的术语成为日常言语的一部分。例如：百度搜索、微信等

在技术发展的过程中，不断的正面和负面炒作往往导致组织的行为方式发生变化，但这些行为并不代表对其资源的最佳利用。炒作周期的高峰和低谷对组织施加压力，要求它们在不知道其潜在价值的情况下采用有风险的技术或创新。它们还掩盖了拥抱可能高度相关的不太明显的创新机会。这导致了炒作周期的四个陷阱——采用过早、放弃过早、采用太晚，以及留恋太久（见图5.10）。

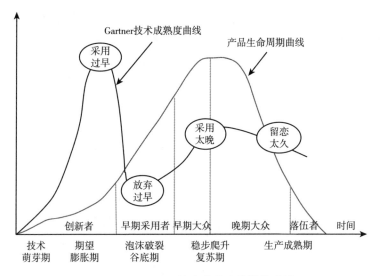

图 5.10 Gartner 技术成熟度曲线的陷阱

首先，采用过早和放弃过早。采用过早就是技术处于宣传过热期，但技术尚不成熟就予以采用。放弃过早是因技术处于低谷期，未预见到真正的技术前景即将出现而将其放弃。企业在选择对其业务有益的技术时，要对备选技术进行成熟度评估。如果备选技术潜在收益高，风险与收益匹配，就适宜较早采用；针对具有长线投资的技术，整合资源加速其度过"死亡之谷"，以免过早放弃而失去先机。不论是采用过早，还是放弃过早，都切忌因惧怕落后于其他企业而采取的从众效应。

其次，采用太晚。在海量信息扑面而来的今天，多数企业都采用了"噪声过滤器"，以保障企业战略决策信息的可靠性。企业技术规划者依据经过滤而剩下有效信息，把注意力聚焦到技术成熟度曲线上的两个关键点：期望膨胀期和生产成熟期。这样会使泡沫破裂谷底期和稳步爬升复苏期可能受到忽视，从而在这两个阶段形成盲区，导致企业失去最佳发展时机。当在技术成熟度的早期发现一种有潜在价值的技术时，企业将认为这项技术尚未成熟，目标技术产品性能水平和市场价格难以确定，最终价值未能预见，推迟跟踪该技术的进展，形成采用过晚的被动局面。

最后，留恋太久。Gartner 的技术成熟度曲线上只显示到生产成熟期，而完整的技术成熟度曲线理论上应该延伸到"收益下降期"，甚至是"淘汰期"，即"S"曲线的第四阶段。因此。企业在技术的生产成熟期，需要考虑新的技术采用，同时科学评估汇聚资源推动现有技术新周期再现的可能性。

技术成熟度曲线运用的关键是通过分析曲线的变化与趋势洞察发展机遇。对成熟度曲线中技术转折点的发现与破解必将发现非同寻常的机遇，也必将成为竞争中的先觉者和强者。学者和企业家们均认为技术成熟度曲线的作用在于以下两个方面。

一是通过技术成熟度曲线能够判定技术创新采用时机以获取价值增量。技术创新资金需求量大，如果投入的资金不足，则难以达到预期效果；投入时机也很关键，投入过早，因技术发展形势不明晰，存在夭折等风险；投入过晚则会失去市场先机。因此，企业在科技创新投入时，通过对技术成熟度曲线的科学分析，可获取投资时间的切入点，规避风险。

二是运用技术成熟度曲线分析其他企业技术创新进入的时间点，尤其是分析进入误区的时间点，从而降低进入误区的概率。理性判断企业进入科技创新的时间点，将能成功地规避采用过早或者放弃过早的风险，也可以防止采用太晚或留恋太久的机会成本损失，稳妥获取领先优势。将技术成熟度曲线各阶段的趋势分析，与关联企业投资等行为惯性分析相结合，可有效预见技术产业链上的供应商、投资者、竞争者以及技术开发者的倾向，能适时获得最理想的收益、最期待的人才以及其他关联机会，从而更好地推动创新创业（见图 5.11）。

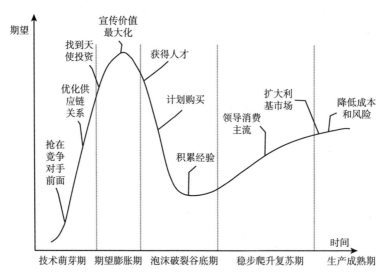

图 5.11 Gartner 技术成熟度曲线的机遇

资料来源：Gartner. Understanding Gartner's Hype Cycles [EB/OL]. https：//www.gartner.com/en/documents/3887767，2018 - 8 - 20.

5.2.2.3　跨越科技创业的"死亡之谷"

提高技术成熟度，快速跨越"死亡之谷"是每一个企业，尤其是创业型企业追求的理想状态。完成这一理想的过程一般要经历实验室、适应性开发和市场化三个阶段，每个阶段根据其资源、发展态势等情况，都面临着不同的问题和各种各样的制约因素（见表5.5）。因此，跨越科技创业的"死亡之谷"还需要各参与方主体紧密协同合作共同解决。

表 5.5　　　　　　　　　"死亡之谷"各阶段影响因素

阶段	影响因素
实验室阶段	技术先进性、专利布局、研发团队实力
适应性开发阶段	技术成熟度、无形资产评估、成果转化方式选择、成果所有权、使用权、处置权和收益权确定
市场化阶段	成本及供应链、商业模式、运营团队、营销体系、政策扶持度、投融资风险管控程度

跨越科技创业的"死亡之谷"需要高校科研机构、企业与政府三大主体协同合作。政府与高校科研机构需要采取措施将"政府投入"曲线向右推移，而企业需要采取措施将"企业投入"曲线向左推移，从而减小"死亡之谷"（见图5.12）。各主体采取的协同策略如表5.6所示。

表 5.6　　　　　　　三大主体减小"死亡之谷"的协同策略

主体	策略
资源整合服务者——政府	扶持产业技术研究院、新型研究开发组织等的创办，对科技成果进行成熟化；通过法律和政策界定或者厘清科技成果所有权、使用权、处置权、收益权；扶持第三方服务机构发展；鼓励社会资本参与投资早期商业化；活动组织、机构聚集、经济发展和地方政府与社会资本的合作；概念验证、公共政策、对研发成果开展专利保护
科技成果产生与转化推动者——高校、科研机构	创办技术中心、重点实验室，对科技成果进行后续实验、工程化开发；建设专业技术转移机构，壮大专业化技术转移人才队伍，畅通职业发展和职称晋升通道；根据成果转化模式，协助对接需求方或开展创业培训等

续表

主体	策略
产业创新实践者——企业	对研发成果开展专利保护；行业实践者的顾问团；聘用应届生；为学生提供顾问意见和指导；交流活动、研讨会、专业教育和会议；校园和入驻实验室产业；与初创企业的合作；内部和外部创新流程；开放式创新

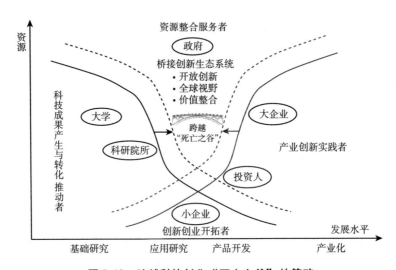

图 5.12　跨越科技创业"死亡之谷"的策略

5.2.3　创新链与技术链的整合

科技产业发展的"土壤"已经成熟，"政策＋经济＋技术"已经成为创新创业的"催化剂"。科技产业已是投资机构"必选项"。将科技创新融入创业全链条需要利用好技术链与创新链。

5.2.3.1　创新链的概念与结构

熊彼特在其创新理论中提出，技术创新活动是一个完整的"链式"流程，主要包含科学技术成果、孵化器、研发平台、风险投资、基于创新的产业链、产权交易、市场中介、法律服务、物流体系等环节。技术创新链是科技成果或者发明创造实现产业化的整个流程。根据创新活动可把创新链的整个链式流程划分为三个阶段，分别是：链路前端的知识创造与积累、链路中端的知识应用、链路末端的商业化，即"知识创造与积累—知识应用—生产商业化"的范式。创新链的结构如图 5.13 所示。

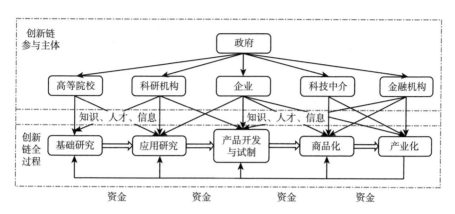

图 5.13　创新链的结构

5.2.3.2　技术链的概念与结构

技术链是指从产品研发、中试、量产、服务与改进等全过程实现产品或产品族功能的所有关联技术所组成的链条。技术链贯穿于产品或产品族功能发挥的始终，是支撑产品或产品族实现功能的关键要素。技术链包含实现产品或产品族功能的多个相关技术，这些相关技术因具有共同的技术框架和技术协议而相互兼容。相关技术之间协议或者相互兼容性就成为连接各个技术之间各环节的基本依据。技术标准则是相关技术之间互相衔接的必要手段。技术链的末端是产品或产品族所实现的功能。技术链是一种虚拟的但确实存在的链条，它隐含在产品研发、生产、服务的各个环节，通过产品或产品族的功能体现出来。每一道工序上所实施的技术方案和技术要求的背后都有其科学理论依据。一个产品或产品族上所有的相关技术构成一个完整的、相互紧密关联的技术链。技术链的结构如图 5.14 所示。

技术链按照其技术之间的关联要素不同可分为两类。一类是以产品或产品族的功能或者技术标准为线索，把各种技术联系起来的技术链，称为横向技术链；另一类是以技术的进化或者基本技术框架为线索，通过科学理论或科学原理，把各种技术联系起来的技术链，称为纵向技术链。横向技术链强调的是通过相关应用性技术间的兼容与协同，实现产品或产品族的功

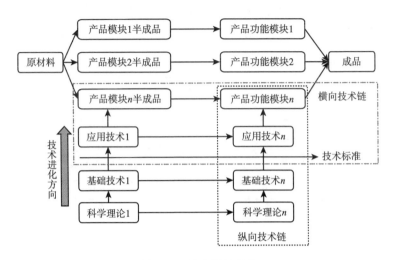

图 5.14　技术链的结构

能最大化或最优化。纵向技术链强调的是以科学理论或基础技术为依托的技术间的跃迁与进化，实现技术应用范围的拓展和产品功能的颠覆性改进。

横向和纵向技术链中技术与技术之间互相渗透、融合与支持，形成更完整的技术系统。两类技术链之间的技术依靠产品或产品族的功能和兼容性相互联结、相互协同、相互支撑，以网状结构形态呈现出技术链系统。无论是横向技术链的技术提升和协同，还是纵向技术链的技术跃迁与进化，两类技术链的末端或终极目标都归结为产品或产品族功能的有效实现，尤其是实现终端产品的功能。

5.2.3.3　科技创新与创新链、技术链整合

当前，国际技术贸易壁垒突显和技术竞争加剧的现实告诉我们，一个国家只有在科技创新方面处于领先地位，才能在国际贸易和相关技术领域获得领先优势。例如，日本和韩国在汽车和电子等领域具有技术领先优势；美国在新材料技术、计算机技术等产业具有垄断优势。在目前国际分工日益精细、贸易保护主义抬头大背景下，美国、德国、日本、韩国等发达国家倚仗拥有完整的技术链和创新链，基本垄断了所有产业的高新技术。

科技创新是技术链的基础和核心环节，是科学理论、基础技术、应用技术在一定领域持续协同开展的科技活动。创新链贯穿于科技创新的全过程，创新链先于技术链，技术链是创新链落地的基础。创新链在技术链的前端分

布密度大,在技术链的末端相对较小。科技创新也具有外部性,一个国家的科技创新能力就是科技创新、技术链、创新链在各个方面和领域的集成。

由于技术的链状形态涉及面广,因此没有任何一个企业能够拥有整条技术链或者行业内的全部专利技术,单个企业多数情况是处于产业中技术链条上的某一或某些环节。科技创新是一个系统工程,需要众多企业、高校、科研院所、科技中介、金融机构以及政府进行资源协同,才能实现对国内产业技术链完整度和整体创新能力的培育与提升。因此,创新链、技术链的协同与集成是一个国家或者区域科技创新能力的重要体现。

5.3　技术生命周期与企业生命周期的耦合

为了应对激烈的全球竞争,企业不但要适应国内市场变化,更要适应国际市场的变化,为客户提供新的产品或服务,同时保持持续的创新,以实现快速增长。德勤公司调查了高科技和高增长企业发展所面临的挑战,发现企业要快速发展,首先是及时应对核心产品市场需求的根本性变化,其次要解决的是因创新能力不强所导致企业持续发展的后劲不足。

企业要在激烈的竞争中保持持续快速发展的势头,必须实现技术生命周期与企业生命周期耦合,在恰当的阶段发展形成新的增长点。技术生命周期呈现"S"曲线的形态,经历萌芽期、成长期、成熟期和衰退期四个阶段。"S"曲线的每一个阶段都存在着创业机会,其关键是创业机会要与企业自身的资源达到优化匹配。初创期的企业,在"S"曲线的成长期、成熟期相对适宜,因初创期企业资金不充裕,抵御风险能力较低,企业的目标首先是生存。成长期和发展期的企业具备一定资金、资源等积累,具有较好的抵御风险的能力,公司主要目标需求是更快更大的发展态势;这一时期的企业应把重点放在"S"曲线的婴儿期和成长期,技术曲线前期尽管风险较大,但一旦成功即可获得一个较长时期的利润持续增长的发展空间。因此,企业的生命周期与技术生命周期的耦合与协同发展,成为企业高层次发展的重要途径。

通过对"S"曲线参数的分析,可以找到消费者在一定时间内最认同的技术方向。同时,结合"S"曲线发展可以完成专利组合,并可以提前培养消费者的习惯。因此,对"S"曲线的分析有助于了解技术体系的成熟度,帮助创业企业做出正确的技术战略决策。

5.3.1 "S" 曲线与技术系统进化趋势

在创新创业过程中要根据技术发展以及技术成熟度开展企业活动，首先有必要了解技术体系的演变趋势。TRIZ 理论（发明问题解决理论）对技术系统进化趋势的研究相对比较系统，构成了 TRIZ 独具特色的理论体系。

5.3.1.1 "S" 曲线的逻辑

随着世界的快速变化，技术创新成为各国经济发展和企业成长的主要动力。技术创新的关键是站在技术发展的大趋势中寻找发展新机遇。"S" 曲线能够通过曲线的走势预测未来的先进技术、技术的进入契机和拐点，在研发中做到新产品的战略储备、市场推广等布局，从而保障企业的持续快速发展。

产品生命周期理论是一种有效的技术预测理论之一。对于一种产品，其生命周期是指从产品的研发开始直到完全退出市场的时间段。产品生命周期除了受客户行为影响外，主要还要受技术进步的影响。对于技术生命周期不同阶段的产品，企业应针对性地采取不同的、个性化的市场策略。由于技术生命周期与产品生命周期以及企业的生命周期均呈现 "S" 曲线形式，因此，对三类 "S" 曲线各个阶段的协同而准确判断是企业发展战略选择、产业政策契合、技术开发决策的关键，也是企业赢得竞争优势的重要前提。

TRIZ 理论创始人根里奇·阿奇舒勒发现，技术创新过程就像生物体的生命一样具有固有的规律，该过程用 "S" 曲线描述，四个阶段分别对应于萌芽期、成长期、成熟期、衰退期，如图 5.15 所示。

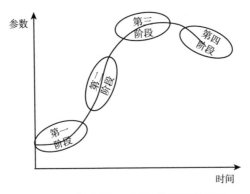

图 5.15 技术进化 "S" 曲线演变趋势

萌芽期（第一阶段），新技术刚刚诞生，其产品的性能通常不稳定。随着技术的发展，到成长期（第二阶段），产品性能不断提高，此阶段，产品性能增长最快，但到成熟期（第三阶段）产品性能增长放缓。到衰退期，产品技术性能开始下降，产品将逐渐退出市场。

在经典 TRIZ 理论中提供了划分"S"曲线四个阶段的四个指标：专利数量、专利水平、利润水平和性能，如图 5.4 所示。但这些指标在使用时却发现，与专利水平相关的指标难以收集和判断，对产品性能的判断也往往是主观的，降低了判断的客观性和准确性。为了提高阶段判断的准确性，"S"曲线的阶段判断指标可替换为市场上工程系统的性能、主要价值参数、技术成熟度等辅助指标。在这些指标中，MPV 参数（主要价值参数）是产品/服务的关键属性，是判断客户是否进行购买决策的重要指标。优化后，"S"曲线的纵轴根据一个或多个 MPVS 建立。

在判断了"S"曲线的各个阶段之后，还会出现另一个问题，即改进和开发产品的最佳方法是什么。因此，需要了解"S"曲线的演化机制。"S"曲线的演化机制决定了一个技术系统在何处发展，以及应该采取哪些措施来改进它，即技术系统进化趋势（TESE）。

5.3.1.2　经典技术系统进化趋势

基于技术进化的前提，发明不是一个随机的过程，而是可预测的，并受到某些规律的支配。这些规律被总结为进化模式，掌握进化趋势可以帮助预测技术开发，并识别在新推出的产品中可能取得成功的特征。将这些趋势应用于产品开发可以减少创新风险。

20 世纪 70 年代中期，阿奇舒勒提出九条技术系统进化规律，并把它们分为三组，分别是"静态"组、"动态"组、"动力态"组（见表 5.7）。"静态"组内的三个规律是任何技术系统产生和存在的必需准则或条件。而"动态"组和"动力态"组内对应的进化规律则是功能技术系统发展的规律性的内容。

表 5.7　　　　　　　　　　经典 TRIZ 技术系统进化趋势

数量（个）	分类		经典的 TRIZ 进化趋势
1	功能技术系统产生和存在的准则	静态	系统完备性进化趋势
2			系统能量传递进化趋势
3			系统协调性进化趋势

续表

数量（个）	分类		经典的 TRIZ 进化趋势
4	功能技术系统发展的规律	动态	提高理想度进化趋势
5			子系统不均衡进化趋势
6			向超系统进化趋势
7		动力态	向微观级进化趋势
8			提高物场度进化趋势
9			提高动态性、可控性和减少人参与进化趋势

按照这个划分，任何一个功能系统发展的"S"曲线都存在九条进化趋势指导下的两个阶段（见图 5.16）。

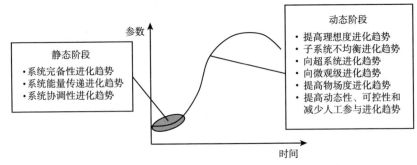

图 5.16 经典 TRIZ 进化趋势与"S"曲线之间的关联关系

（1）建立或形成阶段。

该阶段技术系统处于设计及在车间被加工阶段时，需要对其进行设计及生产。此时，主要关注系统组件组合的变化，包括组成系统的元素、系统组成元素的分布及其相互间的关系特征。系统的形成首先是系统所有组件执行装置和作用对象参数间的协调。在该阶段系统是静态的，主要受到系统完备性进化趋势、系统能量传递进化趋势和系统协调性进化趋势指导。

（2）完成功能、评价运行参数阶段。

在前一阶段协调好组件及其参数后，技术系统从简单"元素的总和"转变到了"功能技术系统"上，即开始对系统进行新方案的试验及新旧系统运行参数的比较。该阶段是动态的，受到第 4~9 条进化趋势指导。系统发展时，其运行参数的变化及理想度的变化是随"S"曲线动态变化的。随着系统的发展，能够用于改善技术系统的资源越来越少，系统发展变缓，必将转入能够为其发展提供资源的、新的层次上去。

将经典 TRIZ 进化趋势笼统地划分为两种类型，并将其与 "S" 曲线两个阶段进行匹配性应用，在一定程度上提高了进化趋势的使用指导性。但在应用经典进化趋势指导 "S" 曲线不同阶段战略制定过程中存在诸多问题。首先，三种类型划分过于笼统，不利于 "S" 曲线第二、第三、第四阶段策略的实施；其次，第一阶段对于生产是静态的，但对于进化趋势来说并不一定是静态的，因此，系统能量传递进化趋势和系统协调性进化趋势也可以用于第三阶段和第四阶段。最后，运用进化趋势预测具体技术或解决具体工程问题时缺少具体的、实用的、可操作的步骤与算法。

5.3.1.3　现代技术系统进化趋势及其逻辑结构

鉴于经典 TRIZ 进化趋势中逻辑结构不够明晰，俄罗斯彼得堡学派对经典 TRIZ 进化趋势进行了一定的优化，提出了价值增加趋势是所有技术发展（"S" 曲线）背后最主要的驱动力。其他进化趋势是价值增加趋势的子趋势。形成了由 11 个进化趋势组成的层次结构体系，如图 5.17 所示。

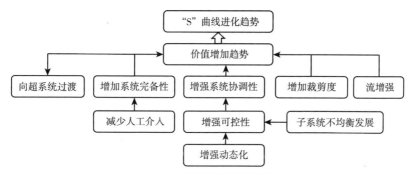

图 5.17　现代 TRIZ 进化趋势的逻辑结构

各进化趋势的内容解释如表 5.8 所示。

表 5.8　　　　　　　　　现代 TRIZ 进化趋势的内容解释

进化趋势	内容及解释
价值增加趋势	随着系统进化，技术系统向着其价值提高的趋势发展
向超系统过渡趋势	随着系统进化，技术系统将与其他系统，特别是与超系统及其组件集成。其子趋势包括： ● 参数差异性增加 ● 主要功能差异性增加 ● 深度集成 ● 集成系统数量增加

续表

进化趋势	内容及解释
增加系统完备性趋势	系统通常具有四类功能：执行装置功能、传动功能、能量源功能和控制系统功能。一个系统最初通常仅具有执行装置和传动功能，随着系统进化，逐渐增加能量源功能和控制系统功能
增强系统协调性趋势	随着技术系统进化，系统内部协调性越来越强，与周围超系统的协调性也越来越强。其子趋势包括： • 形状协调 • 节奏协调 • 材料协调 • 动作协调 • 参数整体协调
增加裁剪度趋势	随着系统进化，裁剪掉越来越多的组件，同时保留有用功能，提升系统价值。其子趋势包括： • 裁剪子系统 • 裁剪操作 • 裁剪价值最低的组件
流增强趋势	随着技术系统进化，物质流、能量流或信息流逐渐得到更好的利用。其子趋势包括： • 改善有用流 • 减少有害流或次要流的负面效果
减少人工介入趋势	随着技术系统进化，技术系统中由人执行的功能数量减少。人所介入的功能逐渐转交给传动功能系统、能量源功能系统、控制功能系统、决策功能系统
增加可控性趋势	随着技术系统进化，控制它的方法也会更多。其子趋势包括： • 系统内控制水平提高 • 可控状态的数量增加
子系统不均衡发展趋势	系统内各组件进化的速度不同，系统内部不断出现矛盾，而解决矛盾推动了系统的进化
增强动态化趋势	随着技术系统的进化，系统及其组件变得更加动态化。其子趋势包括： • 设计的动态化 • 组合方式的动态化 • 功能的动态化

虽然现代 TRIZ 进化趋势的逻辑比较明确，但每个进化趋势与"S"曲线的各个阶段之间没有明显的相关性。在利用"S"曲线制定产品战略时，

仍然要使用经验法或试错法，降低了战略决策的精准性和方法的使用效率。

5.3.2　基于"S"曲线的创新与创业耦合

5.3.2.1　"S"曲线各阶段战略需求与进化趋势的匹配分析

"S"曲线的演化是由价值驱动的。技术系统的发展总是向着使其价值不断增加的方向进化。在此，价值 = 总功能/总成本，即：

$$V = \frac{\sum F}{\sum C} \tag{5-1}$$

在"S"曲线的不同阶段其特点不同，因此，价值增值的方式是不同的。各阶段应根据每个阶段的特点结合价值增值方式，采取不同的策略。

（1）第一阶段——萌芽期。

当技术原理首次应用于实现产品主要功能时，技术系统"诞生"。该技术仍在研发中，产品系统设计和系统组件的运转并不完善，技术系统存在研发瓶颈。这些缺点阻碍或至少限制了产品在市场上的成功。与此同时，技术系统的发展受到资源短缺的制约，成本大于收入。该阶段应该最大限度利用周边资源，识别并消除技术瓶颈。增加价值的方式是增加功能价值，降低成本，即 $\sum F \uparrow$，$\sum C \downarrow$。

与市场上成熟的技术系统相结合，可以最大化产品优势，最小化产品缺点。向超系统过渡的趋势主要集中在结合哪些组件以及如何将这些组件进行集成。因此，该阶段可用向超系统过渡趋势选择并集成现有市场上成熟的技术系统，优化产品功能，降低成本。

（2）第二阶段——成长期。

基于第一阶段对技术系统的研发和产品瓶颈的突破，产品上市并逐步开始得到市场认可。基于对盈利能力的预期，大量的资金投入于技术系统的开发，所有可用于开发的资源开始被利用，MPV 快速改善，产品不断更新迭代。技术系统的优化方向在该阶段变得更加广泛。一旦需求增加，大规模生产开始，与该产品相关的周边产品开始逐渐与该产品适配，例如，智能手机进入该阶段后，与智能手机相关的配件和附属产品，如手机贴膜、手机壳、手机袋、手机优盘等产品快速发展。技术系统所形成的核心产品与其配件、附属产品一起形成了产品族丰富的生态。

在该阶段，增加价值的方式是增加功能价值，成本不变，或者极大化地增加功能价值，成本允许有一定程度的提升，但提升的幅度低于功能价值增加的幅度。即 $\sum F\uparrow$，$\sum C$ 不变；或者 $\sum F\uparrow\uparrow$，$\sum C\uparrow$。

实现该目标的策略是有不同的设计和相同的基本功能，然后将基本功能扩展到新的应用程序，以增强核心功能，或者增加附属功能。

为了实现这些策略，首先，从设计角度，一方面，可以利用过渡到超系统趋势设计不同的产品参数和扩展新的功能；另一方面，利用增加协调性趋势，从形状、节奏、材料和动作上与超系统进行协调。其次，从功能角度，利用增加系统完备性趋势帮助技术系统组件变得更加完备。随着功能的增加，可控性和动力化也随之增加。因此，增加可控性趋势和增强动态化趋势有助于预测功能的发展，从而设计新一代产品。为了尽量减少功能缺点，可以利用流增强趋势来减少有害流量的负面影响。

（3）第三阶段——成熟期。

随着第二阶段的快速发展，技术系统周边产品被设计以适应技术系统。技术系统消耗了高度专业化的资源，并与周边产品形成了产品族生态。技术系统的多轮迭代使其在设计上形成了形式各异的产品。第二阶段功能的优化，使其在强化基本功能的同时，获得了许多与主要功能无关的附加功能。第二阶段的大规模生产与使用，产品带来的负面影响在第三阶段开始显现。进入第三阶段，技术系统的开发非常缓慢，并开始遇到开发极限。开发极限包括物理限制、经济限制、用户限制、超级系统限制等。开始出现新的技术系统在功能上替代该技术系统。

该阶段，增加价值的方式是功能不变，降低成本，即 $\sum F$ 不变，$\sum C\downarrow$。降本策略可以通过开发服务组件，改善美学设计来实现。从长远来看，需要通过开发技术系统或其组件的另一种操作原理来解决开发极限，从而延伸与拉长第二阶段时限。增加裁剪度趋势、增强系统协调性趋势、向超系统过度趋势是非常有效的。首先，增强系统协调性趋势可以用来改进美学设计和开发个性化的设计。其子趋势可以用于开发服务组件和定制服务。其次，可以利用增加裁剪度趋势来降低成本。最后，向超系统过渡趋势则指明了可以集成的参数和功能，以及如何与其他技术系统集成。

（4）第四阶段——衰退期。

如果技术系统无法克服开发极限，则技术系统很快就被新技术系统所取代，产品市场大幅缩减，收入下降。更有效的技术系统已经进入第二阶段，并开始迫使旧的技术系统退出历史舞台。技术系统的主要功能失去了它的效用，变得不实用，逐步转向娱乐、装饰、玩具或运动设备等领域。或者技术系统只在高度专业化的领域发挥其作用。

该阶段增加价值的方式是减少功能，且大幅降低成本，即 $\sum F \downarrow$，$\sum C \downarrow\downarrow$。这一阶段的策略是功能删减、降低成本以及寻找利基市场。具体策略与第三阶段相同。

"S"曲线各阶段的价值增值策略总结如图 5.18 所示。

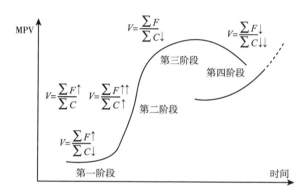

图 5.18　"S"曲线各阶段的价值增值策略

5.3.2.2　创业全周期下技术进化趋势应用地图

为了获得一个具有新的工作能力的功能技术系统，阿奇舒勒指出，新的系统解决方案需要满足三个条件：一是确保系统的组件能够执行新的功能；二是确定系统各组件之间的相互作用关系；三是协调技术系统及其子系统的功能参数。

"S"曲线的每个阶段都在积累并协调完成该阶段功能所需的资源。随着功能技术系统存在条件的逐渐满足，系统参数与功能工作状态的协调逐步得到改善。在上述三个条件下，不同的进化趋势适用于不同的阶段。

在第一阶段，向超系统过渡趋势可以指导创业者选择哪些技术参数和功能来开发技术系统。在第二阶段，向超系统过渡趋势、增强系统协调性趋势、增加系统完备性趋势、增加可控性趋势、增加动态化趋势和流增强趋势可以帮助功能的提升。在第三阶段，增强系统协调性趋势和向超级系统过渡的趋势可以用来改善功能。增加裁剪度趋势可以用来降低成本。在第四阶段，增加裁剪度趋势可以用来降低功能，同时大大降低成本。

子系统不均衡发展趋势可以用来指导整个"S"曲线的演化。在第一阶段，主要集中于协调各子系统实现主要功能；在第二阶段，开发的重点是改进辅助功能，并影响超系统，使更多产品对技术系统相适配；在第三阶段，重点是开发与主要功能无关的功能，并降低成本；在第四阶段，将系统功能转变为娱乐等方面或者开发利基市场。

综合以上分析，"S"曲线既代表了技术发展生命周期，同时也表示了企业发展全生命周期，企业的发展随着产品的开发成熟不断成长。如果企业随一类产品开发进入衰退期而没有开发新产品，则其生命周期将随着产品生命周期的结束而结束。因此，企业生命周期可以看作数个产品生命周期的连续拟合。企业如果能形成开发一代产品、规划一代产品的连续周期，则企业生命周期的第二阶段会延长，并形成可持续增长。在技术生命周期的每一阶段，创业者可根据技术进化趋势制定技术产品的发展策略。技术生命周期每一阶段的创业对策地图如图5.19所示。

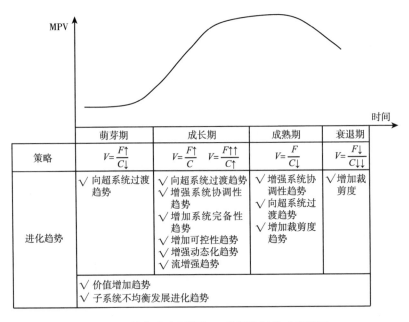

图5.19　技术生命周期每一阶段的创业对策地图

基于"S"曲线的创新与创业耦合策略如表5.9所示。

表 5.9　　　　　　　　基于 "S" 曲线的创新与创业耦合策略

S 曲线阶段	阶段标志	创业策略	技术进化趋势
第一阶段（萌芽期）	1. 技术系统是全新的，有一个冠军参数，但尚未进入市场——实用性有限； 2. 技术系统采用其他技术系统的组件； 3. 技术系统与市场上领先的竞争系统（第三阶段产品）相结合； 4. 对技术系统的修改的种类和幅度先增加后减少； 5. 成本大于收入	1. 识别并消除阻碍技术系统进入市场的瓶颈； 2. 使用现有的基础设施和资源； 3. 允许对技术系统进行重大更改，包括其工作原理； 4. 在优劣比最高的领域发展技术系统； 5. 判定自身和超系统的发展极限是有必要的	向超系统过渡
第二阶段（成长期）	1. 技术系统进入批量生产； 2. 技术系统的变化变得更具广泛差异性： 2.1 技术系统有相同的基本功能，但设计结构不同； 2.2 技术系统更能拥有使其能够执行新的功能并应用于新的领域的资源； 3. 技术系统获得与主要功能密切相关的功能； 4. 接近这个颇具活力阶段的尾声，改进放慢，差异变小； 5. 超系统元件开始适应技术系统； 6. 技术系统开始消耗定制的技术系统资源	1. 优化是改进技术系统的主要方法； 2. 时间就是金钱，用六西格玛不断改进优化，从而快速进入更多市场； 3. 使技术系统适应新的领域或应用； 4. 可以将重点放在旨在尽量减少缺点的妥协和解决办法上	1. 向超系统过渡； 2. 增强系统协调性； 3. 增加系统完备性； 4. 增加可控性； 5. 增强动态化； 6. 流增强； 7. 子系统不均衡发展
第三阶段（成熟期）	1. 技术系统消耗高度专业化资源； 2. 大量的超系统组件被设计以适应技术系统； 3. 技术系统的主要变化来自图案设计； 4. 技术系统获得了与主要功能无关的附加功能	1. 中短期：降低成本，开发服务组件，提高美观设计； 2. 长期：克服极限，通过转换技术系统或其组件工作原理来解决矛盾； 3. 深度修剪，与竞争系统集成和其他转移到超级系统的技术是非常有效的； 4. 寻找一个处在早期发展阶段的 MPV，并与之结合	1. 增强系统协调性； 2. 向超系统过渡； 3. 增加裁剪度； 4. 子系统不均衡发展

续表

S 曲线阶段	阶段标志	创业策略	技术进化趋势
第四阶段 （衰退期）	1. 技术系统的主要功能失去了实用性，所以技术系统变成了非实用的——娱乐、装饰、玩具或运动设备； 2. 技术系统仅在高度专业的领域继续发挥其功能	1. 寻找该系统仍将保持竞争力的领域； 2. 其他建议与第三阶段相同： 中短期：降低成本，开发服务组件，提高美观设计； 长期：克服极限，通过转换技术系统或其组件的工作原理来解决矛盾； 深度修剪、与竞争系统集成和其他转移到超级系统的技术是非常有效的； 3. 逆向创新	1. 增加裁剪度； 2. 子系统不均衡发展进化趋势

5.3.2.3　案例分析[①]

小米公司成立于 2010 年 4 月，是以智能手机、智能硬件和 IoT 平台为核心的智能制造公司。目前已是中国互联网技术"独角兽"企业的标杆。小米于 2011 年发布第一款智能手机 M1 产品；2014 年，小米手机首次以销量位居中国智能手机市场第一（约 15% 的市场份额）。目前，小米已成为全球第四大智能手机制造商，尤其是在印度连续 5 个季度销量保持第一。小米以独特的"生态链模式"投资、带动了众多具有创新创业情怀的创业者，建成了与 1.3 亿多台智能设备紧密相连的 IoT 平台。

下面结合"S"曲线来分析小米产品与公司创业发展策略。

在第一阶段，小米刚起步，智能手机的市场渗透率和出货量正在迅速增长。小米推出了第一代产品智能手机。它不仅从硬件上改进了功能，而且还增加了米聊（Michat）和米柚（MIUI）的功能。与此同时，小米也采用了极简主义的设计来降低成本。因此，小米第一代智能手机是一款具有高性价比的热门时尚产品。

在第二阶段，智能手机市场逐渐进入了库存期，需要进入"质量提升"的阶段。功能的差异化和外观时尚化发展的新趋势，促进了智能手机市场价格的持续提高。在增强系统协调性趋势发展方面，出现了 4.0~6.5 英寸

---

① 资料来源：小米公司官网，https://www.mi.com/。

的智能手机，图像协调度也从 750×1334 像素增加到 1440×2880 像素。增强动态化趋势发展方面，智能手机的屏幕从直屏幕、折叠屏幕过渡到曲面屏幕。与此同时，小米推出新产品来影响和控制超级系统，超级系统元素也开始适配小米产品。出现了用手机控制的智能家电，同时小米也开始围绕小米智能手机布局其用手机控制的智能家电产品圈层。其他智能家电产品也逐渐增加与智能手机适配的端口。产品开始消耗特定的资源。该阶段产品的布局符合向超级系统过渡趋势、增加可控性趋势和增加系统完备性趋势。

在第三阶段，产品沿着"智能手机—智能硬件—生活方式"三个圈层的生态扩张。在第一圈层，小米智能手机不断迭代，出品了各类型号的产品（第二阶段）；在第二圈层，小米拓展并影响了手机周边产品，如手机电源、耳机、保护壳等，同时也开发了人工智能音响、智能电视、空气净化器、平衡车等。第三阶段，围绕米粉生活，开发了毛巾、包、签名笔、床垫等功能性消费品。从智能硬件到生活用品，小米将全面打造"MI 粉"的生活方式。小米正向超级系统过渡的趋势和增加协调的趋势方向发展。为了降低成本，小米产品包装结构简单、设计合理、材料环保等。同时，小米不断改进其产品的美学设计，使不同产品的外观保持统一。

虽然各个产品生命周期有限，但小米通过产品生态圈的建设逐渐拉长创业生命周期"S"曲线第二阶段，使企业持续处于快速成长的第二阶段。

本章参考文献

［1］方琳瑜，宋伟. 创新驱动战略下众创空间知识产权公共服务能力提升研究——以福建省为例［J］. 科技管理研究，2018（15）：194–198.

［2］Vernon R. International Investment and International Trade in the Product Cycle［J］. Quarterly Journal of Economics，1966，80：190–207.

［3］Abernathy W.，Utterback J. Patterns of Industrial Innovation［J］. Technology Review，1978，80（7）：40–47.

［4］Arthur D. Little. The Strategic Management of Technology［M］. Cambridge：Mass，1981.

［5］Frederick B. Strategic Technology Management：Technology and Economic Goals［M］. New York：McGraw-Hill，1993.

［6］Harris J. M.，Shaw R. W.，Sommers W. P. The Strategic Management of Technology

［J］. Strategy & Leadership, 2013, 11（1）: 28－35.

［7］Harvey M. Application of Technology Life Cycles to Technology Transfer［J］. Journal of Business Strategy, 1984, 5（2）: 51－58.

［8］Roussel P. A., Saad K. N., Erikson T. J. Third Generation R&D［M］. Harvard Business School Press, 1991.

［9］Khalil. Management of Technology and Responsive Policies in a New Economy［J］. International Journal of Technology Management, 2005, 32（1/2）: 88.

［10］根里奇·斯拉维奇·阿奇舒勒. 创新算法——TRIZ、系统创新和技术创造力［M］. 武汉: 华中科技大学出版社, 2018.

［11］伊查克·爱迪思（Ichak Adizes），著. 企业生命周期［M］. 北京: 中国人民大学出版社, 2017.

［12］亚当·斯密. 国富论［M］. 严复, 译. 北京: 商务印书馆, 1981.

［13］安索夫. 新公司战略［M］. 曹德骏, 范映红, 袁松阳, 译. 成都: 西南财大出版社有限责任公司, 2012.

［14］彼得·德鲁克. 创新与企业家精神［M］. 彭志华, 译. 海口: 海南出版社, 2000.

［15］Penrose, Edith T. The Theory of Growth of the Firm［M］. Basil Blackwell Publisher, Oxford, 1959.

［16］罗纳德·H. 科斯. 企业、市场与法律［M］. 上海: 格致出版社, 2014.

［17］Deborah J. Jackson. What Is an Innovation Ecosystem?［J/OL］. http://www.sustainablescale.org/Conceptual Framework/Understanding Scale/Basic Concepts/Ecosystem Functions Services. aspx 26 March 2015.

［18］刘亚军, 刘长庚. 基于资源和知识的企业内生成长理论［J］. 经济问题探索, 2008（3）: 91－94.

［19］李怡靖. 企业能力理论综述［J］. 云南财经学院学报, 2003（10）: 36－40.

［20］Prahalad C. K., Hamel G. The Core Competence of the Corporation［J］. Harvard Business Review, 1993, 68: 79－91.

［21］Foss N. J., Knudsen C. Towards a Competence Theory of the Firm［M］. Thomson Learning, 1996.

［22］Deloitte: China's Top 50 High-tech and High Growth Report for 2017［R］. 2017. https://www2.deloitte.com/cn/zh/pages/technology-media-and-telecommunications/events/technology-fast－50－china-report. html.

［23］Li S. B., Mou J. H. A Research for Evolutionary Process Based on TRIZ Evolution Theory［J］. Applied Mechanics and Materials, 2010, 20－23: 1328－1335.

［24］Ilevbare I. M., Probert D., Phaal R. A Review of TRIZ, and Its Benefits and

Challenges in Practice［J］. Technovation, 2013, 33 (s 2 – 3): 30 – 37.

［25］ Eversheim W. Innovation Management for Technical Products: Systematic and Integrated Product Development and Production Planning［M］. RWTH Edition, 2009.

［26］ Cowley M. Simplified TRIZ — New Problem-Solving Applications for Engineers and Manufacturing Professionals［J］. TQM Magazine, 2002, 18 (3): 311 – 312.

［27］ Zhang Min, Zhang Wucheng, Wang Guanshu. TRIZ Enhancement and Practical Applications［M］. China Mechine Press, 2018.

［28］ Nikolay Shpakovsky. Evolutionary Tree［M］. China Science and Technology Press, 2010.

［29］ Yang C. J. , Chen J. L. Forecasting the Design of Eco-products by Integrating TRIZ Evolution Patterns with CBR and Simple LCA Methods［J］. Expert Systems with Applications, 2012, 39 (3): 2884 – 2892.

［30］ IWINTALL. INC. MATRIZ Training Handouts［Z］. 2019.

［31］ Alex Lyubomirskiy, Simon Litvin, Sergei Ikovenko. 张凯，宋保华，译. TRIZ 创新指引技术系统进化趋势（TESE）［M］. 北京：电子工业出版社，2021.

［32］孙永伟, Simon Litvin, Vladimir Gerasimov, Alex Lyubomirskiy. TRIZ 打开创新之门的金钥匙Ⅱ［M］. 北京：科学出版社，2020.

第6章

众创空间生态系统构建策略研究

面对新冠疫情和经济衰退的双重压力，全球范围内的创新和初创企业的发展依旧在持续。虽然对于一些基础比较薄弱的初创公司生态系统，以及负载比较沉重的直面消费者的传统产业会造成很大的冲击，但是对于一些强大的生态系统来说则会产生新的机遇，不断催生出更多的"独角兽"和更加成功的企业。与此同时，众创空间的成长和壮大都离不开各方利益相关者。如何整合资源向创业者提供高效服务是众创空间的核心竞争力，也是众创空间持续成长的关键。众创空间的优化升级是大势所趋，提供利于辅助创业创新的关键服务，需要构建一个能够良性循环的创新创业生态系统作为支撑力量。

6.1　研究现状与理论基础

6.1.1　技术创新空间的相关研究

一是关注创新行为、创新要素的变动和形成的空间分布对创新的影响。例如安德森等（Anderson et al., 2005）认为，技术投入与产出会对技术创新的空间分布造成影响，从该视角出发，发现对知识生产越重视、对技术创新活动投入越多的地方创新行为越频繁、创新活动越多。考西亚（Coccia, 2008）指出，创新来源于知识生产过程，距离源头越近，创新越活跃；

反之，创新则呈现下降趋势。比利翁等（Billon et al.，2008）认为，互联网的快速发展和广泛应用使得地域之间显示出了很大的空间依赖性，其中人力因素发挥着关键作用，如人均 GDP、人力资本存量和人口密度等因素将对推动互联网的空间联系产生积极作用。威廉松（Wilhelmsson，2009）认为，人口密集区和商业繁华区距离市场距离短，有利于提升信息交换的次数和速度，进而对创新产生积极影响。奥登达尔（Odendaal，2011）关注影响创新产业空间分布的主要原因，针对南非德班的 ICT 产业进行实地调查，发现创新主要来源于实业部门。

二是研究技术创新空间分布的测度。国外学者的研究范围广泛，例如，穆金（Mukim，2012）选取印度专利数据作为研究对象，得出创新主要受研发支出、产业布局的多样性和人力资本禀赋因素影响的结论；布拉德福德（Bradford，2013）从组织学习视角出发，结合区域经济研究模型和政府干预的多层次治理结构，充分解释了技术范式的转移过程。国内学者的研究尚处在探索时期，例如吴玉鸣等（2008）重点关注创新活动出现集群现象的主要影响因素，选取国内 31 个省域的相关数据，运用空间计量模型得出结论；方远平等（2012）以创新要素与空间的关系为研究重点，同样选取 31 个省域的相关数据，运用 Moran 散点图和 Lisa 聚类表的局部分析得出结论：创新要素与空间分布呈正相关，创新要素在不同的空间中有不同的差异和聚集模式；万勇（2013）研究发现，技术创新的空间分布对当地科技和经济的发展产生重要影响，提出创新投入要重点关注主导产业及战略产业。

综上所述，国内外在城市规划学、建筑学和地理学等学科中已经开展对空间形态创新的研究，但是从产业视角出发开展空间形态的研究屈指可数，有关空间形态创新的研究尚未形成完整体系。同时缺少从生态学的视角出发开展对空间组织模式及其形态特征的研究，更没有在此基础上进行产业资源空间形态创新优化模式的研究。

6.1.2　生态系统理论

6.1.2.1　生态系统的概念

从生态学视角出发，生态系统是指在特定的时期和空间范围内，生物和非生物要素构成的生态联合体，在该系统中彼此之间通过资源、能量和信息的交流共享，发展为互利共赢、协同共进的关系，同时形成复杂、动态、发展、开放的网状结构和自我调节、控制、维护、发展的功能。

随着社会经济的不断进步和创新系统的日益完善，创新活动日益深入，创新要素的集聚程度不断加深，同时创新活动的风险也随之增加，使得创新个体在进行创新活动时获得全部资源要素有巨大障碍，依靠个体独自开展并独立完成创新基本无法实现，各个要素共同协作、互相支持的创新系统应运而生，这种创新共同体具有共存共生、相互依赖等特点，与生态系统的基本特征有很高的契合度。

6.1.2.2 生态位理论

生态位理论研究主要经历了三个阶段的发展：鸟类生态学、动植物种群研究生态学、人类社会生态学，在此过程中逐步演化成企业生态位、技术生态位等概念。

企业生态位是指在一定的环境中，企业通过多种自然、经济、社会等资源与其他组织互相作用，在此过程中形成的相对地位和由此所产生的功能效应。因此企业在进行创新活动时，要想在创新生态系统中占据有利地位，就必须充分协调运用环境中的各种技术资源、人力资源、资金资源、信息资源等。

在最初的研究中，学者们将技术生态位定义为具有试验平台作用的新技术研发与应用的空间，各类创新主体在此空间内相互作用，尝试和发展突破性技术。后来，许多学者认为技术生态位是市场环境可供给新兴技术利用资源的总和。综合现有研究，得出以下技术生态位概念：企业在一定的技术水平和环境下，为了实现技术创新在获取资源（人力、物力、财力、市场等）的过程中与其他主体形成的生态关系。一般来说，技术生态位与企业获取外部资源的能力和创新能力呈正相关关系，企业能够利用的外部环境资源越多，技术生态位宽度越大，创新能力越强。

无论是企业生态位还是技术生态位，生态位主要包含以下两个方面：第一，生物单元的状态通过个体数量、资源占有量、智能水平、适应能力等表现出来，是长时间与环境相互作用、自身成长发育和不断学习的结果。第二，生物单元对环境的现实影响力或支配力，通过生产力、增长率、能量和物质变换的速率、经济增长率、占据新生环境的能力等表现出来。以上两个方面综合反映出特定生物单元在生态系统中的相对地位与影响。

6.1.2.3 战略生态位管理理论

战略生态位管理（SNM）理论从微观和宏观两个视角出发，阐释了技术范式变迁、新兴技术研发与应用、技术体制变革、创新管理政策分析等问题，为技术创新研究提供了一个分析框架。该理论目前在新兴产业（高端装备制造、新能源和生物医药等）研究中得到广泛应用，对于解决新兴产业技术创新和产业园区的创新管理问题有巨大帮助。

战略生态位管理理论作为一种新兴管理理论，核心概念是技术生态位（也称为创新生态位，innovation niches），是由技术创新理论和生态位理论衍生出来的，实质是成功实现新兴技术产业化的管理过程，主要目的是通过构建战略生态位空间，并运用其内部网络化运作、试验与学习，对新兴技术进行选择、研发、培育和孵化，从而保护新兴技术。简单来说，战略生态位管理理论是通过战略生态位空间的构建和运作，利用战略生态位内系统化学习和试验，促进新兴技术的研发、孵化和产业化。

6.2 双创生态系统及典型双创生态系统分析

6.2.1 双创生态系统

随着全球各个国家与地区经济社会的变革和创新理论的发展，创新生态系统的创新范式由最早的线性范式转变为动态交互。在我国，创新已经上升为国家战略，在党的十九大报告中提出建设创新型国家的目标，其重点在于培育社会良好的双创生态系统。该系统强调双创主体和资源以及相关支持体系之间通过建立彼此依赖和共生的生态系统实现互利共赢。近年来，学者们通过"生态系统"概念的运用，从不同的角度出发，提出了商业生态系统、创新生态系统、创业生态系统等诸多名词。

6.2.1.1 创新生态系统的概念内涵

美国硅谷的高速成长，将学者们对创新活动的关注提升到了更高的层次，并引发了深入探讨，学者们在《区域优势：硅谷和 128 号公路的文化和竞争》《硅谷前锋：创新和创业的栖息地》及美国政府 1994 年发布的

《科学与国家利益》等书籍、报告中指出，美国硅谷的繁荣发展需要改变传统的视角而从生态学的视角出发，他们认为其发展已经由传统的、简单的生产线样式转变为生态体系样式，"创新生态"理论由此产生。

创新生态系统在国家层面主要包含核心层、中间层和外围层三个方面。核心层由创新生产与扩散、创新应用两部分组成，中间层包括政府、金融机构、创业投资机构和中介组织等，外围层主要是创新的基础设施、文化、资源、管理制度和激励机制等。区域创新生态系统及区域性合作的主要要素包括高等院校、企业、研发机构等，各要素之间相互作用、协作分工。企业创新生态系统是以企业为核心，由高等院校、科研院所、政府机构以及金融组织等形成相互支持和作用的网状结构组织。上述三种生态系统虽然所在层面不同，但是都具有共同的特点：动态、开放性；创新环境、创新组织等组成要素具有共同的出发点：通过相互交流、协同共生、演化适应等融合发展，实现创新的总体目标。

研究表明，创新生态系统受诸多因素的影响，与创新生态系统的层次和类型密切相关，包括政府、政策、科研机构、金融机构、中介机构、组织创新文化与能力、人才体系等。各创新生态系统主体对相同要素产生影响的表现也不同，因此，创新生态系统的影响要素要具体问题具体分析，通过具体研究的对象确定其重要程度、影响机制及作用形式等。

6.2.1.2 创业生态系统的内涵

摩尔（Moore，1993）在给出了商业生态系统的基本概念之后，创业生态系统一词也就慢慢地发展开来。全球创业观察（Global Entrepreneurship Monitor，GEM）构建了创业生态系统，提出影响一国或地区创业活动的九个要素：政府政策、政府项目、国内市场开放程度、金融支持、商业环境与专业基础设施、实体基础设施、文化及社会规范、教育和培训、研究开发转移。斯皮格尔（Spigel，2017）认为，创业生态系统是一个结合了各种要素的联合体，创造了本地文化、经济政策、投资机构、社交网络、大学等创新创业的环境。

学者们认为创业生态系统涵盖以下内容：第一，创业生态系统是众多要素共同作用的结果，这些要素包括政府、高校、众创空间、导师、创客等。第二，创业生态系统中的组成要素是互利共生的关系，每个要素在保持自己特定的角色定位时，与其他要素之间进行价值互换，其发展是一个为实现最终平衡而不断动态变化的过程。

6.2.1.3 我国创新创业生态发展情况

全球创业研究机构 StartupBlink 每年会从全球 100 个国家和地区中选取 1000 座城市进行创新创业生态系统进行评估（评估指标见表 6.1）。2021 年创业指数排名前十的城市如表 6.2 所示。我国北京、上海位于全球创业发展指数前十名，已形成较好的创新创业生态环境。

表 6.1 全球创业发展指数（CEDI）评估指标

一级指标	二级指标
数量	创业公司数量
	联合办公空间数量
	加速器数量
质量	研发中心情况
	独角兽情况
	跨国公司分支机构情况
营商环境	

表 6.2 全球创业指数排名前十的城市

排名	城市	总分	数量评分	质量评分	营商环境
1	美国—旧金山	550.269	36.19	510.42	3.66
2	美国—纽约	217.002	18.34	195.00	3.66
3	英国—伦敦	125.637	21.67	100.17	3.79
4	美国—洛杉矶	113.855	14.68	95.52	3.66
5	美国—波士顿	108.050	8.66	95.73	3.66
6	中国—北京	102.695	7.11	92.93	2.65
7	中国—上海	70.617	5.10	62.87	2.65
8	印度—班加罗尔	63.282	6.64	54.19	2.46
9	以色列—特拉维夫	54.890	5.26	46.48	3.15
10	法国—巴黎	52.877	7.58	41.89	3.40

资料来源：StartupBlink. https://www.startupblink.com/。

通过中国创新创业区域指数考察各省份创新创业生态建立情况（见表6.3）发现，创新创业区域指数由企业家、资本与技术三大关键要素组成，中国区域创新创业指数通过新创企业数量、吸引外来投资、吸引风险投资、

表 6.3　2020 年中国区域创新创业指数排名前十的省份

省份	总量维度		子维度									
	总量指数得分	总量指数排名	新建企业数量得分	新建企业数量排名	吸引外来投资得分	吸引外来投资排名	吸引风险投资得分	吸引风险投资排名	专利授权数量得分	专利授权数量排名	商标注册数量得分	商标注册数量排名
广东	100.00	1	100.00	1	99.27	3	98.13	5	99.97	1	99.90	1
江苏	99.48	2	99.17	3	99.90	1	98.75	2	99.00	3	98.44	5
浙江	99.38	3	98.54	4	99.58	2	98.23	4	99.48	2	99.69	2
上海	98.75	4	97.71	6	98.65	6	98.86	1	97.42	5	98.54	4
山东	98.65	5	99.48	2	99.06	4	96.57	6	97.39	6	98.13	6
北京	97.92	6	91.16	15	98.86	5	98.54	3	98.24	4	99.06	3
四川	96.46	7	97.50	7	96.67	8	95.84	7	94.58	9	96.15	9
福建	96.25	8	95.42	10	95.63	12	93.96	9	95.48	8	97.71	7
安徽	96.05	9	96.88	9	96.36	9	93.03	10	96.23	7	95.01	11
河南	95.94	10	98.02	5	95.42	13	92.82	11	92.70	11	96.98	8

资料来源：北京大学企业大数据研究中心. 中国区域创新指数 [EB/OL]. https://opendata.pku.edu.cn/dataset.xhtml?persistentId = doi: 10.18170/DVN/NJIVQB.

专利授权数量和商标注册数量五个维度来反映各地区的创新创业活力与绩效，统一用"企业"的角度进行划分，将原本分散的技术、人、投资等数据有机联系起来，具有客观性、实时性与多维性。从评价结果看，广东、江苏、浙江形成了较好的创新创业生态环境。

6.2.2 典型双创生态系统分析

6.2.2.1 以企业为主体构建的创新创业生态系统

（1）典型案例：小米生态系统①。

小米在创建之初将企业定位为高性价比智能手机公司。随后公司规模和业务不断扩大，其业务向手机周边、智能硬件、生活耗材等方向延伸，通过"投资＋孵化"的方式打造了一系列小米生态链企业，公司也从单一的手机业务发展成为以手机、智能硬件和 IoT 平台为核心的互联网公司，由此，小米生态系统正式形成。

①小米生态系统构建背景。2015 年开始，互联网产业发展速度放缓，经历了五年左右的智能手机高速增长，红利开始逐步消失，行业整体增速开始放缓，小米公司受到影响，出货量开始下降，发展遇到瓶颈，意识到以智能硬件和 IoT 为代表的物联网迅速发展并成为战略性新兴产业之一，要在小米手机取得成功的基础上实现突破，必须打造产品梯度。小米开通手机和 IoT 产品为流量和用户的入口，为用户提供互联网服务，实现较高的利润，同时利用全渠道的新零售为产品带来更多的流量，迅速拓展客户群，再通过创新的硬件产品吸引更多的用户，实现互联网服务的再次变现。由此建立铁人三项的商业模式：硬件＋互联网服务＋新零售，在该模式下，小米公司通过硬件打开流量入口，互联网服务创造利润并提升客户黏性，新零售打造高性价比产品并实现商业模式的循环和闭环，由此，小米生态链应运而生。

小米生态链的发展过程如图 6.1 所示。

②小米生态链建立过程。第一，小米生态链第一阶段。在第一阶段，小米公司采用"投资＋孵化"的方式使得生态链企业从无到有，从"0"到

---

① 小米生态链谷仓学院. 小米生态链战地笔记［M］. 北京：中信出版社，2017.

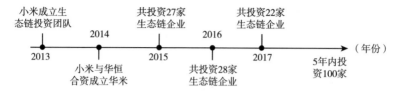

图 6.1　小米生态链的发展过程

"1"。小米联合生态链企业推出高性价比的爆款产品，使得生态链企业能够迅速成长。

- 投资方面。小米采用只占小股和"参股不控股"的投资策略，在生态链企业中占有少量股份，只有建议权而没有决策权，该策略使得小米公司和生态链企业能够专注于各自擅长的领域，并且保证各自在自主性、创新性方面具有充分的发展空间。

- 孵化方面。小米开发生态链产品是通过对相性相合的企业进行"体外培育"，而非以"体内培育"的方式。在初期，小米公司与生态链企业只是通过投资建立合作关系，小米将良好的品牌形象、稳定的供应链资源、庞大的电子商务和线下的营销网络、活跃的粉丝用户群等资源提供给生态链企业，同时利用向生态链企业输出产品的价值理念、方法论等形式打造高质低价的爆款产品。生态链企业可以利用 1~2 年时间顺利度过初创期，快速到达成长期，脱颖而出成为行业内的第一或第二。

小米生态链提供的孵化资源如表 6.4 所示。

表 6.4　　　　　　　　　小米生态链提供的孵化资源

孵化资源	内容
品牌背书	小米开放"米家"品牌：智能家居、消费类硬件、"生活中的艺术品"为方向的产品；"小米品牌"：科技类、极客类产品
供应链赋能	生态链企业依托小米的供应链资源获取稳定优质的供应商，依托产业整合能力获取价格优惠的原材料，进而实现低成本生产
渠道优势	一是小米线上电商平台，该平台在中国电商平台中稳居前四名，具有强大的互联网动员能力，且每一个品类下的品牌和产品数量有限，更容易吸引消费者目光；二是小米线下的小米之家实体店，为品牌的营销创造了更便利的途径。对于小米生态链来说，小米的自有渠道可以为产品带来更多的关注度和流量，提高产品销量
活跃的粉丝用户群	小米用户现已超过 3 亿，活跃的用户群体为小米生态链企业的产品提供更多的销售和曝光机会，爆款产品的销售更容易实现

孵化资源	内容
投融资支持	小米对生态链企业投资能够增加金融机构对小米生态链企业的信心；同时小米通过路演的方式拉动一线投资人、金融机构对处于不同成长阶段的生态链企业进行支持
团队支持	在遵循小米产品设计和质量标准的基础上，小米利用自身优秀的资深技术人员建立生态链团队，共同设计和研发产品，提升生态链企业的工业设计和技术能力，以及产品的性能和爆款率
设计支持	小米为保证生态链企业的产品设计设置专门的 ID 部门
产品方法论支持	小米和生态链企业在产品定位方面的深入协作，通过小米向生态链企业传达自身的产品方法论和价值观，让生态链产品更加契合小米的品牌定位

小米通过对生态链企业进行各项显性和隐性扶持，使小米生态链企业迅速得以孵化，占据产业领导地位，积聚资源优势，并为其以后的发展保驾护航。

第二，小米生态链第二阶段。在第二阶段，小米生态链企业一起打造爆款产品，不断扩充产品种类和开发新产品，逐步发展自身优势和品牌，3年左右时间跻身为行业内中等水平企业，实现从"1"到"100"的突破。

衡量生态链企业成功的关键在于每一家生态链企业不再依赖小米提供的平台，而是能够独立自主做大做强。在第一阶段的发展过程中，生态链企业的定位为 ODM（贴小米品牌）的生产企业，在以"小米"或"米家"为品牌的产品中获利较低，没有建立自己的销售渠道，因此在第二阶段生态链企业开始从借助小米公司积累优势向建立自己的品牌和渠道转变，扩充品类，迭代核心产品，定位为 OBM（代工厂经营自有品牌）企业，此时生态链企业在生态链中的地位提升，并在细分产业应用领域中获得了相应的市场话语权，成长为完整的公司。小米及其生态链企业互为彼此价值的放大器。

小米——小米生态链公司：小米通过投资生态链公司布局不同的领域，并利用自己的资源（如产品的方法论、销售渠道、供应链资源、品牌力等）为生态链企业背书和赋能，使其产品快速放量，公司迅速成长，小米成为生态链企业的价值放大器。

小米生态链公司——小米：小米生态链公司利用小米品牌占领市场，产品会吸引更多的新用户和关注度，生态链也成为小米的价值放大器。

在小米生态链上的每一家公司都是小米的兄弟企业，是独立公司而非子公司，具有自由成长的能力。在这样的生态链模式下可以实现：一是提升效率。选择让专业的团队做专业的事情，可以将每一款产品都做到极致并且大大提升双方的效率，以最快的速度布局市场。二是激励机制。由于生态链企业都具有独立自主性，生产经营不会受到小米公司的直接控制，大大提高了各个创业团队的工作热情、工作干劲和工作积极性，有助于实现共赢。

2014 年至 2017 年末，小米发展成为全球最大的智能硬件平台，小米生态链企业年销售额突破 200 亿元人民币，这主要得益于 LOT 平台，该平台已经接入 800 多种智能硬件，1 亿多台物联网设备，每日上线设备超出 1000万台。在生态链模式的培育下，诞生 4 家估值超过 10 亿美元的"独角兽"——紫米、华米、智米、纳恩博。

（2）典型案例：阿里生态圈①。

①阿里生态圈简介。成立于 1999 年的阿里巴巴作为现阶段中国电商领域的龙头企业，如今已发展成一个包含零售商业、物流服务、金融服务、消费者服务、数字媒体及娱乐、新零售、医疗健康、科技创新、云计算等多业务在内的生态型企业，其生态版图不断扩张。结合自然生态系统种群划分方式，可以将阿里生态圈的种群对应关系予以划分，如表 6.5 所示。

表 6.5　　　　　　　　　　阿里生态圈种群划分

种群类别	具体特征描述	对应主体
领导种群	是生态圈中的优势种群，在整个生态圈中占据着控制地位，主要为生态圈成员提供沟通交流渠道，扮演着整合资源、协调关系的重要角色	阿里巴巴（淘宝、天猫、聚划算、全球速卖通、1688 等）
关键种群	指电商平台生态圈中的交易主体，比如生产商、供应商、零售商及消费者等，其主要功能是维持种群多样性及系统稳定性	商家
		消费者
支持种群	主要指物流平台、金融机构、电信服务商等。其并不直接依赖核心平台，但依靠核心平台所赚取的收益高于独自发展所取得的收益	服务商（菜鸟、支付宝、阿里云等）

---

① 资料来源：阿里巴巴公司官网，https：//alihome. alibaba. com/。

种群类别	具体特征描述	对应主体
寄生种群	寄生种群依赖电商平台生态圈而发展	增值服务商（培训机构、广告服务商）
其他	进行生态版图扩张时所涉足的其他领域	新零售（银泰、盒马鲜生）、数字媒体及娱乐（优酷、UC、阿里巴巴影业集团）、高德、钉钉

②阿里生态圈发展过程。阿里巴巴从最初的 B2B 平台发展成如今具有大量商家和消费者的平台生态圈，经历了如下三个阶段。

第一，初创阶段（1999～2003 年）——初步建立平台架构。在阿里生态圈的初创阶段，阿里巴巴主要作为市场机会的识别者存在。阿里内部缺乏运营经验、外部缺乏用户注意力，且面临竞争对手 eBay 的压力，整体位势相对较弱，该阶段阿里主要依靠的是敏锐的市场洞察力。因此，阿里结合阶段目标及所处生态位，寻找位势差，采取免费策略吸引用户，扩大企业竞争优势。初创阶段的阿里生态圈，其平台构建主要采取的措施包括四个方面，如表 6.6 所示。

表 6.6　　　　　　　　　阿里生态圈初创阶段主要措施

主要措施	内容
机会识别	初创阶段，阿里创始人马云通过在外经贸部的工作经历发掘电商市场机会，抓住了中国电子商务的发展先机
资源整合	1999 年，阿里创始人马云经过整合各方资源，成立了阿里巴巴集团，主要目的是为中小企业提供信息
变革创新	阿里十分关注市场及用户需求，比如，在成立之初便针对国内批发贸易市场推出"1688"；2001 年阿里为解决中小企业买卖双方的信任问题，迅速推出诚信通。当阿里意识到中国电商市场潜力无限时，立即决定成立淘宝
平台初建	阿里于 2003 年创立淘宝，在此阶段，阿里平台起核心主导作用，连接着消费者和商家，阿里通过免费策略吸引用户，以此加强用户体验和用户黏性，进而扩大自身用户规模

这一时期阿里自身实力有限，能够整合利用的内外部资源不多，缺乏路径依赖基础，故要不断发掘市场机会，进行基础架构的建设，不断发展

自身用户。主要采取的措施是实施免费定价策略。此阶段的发展为成长期平台发挥网络效应奠定了基础。

第二，成长阶段（2004～2010 年）——初步形成网络效应。基于初创阶段的发展优势，阿里电商平台的生态位得以提升，拥有的用户、资产等发生明显变化，但阿里仍然面临业务单一、无法形成网络效应等发展问题。为解决上述问题，打破边界效应和吸引更多用户，阿里巴巴在这一阶段采取的措施如表 6.7 所示。

表 6.7　　　　　　　　　阿里生态圈成长阶段的主要措施

主要措施	内容
机会识别	阿里首先通过内外部环境分析识别机会，比如通过数据分析识别进出口需求，适时推出"Export-to-China"；通过分析相关资料得出中国网购增量空间较大的结论
资源整合	可掌控的资源更丰富。对内进行一系列的人事调整、业务调整、内部战略注资、优化产品界面等措施，对外则进行收购、合作、市场拓展等措施，比如阿里于 2005 年收购了雅虎在中国的全部资产，并获得了雅虎的投资
变革创新	生态系统的构成要素逐步丰富，围绕其核心业务不断推出支撑业务，为用户提供便捷服务。2004 年 7 月，为提高买卖双方的沟通效率，推出了阿里旺旺；为保障交易双方的互相信任，2004 年 12 月推出支付宝；为进一步了解用户需求，2005 年收购了中国 Yahoo；2006 年推出淘宝大学课程，给买卖双方提供培训服务。除围绕现有业务衍生相应支撑业务外，阿里还不断寻求商机，2008 年成立淘宝商城，2010 年推出现实促销平台聚划算，更好地为第三方品牌及零售商提供服务；为了符合消费者使用习惯，2010 年 8 月推出手机淘宝

成长阶段的阿里有了初创阶段的积累，依靠自身架构、整合内外资源，坚持免费策略、不断开发支撑业务并拓展市场，使得用户突破临界规模，阿里正式在此阶段开启"大淘宝"战略，并依然采取免费策略增加用户黏性，进而实现网络效应，成长期的网络效应为阿里平台的生态化发展奠定了基础。

第三，生态化发展阶段（2011 年至今）。本阶段的阿里采取的主要措施是不断创新，分别从内外两方面进行生态化布局，同时进行组织结构调整。

在内部生态化布局方面，阿里围绕现有业务不断丰富衍生支撑业务，比如物流服务、金融服务；在外部生态化布局方面，阿里借助现有优势进军其他领域，通过投资并购等战略扩张生态版图，逐步进入生活服务领域、数字媒体及娱乐领域、新零售领域、医疗健康领域及科技创新等领域，具体如表 6.8 所示。

表 6.8　　　　　　　　　　　　阿里生态布局领域

布局领域	时间	事件
云服务	2009 年 9 月	成立阿里云计算
金融服务	2014 年 10 月	成立蚂蚁金服
生活服务	2014 年 10 月	成立阿里旅行
	2015 年 6 月	成立口碑
	2015 年 12 月	成为饿了么第一大股东
数字媒体及娱乐	2014 年 6 月	收购 UC 优视
	2014 年 6 月	收购电影及电视节目制作商文化传播
	2015 年 7 月	成立阿里音乐集团
	2015 年 9 月	成立阿里体育集团
	2015 年 11 月	与优酷土豆签订合并协议
	2016 年 6 月	成立阿里巴巴大文娱板块
	2017 年 3 月	收购大麦网
	2018 年 2 月	投资万达影业
新零售	2014 年 7 月	与银泰合资，开展 O2O 业务
	2015 年 8 月	与苏宁云商战略合作
	2017 年 7 月	盒马鲜生面世
	2018 年 2 月	投资居然之家
医疗健康	2014 年 1 月	战略投资中信二十一世纪有限公司
	2014 年 7 月	正式启动"药品安全计划"
	2017 年 5 月	推出面向个人的"医疗服务"平台
科技创新	2017 年 10 月	成立阿里巴巴达摩院
	2019 年 1 月	收购 data Artisans 公司
物流服务	2018 年 5 月	与菜鸟中通达成战略协议
	2019 年 3 月	入股申通，扩展物流布局
其他	2014 年 7 月	投资高德地图
	2015 年 2 月	推出移动办公通信平台钉钉

此阶段，随着阿里市场的不断拓展，其内部业务不断丰富与成熟，亟须寻求有效的组织结构以支撑多元化业务的有序推进，进而保障企业核心

竞争力，于是开始了一系列战略部署与组织变革。2011 年 6 月，阿里开始实行子公司制，根据业务需要，将淘宝细分为淘宝网、一淘网和淘宝商城。2012 年 7 月，阿里开始实施事业群制，建立七大事业群：淘宝、天猫、聚划算、一淘网、阿里云、阿里小企业业务、阿里国际业务。2013 年 1 月，阿里为更好地配置资源，把原来的 7 大事业群调整为 25 个事业部，并赋予各个事业部充足的权力，使得阿里不断释放创新活力。

③阿里生态演化过程分析。通过对阿里生态圈的演化过程进行分析，可从中提炼出电商平台生态圈发展的一般规律及其内在机制，进而可供其他企业生态化发展提供参考。

第一，阿里平台生态圈演化动因分析。生态圈的阶段性演化受其阶段性目标与内外部环境的影响，由阿里生态圈的演化过程可见，其演化动因主要来源于内部发展需要及外部竞争压力。具体而言，初创阶段到成长阶段的演化动因主要是用户注意力，在此阶段阿里首先通过免费策略吸引用户眼球，不断积累用户，当形成一定用户基数后，阿里又通过开发衍生支撑服务措施吸引并锁定用户，逐步形成网络效应、扩大用户规模。

从成长阶段向生态化阶段演化的动因主要出于企业自身长远发展需要，阿里已拥有了强大的用户规模，此时，原有的组织结构不再适用，因而阿里在此过程中不断调整以寻找合适的组织结构，阿里借助已有的庞大用户群及经营资源快速渗透其他领域，充分挖掘用户价值。

第二，阿里平台生态圈组织结构分析。企业在其发展的不同阶段为了实现发展目标，均会根据其所处阶段情境选择相匹配的行为策略。阿里电商平台生态圈的组织结构伴随着不同阶段，紧扣发展战略目标进行动态调整，进而推动企业创新性发展，逐步呈现出动态化、复杂化、网络化的组织结构。

初创阶段，阿里平台生态圈的组织结构相对简单。成长阶段的阿里为吸引更多用户，形成网络效应，其围绕核心业务不断丰富业务种类，开展"大淘宝"战略。首先，阿里根据用户特征开发出了聚划算、淘宝商城等平台；其次，为降低交易成本、改善用户体验，阿里还推出了阿里旺旺、支付宝、淘宝大学课程等业务。考虑到阿里所面对的客户分为商家客户和用户客户，为提高服务效率，阿里将其组织结构调整为 B/C 事业群，分别服务于企业及个人。

当阿里进入生态化阶段后，分别从内外两方面进行生态化扩张，对内主要围绕核心平台开发衍生服务，对外则采取平台包络战略，借助现有优势进入其他领域，逐步扩大自身生态版图。与此同时，开展了组织结构与业务的适配性变革。首先，把原有的 B/C 事业部组织结构转换为"一拆为三"的组织结构；其次，又将组织结构调整为七大事业群，形成互补共生的组织结构；最后，将 7 大事业群调整为 25 个事业部制。为提高公司运营质量、保持创新力，阿里逐步将组织调整为小前台、大中台的结构。

第三，阿里平台生态圈动态能力分析。成长阶段的阿里内部业务单一、外部仍未形成网络效应，故阿里综合考虑内外部因素，逐步开拓支持业务，以此加强用户黏性；生态化阶段的阿里，逐步进行生态布局，借助用户优势进军其他领域，深入挖掘用户价值，业务不断丰富。但企业运营效率降低，因此，阿里重构组织结构，维持企业竞争优势。

第四，阿里核心平台企业和参与种群的关系分析。根据阿里巴巴的发展演化阶段可见，平台生态圈中核心平台企业与参与种群间的关系呈现出阶段性的变化。

初创阶段，核心平台企业出于用户资源，对参与种群进行引导；而参与种群则主要出于机会主义，尝试性地加入平台，此阶段二者关系极不稳定。

成长阶段，核心平台企业出于网络效应、增强用户黏性，仍实施引导策略，主要通过开设淘宝大学课程、推出支付宝等服务措施引导参与种群加入其中，当参与种群加入平台后，阿里所提供的一系列支撑服务对中小企业产生了锁定效应，进一步增强了用户黏性；该阶段，参与种群受到利益驱使，被动性地加入平台。

生态化阶段，核心平台企业业务丰富，通过投资、并购等措施进行生态化布局。核心平台企业不断地为参与种群提供多样化的基础支撑服务，同时参与种群能够利用核心平台企业提供的服务寻求发展机会，二者相互促进、和谐发展。为适应企业发展，生态圈不断进行变革组织结构，并逐步向参与种群赋能；对参与种群而言，其已与核心平台企业形成了较为友好的关系，能够自发寻求机会。

6.2.2.2　以高校为主体构建的创新创业生态系统

（1）典型案例：阿尔托大学创新创业生态系统①。

芬兰作为培育了众多工程师和创业者的国家，拥有历史悠久的高科技

---

① 武学超. 芬兰阿尔托大学创业生态系统构建及经验启示［J］. 高教探索，2016（3）：69 - 74.

传统，成长性创业成为一种普遍社会现象。当地政府为了新大学的发展，在政策和资金上给予充分倾斜，其中芬兰的阿尔托大学所在地为政府划定的创新驱动发展区域，同时也是北欧最大的高技术中心。因此，学校在创建过程中充分利用了当地的区位优势，注重学校创业生态的构建和学生创新性的培养，改变了过去"迎合大公司"的传统思维，采用极具特色的草根创业模式。同时为学生创业运动搭建了生态系统，逐渐形成了以工程、商业、设计为一体的具有明显技术商业化特征的开放式创新创业型大学。

①阿尔托大学创业生态系统构建的过程。

第一，初创阶段。2008 年，为了更好地学习国际知名院校在创新创业生态构建过程中的宝贵经验，学校师生和麻省理工学院、波士顿大学等院校进行了创新创业方面的交流和学习，并由阿尔托大学的"设计工厂"（Design Factory）创业机构赞助成立了"阿尔托创业协会"（AaltoES）。AaltoES 作为非营利性的草根组织，旨在帮助学生创业者通过相关实验寻找正确开展创新创业活动的方法，因此该平台成为了阿尔托大学学生开展创新创业活动的主体和核心平台，经过多年的发展，AaltoES 在欧洲享有盛名，并成为欧洲最大且最具活力的学生运作创业协会。

为了更好地促进阿尔托创业协会的发展，政府鼓励协会积极参与地方新创公司和大学的管理团队，同时于 2009 年为其授予了"注册协会"的身份，协会会员发展到 5000 人之多。协会的管理团队以学生创业共同体为核心，在发展战略上，采用了高增长战略，激励学校师生开展高技术、高增长的创业项目。阿尔托大学创业协会的成立，逐渐搭建起了芬兰在先导性新创公司方面的生态系统，并解决了阿尔托大学所在地赫尔辛基地区缺乏创业文化、新创建公司国际视野缺失以及创新创业能力不足等问题。同时，开放式的创新创业共同体促进了阿尔托大学创业文化的形成，为各类创业者开展创新创业活动提供了引导，也为阿尔托大学创建众创生态系统提供了有力支撑。

第二，"组织化"阶段。2010 年开始，阿尔托大学免费开放学校的众创空间，同时对有创新创业想法的人员提供培训和指导，利用新创建的 Bootcamp 创业加速器项目开展了众多创新创业活动，与美国"斯坦福技术风险公司项目"（STVP）的战略合作，使协会的国际影响力大幅提升，让阿尔托大学成为欧洲首位与斯坦福大学科技创业课程合作的官方伙伴。

2010 年 5 月，阿尔托大学为了更好地促进学校创新创业活动的开展，与 AaltoES 合作建立了 "阿尔托创业中心"（Aalto Centre for Entrepreneurship，ACE）。阿尔托创业中心的主要作用是与外部企业以及新创公司开展创业发展促进计划和实习项目，举办各类创新创业活动，其中最典型的有 "创业之夏"（Summer of Startups）活动。AaltoES 通过各类举措的实施逐渐成为了专注于公众科技创业领域的实体性组织机构，并向国际性的创新创业共同体努力迈进。

第三，众创文化培育阶段。该阶段芬兰的创新创业文化开始形成，越来越多的人开始参与到创新创业的活动中来。2011 年，由 AaltoES 组织开展的 "芬兰后福利时代"（Finland post welfare）全国大型创新创业研讨会和系列创新创业宣传活动吸引了来自芬兰及其他国家和地区众多创客群体的参与，活动取得了良好的效果，产生了广泛的影响。2012 年初，AaltoES 在芬兰政府的支持下，开始负责 "国家新创公司大会" 的所有工作，与美国 "斯坦福技术风险公司项目"（STVP）的战略合作，让包括来自俄罗斯在内的众多北欧国家的创客群体开始加入阿尔托创业协会的各项活动中，也激发了阿尔托大学广大师生参加创新创业活动的积极性，一定程度上推动和加速了阿尔托大学创新创业活动的发展。

2012 年，基于与美国斯坦福大学 STVP 项目合作的 "阿尔托风险公司项目" 宣布成立，该项目主要负责创新创业类课程的研究和开发，并创立了 "创业研究库"。同年末，阿尔托大学为了 AaltoES 职责的聚焦和专业化，又成立了 "创业桑纳基金会"（Startup Sauna Foundation），将 AaltoES 前期负责的大量创业活动承接下来。创业桑纳基金会的主要职责为 "创业实习项目"（Startup Life）和 "创业桑纳加速项目"（Startup Sauna）的运作和管理。"创业实习项目" 旨在为学生提供 3 ~ 12 个月在赫尔辛基地区和硅谷高增长新创公司园区的新创公司的创业实习活动。"创业桑纳加速项目" 旨在为新建立企业的经营管理人员提供相关的创新创业支持，同时致力于区域高增长新创公司的发展。这些开放式创业组织项目为培育芬兰众创文化提供了实体化平台。

第四，规模化阶段。该阶段 AaltoES 的社会和国际影响力不断增强，运行的规模和范围也在进一步扩大。2012 年，基于 "创业桑纳加速项目" 框架举办的 Slush 创业大会，将 AaltoES 前期创办的 "创业之夏" "创业桑纳加速项目" 等向其他国家和地区推广延伸。这次大会的举办为 AaltoES 吸纳了来自 30 多个国家的 3500 余名成员、600 多家新创公司和 250 多家投资者，并通过对其他国家著名的创新创业生态区的学习考察，将有创业意愿的国际创客吸纳进去。

AaltoES 在创立之初，定位为面向以学生为代表的草根创业者的众创生态平台，因此在本阶段，AaltoES 一方面不断吸纳大众的创新创业思维和理念，将协会的规模进一步扩大，更好地促进协会的可持续发展；另一方面，AaltoES 采取各种形式的激励，鼓励芬兰和阿尔托大学的优秀人才参加创新创业活动，将可利用的人才挖掘出来，为新创企业提供人才保障，促进其数量和规模的不断增长，逐渐在全芬兰形成支持创新创业的文化。另外，进一步将"创业桑纳基金会"的创业桑纳加速项目、创业实习项目、Slush 创业大会等服务范围扩大并加速发展。2013 年阿尔托大学与微软公司联合成立了名为"应用校园"（App Campus）的移动应用研发项目，即一个面向世界开放的移动应用加速项目。这些举措很有力地促进了各类新创公司的建立，同时为学生提供了大量的创业实习机会。

从 2008 年开始，AaltoES 利用五年的时间通过初创、组织化、众创文化培育和规模化四个阶段的发展，在芬兰已经形成了较为成熟的创新创业生态体系。

②阿尔托大学创新创业生态系统的成功因素。

第一，发挥大学领导集团的创业战略支持作用。阿尔托大学在构建众创系统的初期缺乏支持学生创新创业活动的相关政策及活动，但学校领导集团对学生创业活动采取积极鼓励的态度并提供相应的支持，特别是对"在大学周边而非大学内部创建众创生态系统"的大众创新创业互动提供了很多支持。因此，阿尔托大学领导集团在学生创新创业活动中发挥了极其重要的作用，也为学校众创生态系统的构建提供了理念保障。

在众创生态系统构建初期，阿尔托大学领导集团就将系统的核心任务定位为以新创公司为重点，做好创新创业的能力建设。在系统的运行上，基于阿尔托大学与斯坦福 STVP 项目的战略合作，形成了利用网络培育大学创业文化的新方法。阿尔托大学管理集团针对具有发展前景的大学衍生公司，通过精准识别和大力支持帮助其成长为阿尔托区域的新创公司。

在创业中心的管理上，阿尔托大学领导集团改变了传统的指令式管理方法，采用支持的管理模式为学生创新创业活动充分授权，这种特殊的管理模式在很大程度上更加紧密地融合了学生创业运动与地方创业共同体；在创业中心知识产权归属上，将原来学校官方拥有所有知识产权的形式调整为松散的产权管理模式，即个人研究成果的知识产权归发明者所有，由产业资助的研究成果的知识产权转移给赞助公司。这些举措有效地推动了"阿尔托创业中心"的战略实施，不仅顺应了以学生为主导的创业运动组织的内增长，还为学生的创新创业提供了充分的公共支持，给予学生在创新创业活动中更多的自由发展空间。同时在解决当学生主导的快速发展、高试验性的创业运动面临重大问题和挑战时起到了十分重要的作用，进一步促进了阿尔托大学创业生态系统的组织化发展。

第二，激发大学内部创新创业活力。在阿尔托创业中心的管理和支持下，学校师生积极参与各类创新创业活动，所有的创新创业活动由其统一协调和管理，创业文化十分活跃和繁荣，逐渐形成了大学生、连续创业者（serial entrepreneurs）、大学以及区域共同体之间协同的创业文化环境。

阿尔托创业中心的主要功能有：一是整合各类创新创业资源，将经过筛选的优秀资源通过技术转移运用到由阿尔托大学师生创办的高潜力新创企业；二是通过提供资金支持，助推各类新创公司的建设；三是与各类国际知名公司建立战略伙伴关系，对阿尔托大学师生的创新创业成果进行价值评估；四是利用各相关方的协同效应支持其他的创新创业活动，不断培养学生在创新创业上的进取心，激发学生的创业活力。以上这些共同组成了阿尔托大学创业生态系统成功构建的核心内容。

在创新创业活动的开展上，主要有两个方面：一是利用"应用校园"等项目资源加强和促进相关区域的创新创业能力建设；二是依托旗下的"阿尔托风险公司项目""设计工厂"为学生研究和开发创新创业课程，帮助学生提升创新创业的技能。其中"阿尔托风险公司项目"包含二十余门课程，通过"大规模在线开放课程"（MOOCs）模式与斯坦福大学教师共同为学生授课，核心课程有"创业变革者""创业领导""新风险公司创建"等。"设计工厂"主要以创新创业的实践为主，帮助学生提升创新创业的技能，例如跨学科"产品开发项目"课程旨在培养学生从"雏形创意"到"技术原型"的产品设计开发能力。

第三，协同外部创客开展创新创业活动。阿尔托大学在众创生态系统的构建中充分考虑和吸收了区域内外各相关方的意见和建议，同时也将他们的创新创业活动纳入学校的众创生态系统。同时与国际知名公司及不同地区创客进行战略合作和协同。高度区域化、国际化和开放性成为了阿尔托大学创新创业生态系统的典型特征，主要表现为阿尔托大学的师生与国内的创新创业实践者、政府部门及其他的区域内的相关方构成了众创生态共同体，这些共同体在区域创新创业活动中发挥了重要作用，也为其他创业者开展创新创业活动提供了必要的指导和帮助。另外，与国际知名高等院校和跨国企业建立合作关系，为有想法、有创业意愿的所有创客提供国际层面的创业交流和合作机会及其他必要的支持。

（2）典型案例：佐治亚理工学院创新创业生态系统①。

美国佐治亚理工学院是一所致力于通过先进的科学技术改善人类状况，强调将技术、经济、公共政策、法律、商业化和企业家精神融合在一起的研究型大学。佐治亚理工学院在创新创业系统的构建上，不仅重视创新创业的科学研究，同时注重经济价值和社会影响的创造。因此，在学校创业生态系统的构建上将经济价值和社会影响作为目标，创新创业科学研究作为基础，通过创新创业研究所将学生、研究者、创业公司、孵化器、商业伙伴紧密联系起来，形成了一个完善的创新创业生态系统。佐治亚理工学院创新创业生态各要素运行机制如下所述。

①组织管理者——创新创业研究所。佐治亚理工学院创新创业研究所（Enterprise Innovation Institute）是作为学校创新创业活动的统筹机构，除了为学校师生提供创新创业教育和实践之外，还统领全校各个学科和专业领域，满足各种创新创业需求，并且作为桥梁为学校师生的创新创业活动寻找外部合作伙伴。创新创业研究所作为商业化的专业组织，为师生的创业活动、区域新创公司、政府部门及相关的产业行业提供创业支持和商业服务，同时也是实现佐治亚理工学院本地、区域乃至国际化发展的主要工具和载体。佐治亚理工学院创新创业研究所通过大力发展应用科学、技术和创新不断提升其商业竞争力，也因此重新定义了理工研究型大学在经济社会中的角色和地位。

②学生项目的培育与孵化。佐治亚理工学院为每个阶段的学生都提供各类创新创业教育和实践活动，大家可以从中学习和了解各种知识，掌握相关创业技能，同时能认识更多志同道合的伙伴。学院创新创业教育的培养主要采用"学知识、动手做、启动创业"的模式。

在"学知识"阶段，学院建立了丰富的创新创业课程体系，如表 6.9 所示。

---

① 向美来. 一流大学创新创业生态系统构建与启示——以佐治亚理工学院为例 [J]. 职业技术教育, 2020, 41 (21): 68 - 73.

表 6.9　　　　　　　　　佐治亚理工学院本科生可选创新创业课程

课程	简介
GT 1000 创业公司、研究与创新课程	旨在让本科新生了解新创公司、客户发现、创业文化以及学校可以为创业公司提供的所有资源
GT 2803 创意与发明课程	旨在帮助学生寻找创意和探索发明的机会
客户发现实验室	旨在为首次创业者提供为期 6 周的创业课程，对相关问题进行交流学习并进行汇报
"重大挑战"项目	为期 1 年的课程，旨在为学生提供分析、解决问题的思路，帮助学生找到解决现实问题的方法

在"动手做"阶段，有各类丰富多彩的创新创业竞赛和实践活动。具体活动如表 6.10 所示。

表 6.10　　　　　　　　　佐治亚理工学院创新创业实践活动

活动名称	简介
佐治亚理工学院创业奖	活动主要面向本科生。除了有高额的奖金之外，获奖人员还可得到一份免费的专利申请
佐治亚理工学院创业大赛	活动主要面向研究生。参赛团队在 3 个月内创建优秀的商业项目，就可获得高额奖励
融合创新大赛	该活动为综合创新比赛，全体学生均可参与，旨在鼓励学生利用学校资源或行业指导，设计创新产品或创意体验
从创意到服务	活动主要面向在校学生和刚毕业的校友。对产品早期的模式、服务理念或风险投资概念进行介绍
凯普斯设计博览会	活动主要面向学生团队，通过团队合作完成从设计、构建、测试、原型加工到成品展示

在"启动创业"阶段，针对有商业前景的科技创新和创意项目以及学生创新创业者成立的公司通过"创造－X"（Create-X）专业孵化器进行孵育，帮助如 FIXD、Gimme、Grubbly Farms 等公司取得了成功。

佐治亚理工学院通过"学知识、动手做、启动创业"的培养模式帮助学生学习创新创业知识和技能，"创造－X"孵化器负责培养学生创新创业活动成果的孵化。

③研究成果的商业化。佐治亚理工学院创新创业研究所对有意愿参与创新创业活动的研究者提供指导和资源支持，并通过与外部企业或投资机

构的合作，将有潜力和前景良好的研究成果进行转化，帮助其实现商业化并创造经济价值和社会影响。

对于纳入创新创业研究所的商业成果，佐治亚理工学院制定了一套标准的管理程序。产业协作办公室负责收集创新创业成果的报告，交由专家团队对成果进行商业价值评估，成果的研究者或创造者依据商业评估报告，可以选择是否继续寻求基金支持进行研究、与产业协作办公室合作对外授权由其他公司进行商业化以及选择自己进行创业。如果选择自己创业，则创造或设计的成果将进入相应的孵化器进行孵化，同时佐治亚理工学院会从拨款资助、早期种子基金和风险投资等方面给予创办企业资金支持。

④多样化的孵化机构。佐治亚理工学院的孵化架构按照研究领域划分为孵化器和加速器，如表 6.11 所示。

表 6.11　　　　　　　　　　佐治亚理工学院多样化的孵化机构

孵化机构	简介
Engage 孵化器	主要负责高科技领域孵化，由亚特兰大市、佐治亚理工学院、Home Depot 和 Delta Air Lines 等大公司共同投资
Forge 孵化器	主要负责医疗保健领域孵化，由佐治亚理工学院联合埃默里大学医学院成立
Cyber Launch 孵化器	主要负责信息安全和机器学习领域孵化
Neuro Launch 孵化器	主要负责神经科学领域孵化，适用于神经科学创业公司，其数据驱动方法已成为全球知名的技术企业家模型
Flashpoint 孵化器	是个性化工程定制孵化项目
创业实验室（Venture Lab）	面向佐治亚理工学院学生和教职员工，是主要孵化基于科学研究和技术革新的创业公司
高级技术发展中心（ATDC）	立足于佐治亚理工学院，面向佐治亚州的著名科技加速器

表 6.11 中列示的孵化器和加速器都已加入佐治亚理工学院的科技广场（Tech Square），在这里学校师生能够更方便地与各类创业公司、研究者、创新创业实验室、风险资本家进行互动，同时这些群体也逐渐成为创新创业共同体。

佐治亚理工学院创业实验室的孵化过程按照"研究、创新、创业"模式开展，实验室的团队成员由专业工程师、企业家和教育工作者组成。进入实验室的研究成果要想成功孵化需要经历科学研究、思维、客户发现、客户验证、客户创造、公司创立六个阶段。在思维阶段，实验室的专业团队会对创新创业成果的应用进行评估，明确产品、确定客户群体以及客户购买原因。在客户发现阶段，通过与客户的近距离接触，及时客观地掌握他们的需求或者存在的问题，并不断改进商业模式，直至让大家认同。在客户验证阶段，实验室会通过构建成果的功能原型对销售流程进行测试。在客户创造阶段，通过开发早期客户，实现产品的销售，并不断扩展客户群体对商业模式进行验证。在公司创立阶段，提供人、财、物等方面的指导和支持，帮助新创企业通过良好的经营不断扩大业务规模。

⑤资源协作。佐治亚理工学院与包括世界 500 强企业、创业公司和非营利组织等在内的相关方建立了战略合作关系，相互分享创新创业的资源，共同举办相关活动。学校目前拥有 3 万余名在校生和 6000 余名教职员工，每年为社会培养和输出大批符合企业发展的高素质创新创业人才。在这里，学校和企业合作共同制定创新创业人才的培养计划，给企业提供实现发展需要的特定人才、研究和教育设施，包括实现成果转化需要的商业化技术、软件和材料。

由于大学能够源源不断输送高素质人才，开展科技创新和创业活动，因此吸引着大量创业公司、加速器、孵化器等机构。同时这些机构带来的良好就业前景也吸引着高校毕业生聚集在亚特兰大地区，进而促进该地区经济的蓬勃发展，吸引更多更好的人力资源和科技公司进驻。这些组织或个人彼此之间相互促进、相互发展，形成良性循环的创新创业生态。

6.2.2.3　以政府为主体构建的创新创业生态系统

（1）典型案例：芬兰赫尔辛基地域性创新创业生态系统①。

在欧洲智慧专业化战略框架下，芬兰赫尔辛基市埃斯波地区依托欧洲最具创新性的阿尔托大学，建立了具备典型地域特性的政府—大学—产业—公民社会"四重螺旋"创新创业生态系统，该生态系统的建立是基于"智慧专业化"和"开放式创新 2.0 范式"的"四重螺旋"创新模式逻辑原理，其中，特殊地域环境、内外部有效性共同治理、公众积极参与、学术资源支撑这四大因素对生态系统模式的成功运营发挥着重要作用，有效推进芬兰赫尔辛基市埃斯波地区创新创业模式转型发展。

---

①　武学超，罗志敏．四重螺旋：芬兰阿尔托大学地域性创新创业生态系统模式及成功经验［J］．高教探索，2020（1）：67－73.

①四重螺旋主体构成。在欧洲区域"智慧专业化战略"背景下，芬兰赫尔辛基地域性创新创业生态系统通过将区域发展与创新资源深度融合，加强政府、创新企业、社会公众、区域学术机构和创新用户之间的协同合作，构建了政府—大学—企业—创新用户群体的具有"四重螺旋"创新模式逻辑要素的聚合性创新主体网络。

第一，区域政府公共部门。芬兰赫尔辛基市埃斯波地区主要设有赫尔辛基—优乌西马亚区域委员会、芬兰国家技术创新局（Tekes）等政府公共部门。前者起着使能和协调作用，通过充分使用政府政策支持、搭建中介平台、财政资助等政策工具和协调公共部门、学术机构、创新企业、社会公众，推动区域内各种创新创业活动的开展；后者作为公共资助部门，主要发挥支持创新创业生态系统中具有创新性和风险性高的创新协同项目的作用。

第二，区域学术机构。阿尔托大学和芬兰国家技术研究中心（VTT）是芬兰赫尔辛基市埃斯波地区典型的学术科研机构。前者是欧洲顶尖研究型大学和世界一流创新创业型大学，由赫尔辛基理工大学、艺术与设计大学、赫尔辛基经济学院三所著名研究型大学合并而成，交叉融合的学科设置和创新创业导向是其主要特点，该大学在区域创新创业生态系统中发挥的作用主要是：一方面，为区域创新创业和新经济转型发展提供具有教育、研究和创新"知识三角"融合功能的服务；另一方面，通过与具有创新创业发展愿景的多方利益相关者开展深入合作，为区域性创新创业生态系统建设提供必要的智力支持。后者是北欧规模最大的国际顶级多学科交叉综合性技术研发组织，利用国际合作机制为创新创业生态系统内其他主体提供学术咨询、项目测试、技术验证、知识商业化等服务。

第三，区域产业部门。芬兰赫尔辛基市埃斯波地区拥有诺基亚（Nokia）和微软（Microsoft）两大全球知名的高科技跨国公司，这两家公司与区域内学术机构形成了深入协同的合作战略。为鼓励阿尔托大学师生开展创新创业活动，两家公司一起成立"应用校园"（App Campus）学术创业孵化器项目，同时对有商业潜能的初创企业的可持续发展起着重要推动作用。该区域还形成了风险投资公司网络，芬维拉公司（Finnvera）是其中的典型代表，该公司充分利用高度专业化的风险投资业务，为处于初创期的公司发展提供风险资金支持。

第四，创新用户群体。创新用户包括但不限于以下群体：消费者、社会公众、民间组织、专业用户、普通用户、创新用户组织、区域媒体。例如芬兰商会在区域创新创业方面发挥着重要作用：一是提供审计监管、产品检验、资产评估、商业法律等专业化指导与咨询服务；二是与议会、政府等部门进行集体谈判，为创新创业立法、税收政策和财经政策出台提供积极影响。

②多维互动与资源循环运行机制。芬兰赫尔辛基地域性创新创业生态系统源于智慧专业化背景下的生态逻辑理论，包含四大利益相关主体：地方政府、学术机构、区域创新企业和创新用户。这四大主体在该系统内为了实现自身良性螺旋式动态循环，坚持特定区域创新优先战略、开放式创新模式和竞合、共同演进、共同专属化动态运行机理进行创新创业活动，在此过程中形成高度网络化创新环境，各个主体又在其中发挥内外循环的知识再生和溢出作用。

第一，多维互动运行机制。一是，阿尔托大学等学术机构充分整合所在地区的优势创新要素和创业资源，协同政府、企业、科研机构、创新用户以及其他社会公众组织等内外部利益相关体，利用产生的协同放大效应，将学校创新创业活动，如采用"自下而上"和"自上而下"两种模式建立的设计工厂（the Design Factory）、城市工厂（the Urban Mill）等多样化创新创业平台融入区域创新创业生态系统，开展区域创新创业活动。

二是，赫尔辛基市政府强调在区域内外设立多层次、多主体、多形态、多节点协同创新创业项目，并邀请各个利益主体共同参与治理。芬兰政府"区域创新和实验"计划主要是从财政方面给予创新创业活动资金支持，例如设立专项资金建立创新创业示范项目试验场，为区域内特定创新提供资助；Tekes 智能采购项目主要是从采购方面推动创新创业活动，例如加大政府在创新方面的公共采购；"西部新城增长与发展走廊"平台主要是为区域创新生态系统运行提供实体化空间支持，该平台由 Tekes、企业、高校和社会公众组织联合创建，服务内容包含能源、卫生医疗、社区服务等方面；虚拟空间和"T3 空间网络原型"等公共服务中介组织主要为区域创新生态系统中各个要素的协同发展提供平台，例如知识共享云、体验工作坊等为政府发挥使能者角色创造条件。

三是，创新用户群体通过众创文化、公众话语、新媒体信息传递等各种渠道影响创新决策并参与区域创新创业活动，如生活实验室、工厂实验室、开放数据实验室等，建立了具备高度开放性、高度包容性的带有鲜明地方特征的创新生态系统。芬兰政府为鼓励大众创新，采取了多种措施：在文化教育方面，为激励公民参与开放科学研究过程出台了《开放科学与研究路线图》；在创新产品方面，为促进区域新经济发展，建立欧洲"生活实验室"基地，为创新用户提供创新产品体验、测试和使用的机会；在组织构建方面，为发挥公民在区域创新创业生态网络中的作用，将社交数据归档、国家图书馆、学习型社区联盟、计算机信息系统科学中心、开放知识联盟等利益相关体联合起来。

四是，芬兰赫尔辛基地域性创新创业生态系统包括芬兰最密集的高技术产业集群，其中有大量如诺基亚、微软等全球著名的创新型公司和区域新创企业。这些企业在全面搜集与分析用户需求和体验等信息的基础上，在人才培养、科学研究等方面增强与阿尔托大学及科研组织的系统创新关系，牵头打造该区域创新创业网络集群，为充分发挥创新产品研发优势和推动区域经济发展迈上新台阶提供强大支持。

从整体看，芬兰赫尔辛基地域性创新创业生态系统各利益主体之间构成了多维互动运行机制（见图6.2）。阿尔托大学充分利用其科研和学术优势，发挥智库角色，为当地社会、政府、企业和民众培养创新创业人才、

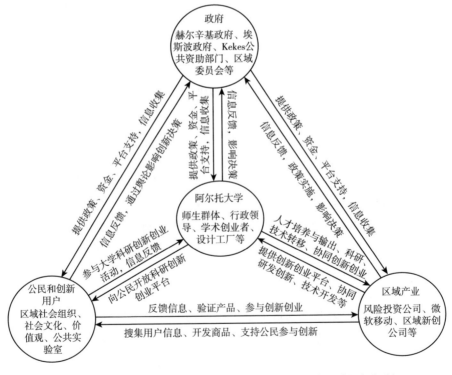

图6.2 芬兰赫尔辛基地域性创新创业生态系统多维互动运行机制

提供政策咨询、输出科研创新成果和提供创新创业方案，同时吸引其他利益相关者参与其科技创新活动。地方政府充分发挥服务角色，利用公共服务平台全面搜集创新主体需求和反馈信息，为各生态主体提供财政资金以保证创新人才培养、学术研究和创新创业等活动的顺利开展，提供政策支持激发相关主体参加创新创业活动的积极性，提供保障机制完善创新创业环境、基础设施和机制体制。区域企业在生态系统内主要是通过搜集用户需求和体验信息提供创新产品与服务，为大学科学研究活动提供资金支持的同时为科研成果、专业知识技能和创新创业人才的应用提供平台。创新用户和公众是创新创业成果的最终体验者，是生态系统内创新创业反馈信息的主要来源，同时他们积极参加科研创新活动，提高创新创业政策科学化和民主化水平，通过制造正确的社会舆论，影响政府创新创业政策的制定和执行，提高区域相关政策的可操作性。

第二，创新资源循环运行机制。在芬兰赫尔辛基地域性创新创业生态系统中，知识资源在其中占据着十分重要的位置，四个主体子系统在保持自身独立自主性的同时与科研学术系统保持密切关系，以知识创新为中心点建立良性创新资源循环机制。该机制主要是通过生态系统中各个主体子系统的互动活动，完成知识资源向社会经济资源和技术资源的转变，且这个过程呈现螺旋式上升，并遵循"政治系统—教育系统—经济系统—公众系统—政治系统"的循环逻辑顺序（见图6.3）。

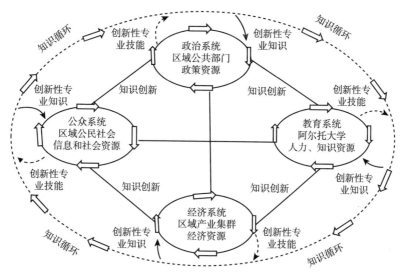

图6.3　芬兰赫尔辛基地域性创新创业生态系统创新资源循环运行机制

政治系统即地方政府部门，主要通过"政治和政策资源"组织和治理区域创新生态系统，并创造该区域创新创业的政治愿景。教育系统即大学及其学生、教职工等，主要通过生产和转移知识对区域创新创业做出贡献，是该系统内人力资源的主要来源之处。经济系统即各类企业，包括生产与服务企业、金融企业等，主要通过产品、服务、技术、资金等为区域创新创业活动提供经济资源。公众系统即社会公众和组织，该系统主要为区域创新生态系统提供"信息资源"和"社会资源"。

（2）典型案例：以色列创新创业生态系统①。

以色列位于西亚巴勒斯坦地区，该国家的主要特点是国土狭窄，资源极为匮乏，且武装冲突不断。但是其在创新创业方面取得了令人瞩目的成就，用60年的时间开创了具有自身特色且符合自身发展规律的创新创业生态系统。

第一，政府的角色与作用。以色列将创新创业上升至国家战略高度并定位为核心发展事业，在国家政府层面开展了一系列技术创新尝试。首先，以色列建立了一个由众多部门组成的国家科技决策体系，该体系主要用于制定科技方面的政策、部署国家重点项目等，在国家层面居于核心且领先的地位。例如以色列政府许多部门自20世纪60年代开始，陆续设立首席科学家办公室，主要负责从国家层面全局性把握全球科研创新发展方向。其次，以色列聚焦于具体创新创业问题的解决，制定并实施有针对性的措施。例如在20世纪90年代，以色列政府发现国内在开展创新创业活动的过程中普遍存在风险不可控、失败率居高不下、资金技术支持缺乏等障碍，针对这些问题提出实施"孵化器计划"。最后，为推动企业创新发展，以色列将政府与企业"绑定"，采用企业化运作模式管理政府，不仅培养政府官员的创新意识，而且对政府官员实行层级管理，并运用法律的形式加以规范，例如1984年出台的《鼓励产业研究与开发法》。

第二，风险投资的角色与作用。风险投资公司始于1993年以色列政府推出的"YOZMA计划"，该计划的贯彻执行使得风险投资普遍存在于以色列创新科技型公司，风险投资金额是欧洲的2倍，人均风险投资居于世界首位。该计划通过引导民间资金设立商业性投资基金，运用杠杆效应放大对创新科技型公司的支持，扩大了风险投资的范围，同时政府对获得风险投

---

① 范琳，刘敏，李茂林. 国外创新创业发展生态系统的构建与对我国的启示——以以色列创新创业经济发展为例 [J]. 北方经济，2018（12）：74 – 77.

资的企业给予同等数额的财政资金支持，使得企业打破资金短缺造成的发展瓶颈，促使以色列的创业公司实现保质保量发展。

第三，创新创业企业的孕育与反哺。企业采用"借款"的方式从以色列政府获取帮助，开展自主市场经济和商务竞争。为了获得政府资金，企业必须进行创新活动，此时企业与政府共同承担创新风险，即若企业创新成功，政府不仅可以收回放出的借款，还可以提取该企业前两年销售额的3%作为创新资金储备，若企业创新失败，政府则无法收回借款，更没有额外收入。在这样的模式下不仅有助于国家推动企业创新，而且有助于提高企业获利资金的使用效率，对新创业公司具有反哺推动作用，形成全社会创新创业的氛围。

第四，科技转化公司助推高校知识产权商业化运作。在以色列的每一所高校内都成立了具备独立运营能力的、具有完全自主权的科技转化公司，该公司的主要目的是通过注册校内师生的发明、实用型等专利，负责科研成果的使用权，保护知识产权，实现创新成果的商业化转化和获取经济利润。高校科技转化公司内部分工明确、责权清晰，科研人员负责科学研究，公司转化人员负责日常运营。公司起着连接高校和外部创新主体桥梁的作用，可以获得政府相关部门的政策支持，与各类企业建立关系，同社会组织进行谈判等。

综合上述分析可以发现，保持系统的活力对于构建创新创业生态系统起着关键作用，具有高活力的生态系统运行更加稳定，能够对新创企业的生存和发展起到积极影响。而深入剖析如何培养生态系统能力对于提高创新创业生态系统活力至关重要，因此，随着创新创业生态系统的演进，为促进生态系统的健康平稳运行，需要打破原有理论的界限，拓展应用范围。

6.3　众创空间生态系统内涵

6.3.1　众创空间生态系统的含义

生态系统理论认为，个体不是孤立存在的，而是依赖于与周围环境及其各种要素发生资源共享、时空定位、能量交换、合作竞争、共同成长等行为自然形成的生态系统。众创空间是"双创"时代诞生的新型企业孵化器，汇集创客、政府、高校、科研院所、第三方服务机构、社会团体等多种创新创业要素，形成了有利于创新创业快速健康成长的双创生态网络和众创空间生态系统。

结合创新创业生态系统和服务生态系统的相关概念，结合众创空间的特有属性，提出众创空间生态系统是以创客或初创企业为核心，以众创空间为载体，以政府、投融资机构、高校、科研院所、专业服务机构、产销对接平台等各类组织为支撑，以创新成果产出和创业企业孵化为目标，围绕"大众创业、万众创新"的宗旨，形成的多层次服务体系，通过各参与主体之间的交流共享、资源互补、合作竞争以及风险共担、价值共创和收益共享等活动，对创新创业要素进行有机协调与战略匹配，共同构成开放共生、多层次运作和动态演化的"双创"服务生态系统。众创空间生态系统内部通过不断地进行物质（创新成果和创业企业）、能量（创新创业氛围与文化）和信息（科技发展前沿、扶持政策）的交互与流动，推动新商业模式和新技术的涌现，提升大众创新创业的成效。

6.3.2 众创空间生态系统的特征分析

众创空间生态系统是以提供资源和服务助力创客和创业团队进行价值共创，因此其运行特征既要突出系统的多样性、网络性、共生性、竞争性和自我维持性，也体现参与者的广泛性、关系的松散耦合性、结构的多层次性和价值的共创性等特征。众创空间生态系统特征归纳如下。

第一，系统多样性。众创空间作为需要满足多种双创主体和不同创新创业发展阶段需求的综合性创新创业服务平台，要求在资源整合和功能服务上具有多样性，即全要素化。因此，众创空间生态系统是创客生态圈、资源生态圈和创新创业环境的集合。创客生态圈包含创客、各类创业团队和初创企业等创新创业主体；资源生态圈包含众创平台、风投机构、银行、孵化器、中介组织等多种创新创业服务机构及其提供的硬件设施和软性服务；双创环境则指由政策、法律、经济、文化等构成的创新创业氛围和基础保障。三者形成层级圈套的生态系统，各要素集聚在众创空间内合作共生、资源共享，共同维护众创空间的运行，增强其可持续性，助力创新创业（见图6.4）。

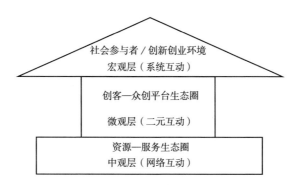

图6.4　众创空间生态系统三级层次

第二，开放协同性。开放指生态系统内生物群落与外部环境之间持续进行物质、能量和信息的交换与传递，以维持生态系统内外守恒；协同则指生态系统内物种、种群、群落等集合体和外部发展协调一致，以保证生态系统的平衡稳定。众创空间表现出低门槛、无边界和开放共享的特征。

一是，众创空间通过和创客、关联行业、外部组织平台等深入合作，共同构成协同创新创业机制，产生系统叠加的非线性协同效应。众创空间与创新创业主体协同，共同打造适合创客学习、交流、生活和工作并实现创新创业的众创社区，给创客以归属感并营造良好的双创氛围。

二是，众创空间与利益相关者协同。在大型企业内搭建众创平台，形成扁平化、网络化的管理模式，激发企业内部创新创业活力，与吸纳的相关创客一起，帮助传统企业重构生产经营体系；在高校搭建众创空间，实现教育方式的改革和教育内容的创新，教育方式由教师—学生单向知识传授转向师生双向互动甚至学生自己组织交流学习，充分发挥高校大学生的创新创业潜力；在政府产业园内搭建众创空间，引进草根创客，利用园区内原有的产业链和组织结构，降低众创空间的资源搜寻整合成本，同时也为产业园区注入新的创新创业活力。

三是，众创空间与外部环境协同。创新创业支撑环境包括政策环境、科技环境、经济环境、文化环境，良好的创新创业环境带动了众创空间的生根发芽与壮大；反之，众创空间的迅猛发展也提升了区域的创新创业水平。

第三，网络共生性。众创空间生态系统包含多种创新创业主体，各个主体由于共同创造价值的愿景而聚集在系统内相互联系、相互依存，形成纵横交错、复杂的社会网络结构。主体之间的共生需要满足共同逻辑，即各个创新创业主体有一致的合作目标和价值逻辑,这种集体认同感使得主体们紧密结合在一起。此外,共生主体之间需要具备互补性。新创新创业主体的入驻会丰富网络资源、知识、社会资本异质性,有助于网络效应的出现,促使系统维持稳定和健康;创新创业主体的离开则在一定程度上降低网络的复杂性,从而负面影响其他主体,导致系统逐渐走向消亡。在网络结构下,创客群体存在互动和交流,分享各自的知识、技术、资源来生存和发展,发挥自己的能力和优势共同开发新技术和研发新产品;外部组织和创客群体的交互能增强各自的综合能力和竞争能力,创客群体从外部组织获取所需的资源和服务,而创客群体和初创企业的成长在一定程度上也给外部机构的发展提供了机会;众创空间内的创新创业群落和环境的共生也会对双方产生相应的影响;政府政策的倾向会影响创客的创新创业活力,先进的技术水平能促进创新要素的流动和科技成果的高效率转化,强大的经济实力给创新创业提供了资金支持,包容、开放的文化营造了良好的创新创业氛围。而随着创客、创业团队和初创企业的壮大,可以有效影响政策的制定、增强区域的科技实力、帮助解决区域内的就业和经济发展问题等。

第四,动态演化。众创空间生态系统发展是一个开放、耗散、自组织和动态化的过程,不断进行物质、能量和信息的输入与输出,不断完善内部创新创业环境和条件,以提升众创空间规模和产出效益。一个企业在发展中要经历萌芽期、成长期、成熟期和衰退期四个阶段,众创空间的成长也是如此。众创空间在成立初期空间面积不足、资源聚合能力较弱、服务系统不够完善,只能扶持起步小、创业团队人数少的“微型”创业项目;随着众创空间的发展,众创空间的人才、资金、对接的外部组织等资源关系网络不断扩大,创业培训、导师配备更加专业,服务更加高效,入驻的创新创业项目也由单一化转变成多元化,众创空间的类型也逐渐增加,且出现了更多综合性、全产业链、一站式服务的众创平台。另外,入驻众创空间的创客、创业团队、初创企业和创新创业资源在开放共享的环境中自由竞争、优胜劣汰,确保众创空间的生态活力。

6.3.3　众创空间生态系统功能结构

众创空间的核心功能是通过生态系统内的社会网络整合创新创业资源

为创客和创业团队提供示范、交流、辅导等，进而促进创业识别机会和成功创业。众创空间生态系统功能有整合资源和提供服务两个部分。众创空间与政府、投融资机构、技术服务平台等对接，整合创客或创业企业需要的资金、技术等关键资源，帮助创业团队和初创企业获取创意，把创意转化为产品，再经过改进和迭代实现创新创业。这些通常被称为"资源赋能"。众创空间举办创新创业竞赛等活动、挖掘创新创业人才、集聚创新创业导师、提供教育培训与专项辅导等，加速创客之间的交流与分享，帮助创客快速获得相关知识和技能；同时弘扬创新创业文化，营造创新创业氛围，激发更多的潜在创业者开启创新创业新征程。这些通常被称为"服务赋能"。因此，从理论视角上构建众创空间生态系统的模型，如图 6.5 所示。

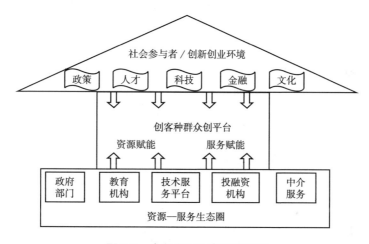

图 6.5 众创空间生态系统结构

6.4 众创空间生态系统构建策略

平台是一种促成双边或多边达成交易，并获得相应利益的第三方链入系统。随着"大众创业、万众创新"迅速而持续的发展，"互联网 +"、"+ 互联网"、平台经济、分享经济已成为引领创新创业和组织转型升级的"新业态"。众创空间是基于"双创"和"互联网 +"应运而生的新型组织，依托互联网背景构建了能够对资源进行快速聚散与迭代的生态网络。

众创空间本质上是一种双边或多边的创新创业平台。众创空间以其开放共生、全要素化和平台生态化等独特优势，构建平台化资源匹配机制，使创业企业可通过实体或虚拟服务平台自由而精准地选择所需要的服务；众创空间的资源能够实现在生态系统网络中跨边界的有效流动，进而不断增强用户交互度与黏性。资源的跨界流动和用户黏性的增强使众创空间与其入驻企业、服务提供商、相关利益者等多元主体形成共生机制，实现价值共创。

6.4.1　众创空间生态资源聚合系统的构建

众创空间资源聚合是指通过有效聚集创新创业资源，促进创新创业主体间以及关联者深度融合，以推动科技成果向市场转移转化，主要包括集聚和合作两个方面。基于平台共享视角，众创空间资源聚合包含资源进入、资源交易和资源保障三个子系统。

这三个子系统是目前完善众创空间资源聚合的关键内容。三者之间形成了异质性的互动关联（见图6.6），通过既定产权关系和产权规则形成完整体系。

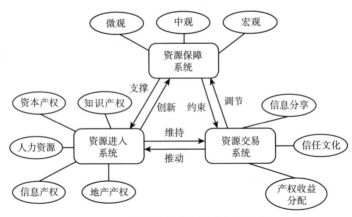

图6.6　众创空间资源聚合运行机制

6.4.1.1　资源进入系统

众创空间的核心功能要求设置入门优惠条件，促使各类创新创业资源必然地向众创空间集聚。众创空间的创客和初创企业通过创新创业资源产权的契约联结，开展系统和集成化的资源投入，进而实现资源的增值。这些资源包括资本、劳动、土地、管理、人才、信息和技术。初始产权配置时，众创空间资源产权状况直接影响了交易成本，也影响着众创空间资源聚合的过程和结果。由于创新创业主体对资源需求的异质性和独特性，使众创空间的各类资源所有者期待通过让渡全部或者部分产权，与其他高效率资源相机结合，为自己带来超额收益，成为资源进入众创空间的基本动力。同时，众创空间通过不同资源产权合作模式实现创新创业的累积，进一步优化创新创业的生态环境。

根据主导性资源的差异，一般把创新创业资源聚合模式分为创业辅导模式、产业链模式、融资对接模式、企业辅导模式、综合生态模式、发掘培育模式和办公空间模式等七种（见表6.12）。

表6.12　　　　　　　　众创空间资源聚合模式的比较

模式	特征			
	主导产权	产权收益	增值服务业务内容	资源功能
创业辅导模式	资本产权	投资收益	聚集天使投资提供融资服务	早期投资 + 全方位服务
产业链模式		服务收费	产业链上下游合作、成立基金合投	产业基金 + 专业技术平台
融资对接模式		投资收益	利用媒体优势提供线上线下	线上媒体 + 线下活动
企业辅导模式	知识产权	投资收益 政府补贴	高科技产业链社交平台	开放技术平台 + 产业资源
综合生态模式	信息产权	投资收益 政府补贴	金融、培训、运营、政策申请、法律等综合性服务	交流社区 + 创新服务
发掘培育模式	人力资本产权	服务收费	依托教育资源和知识资源培育创新创业	创业培训 + 投资
办公空间模式	地产产权	服务收费 收取租金	提供办公空间及增值服务	地产 + 创业服务

6.4.1.2　资源交易系统

资源交易系统旨在实现众创空间资源低成本、高效率的传导与流动。资源产权交易实质上是一种权利融合过程。资源产权人将资源投入平台，在一定产权制度激励与约束下，通过相应的渠道快速寻找最匹配的优质资源，进行资源的全部或部分产权让渡，实现各方成本与收益的最优化，在降低交易费用的同时达到边际报酬递增的效果。

在众创空间资源交易过程中应特别重视信息分享、信任文化和产权收益分配模式。信息分享要求众创空间通过加强信息的透明化等举措以降低市场失灵。众创空间作为一种服务载体必然是通过有效的信息控制实现聚合资源。一般做法是设置渠道与标准来控制信息输入，把不合时宜的、没有必要的"噪声"滤除，以降低信息获得成本。目前多采用数据共享大平台打通信息壁垒，提高信息分享效益。

信任文化是长期资源交易过程积累而成的一种基本的信任认知和信任实践。优良的信任文化及沟通渠道（例如培训、路演等）能持续推动知识、信息、技术、情感等资源在众创空间中的流动、共享、学习与整合，降低创新创业的信息获取成本，构筑竞争优势，加速创新创业项目的孵化进程。与此同时，资源产权人之间形成比较亲密、稳定、安全的合作关系，彼此间更放心、更愿意相互提供稳定的知识、信息、技术甚至人才等资源，实现高效资源配置。

产权收益分配模式是资源交易的核心要素。在众创空间中，收益分配首先要对资源产权合作的数量、价格、品质、时间等进行评价与确认，进而对未来租金、利息、利润等经常性收益与资本收益进行分割，确保收益分配的公平与合理。利益分配可根据资源产权制度的变革情况进行动态调整。在项目初期，物质资本一般起主导作用，而人力资本处于附属地位。随着企业或项目的成长，人力资本作用逐渐显现，成为主导资源，这些都是利益分配变革的基本依据。

6.4.1.3 资源保障系统

众创空间资源保障系统是创新创业资源供需各方在资源产权投入和交易过程中的保障权利表达、操作流程与运行环境等良好而高效实现的约束关系总和。制度具有资源导向的功能，在一定的制度体系中，资源会形成各自的最佳流向。资源保障系统通过产权制度安排使私人收益率接近或超过社会收益率，实现众创空间资源收益最大化。资源保障系统包括从微观到宏观的多层制度体系。政府的资本产权的界定与保障、政策性银行的支持、多层次资本市场的建立、收税减免与补偿等激励措施是资源保障系统的基础；同时，知识创新是众创空间的生命线。随着创新创业项目的发展必然出现资源的非均衡性，重视知识创新和知识产权，激发人才的知识价值成为资源保障系统的稳定器。

6.4.2 众创空间生态系统运行设计

众创空间的主要功能是赋能初创企业、创业团队以及创客。与以资源为核心的国外创客空间和国内传统科技企业孵化器相比，目前众创空间有两种赋能路径，即资源赋能和服务赋能。资源赋能指众创空间通过提供信息、技术、政策和资金等支持，帮助创业团队和初创企业实现创新创业；服务赋能则强调通过提供创业导师、人才共享和创业培训教育以及举办创新创业活动等服务，大力弘扬创新创业文化，帮助创客把握创新创业机会。

基于众创空间生态系统的构成要素，分析各要素、各个互动层次之间内在的逻辑关联与运行规律，众创空间生态系统的资源赋能和服务赋能具体可分为：基于生态集成的资源赋能机制、全生命周期服务赋能机制和全生命周期价值共创机制。三个机制紧密相连，交互融通，构成众创空间生态系统运行的内在规律。

6.4.2.1 基于生态集成的资源赋能机制

众创空间生态系统是多层次创新创业主体的集合体。众创空间面向创客生态圈、资源—服务生态圈和创新创业环境，通过主体或要素的价值确认，资金、技术等资源的识别和整合，做好资源赋能的前期准备。在赋能阶段，众创空间通过与创客的互动和交流，及时匹配所需的硬件设备、技术支撑和资金扶持等，助力创客实现创新创业，促进成果的产出与高效转化。众创空间的资源赋能大多通过资源—服务生态圈来实现，资源赋能机制一般分为资源整合、资源赋能和资源代谢三个阶段。

（1）资源整合。

众创空间依托国际以及区域产业发展情况，都拥有自己独特的战略定位、价值主张和发展目标，并以项目或团队为核心进行资源整合。众创空间初期发展阶段一般沿袭地产思维模式，由地产商创办，为创客提供开展创新创业活动的场地资源。随着众创空间发展成熟，投资驱动思维占据主导地位，众创空间由风投机构、天使投资人合作创办。自身有社会资本资源的创客或创业团队入驻，在众创空间内促进价值观念和利益诉求相近且资本互补的其他创客进行交流互动，形成内部创客关系网络，实现资源的有效整合。众创空间与技术服务平台、投融资机构、中介组织、高校、科研院所等外部机构缔结成为利益共同体，构建众创空间生态圈，进一步拓展创业团队和初创企业资源整合领域。同时，众创空间会根据入驻创客的独特需求有针对性地集成其资源—服务生态圈。而众创空间作为价值共创平台，一方面，整合外部资源为创客或初创企业拓展高质量的融资渠道、技术与信息服务等；另一方面，也为资源供给方对接有发展潜力和空间的创新创业项目，推动价值共创共享。此外，众创空间和利益相关者、政府等共同创立和举办创客路演、创客嘉年华、创新会客厅、产品展示会等活动，扩大创客外部接触半径，与更多、更优质的创业团队、媒体、投资者和用户开展互动，形成丰富的外部资源网络、增加获取多元化资源的机会。

（2）资源赋能。

首先，不同身份创客之间的互动赋能。创客自身都是技术或社会资本等资源的携带者，他们往往来自不同的领域，拥有不同的知识、技能和经验等资源，可以填补一些创客的资源缺口，通过交互关联必将促进知识共享和异质资源获取。如大学生创客团队在创意创新方面具有优势，科技创客在技术资源、技术知识方面积累了大量经验，海归创客对国际技术发展前沿、国际资源较为了解，企业高管创客则具备扎实的企业管理经验和丰富的人脉资源。这些具有不同背景的创客在众创空间内交流和共享各种资源，形成了众创空间内部的资源网络。此外，创客通过众创空间的非正式网络和沟通机制获得更多异质性资源，还可以将创新创业过程中的某些环节外包给其他创业团队或初创企业，实现项目交叉参与，充分发挥各自的优势资源，加速创新创业进程。

其次，众创空间的孵化赋能。众创空间不仅为入驻的创客提供低成本的办公场地和基础设施，还可以协同第三方机构等关联者，共同为创新创业主体的成长提供硬件资源。另外，创客在创新创业过程中遇到的技术瓶颈、管理难题、财务困惑等，通过众创空间网络交给更加专业、更有经验的机构来完成，促进创新创业活动高质量运行。众创空间利用自身储备资金和投融资机构的资助，为创客团队和新创企业提供技术研发、生产销售所需资金；众创空间联合相关中介培训机构，为初创企业量身定制完整而高效率的管理运行机制，提高初创企业存活率。而对众多创客来说，科技资源是其创新创业绩效和竞争力的核心资源，众创空间积极推动创客实现产学研互动和合作，高校、科研院所帮助创客团队或初创企业吸收和引进高素质人才和高质量技术，加快技术与产品的开发速度，并在竞争市场上占据一定优势。同时，一些众创空间和中介服务机构还承担着整理分析行业宏观数据、上下游发展态势和竞争对手核心优势等海量信息资源的任务，除了生产要素的易得性外，为创客的商业决策与行动计划提供及时、准确的资源依据。

最后，一些综合性的众创空间在提升自身功能建设的同时，积极探索吸纳周边环境中的资源要素。如与政府合作整合国家和地区创新创业政策扶持、税收优惠、贷款渠道等政策性资源，及时为创业团队和初创企业申请资金资助或项目福利；根据当地的科技发展现状和高校学科与人才优势，共享前沿研究设备或尖端科技人才，吸收知识、技能和经验充足的管理人员和导师，打造高层次、专业化的创业导师，给入驻创客提供优质和精准的培训与指导；根植于当地众创文化和创客精神的土壤中，激活草根创新创业的热情，为众创空间提供持续发展的文化动力支持。众创空间与外界进行信息传递和交流的过程中，传递了自身的价值主张和运营理念，吸引越来越多的创新创业主体和利益相关者加入其中，进行资源交换，形成对社会资源的集聚，以便更好地实现赋能功能，进一步提升创新创业软资源的实力。

（3）资源代谢。

众创空间在创客和项目的选择上充分体现了"众"的特点，在资源集聚方面也体现了开放性和包容性。但众创空间为了吸引高质量的资源，在组织"资源—服务生态圈"时有更加严格的门槛遴选机制：首先，众创空间的管理团队会根据自身的战略定位和入驻团队的需求，在第三方机构的入驻标准、入驻数量和入驻条件等方面给予限制，遴选更优秀的合作机构。运行较好的众创空间一般会采取定向邀请、招投标等方式在符合基础报名条件的企业中，进行再次甄选以确定合作的资源方。其次，已达成合作关系的第三方资源组织在众创空间的牵头下，选择更合适的创新创业项目达成合作意向。创客和创业团队将按照自身价值主张资源需求和市场规则，在具有功能替代性的资源机构中选择更有竞争力的合作伙伴，与功能互补性的资源机构直接达成合作意向，而未被选择的资源机构则自动淘汰。随着发展规模的扩大和选择性的增多，众创空间根据入驻资源机构的经营情况和服务表现定期进行评估和考核，达到服务要求标准的组织将继续合作，而低于考核要求标准的组织则会被淘汰。经过层层筛选和竞争机制，众创空间得以确保其"资源—服务生态圈"的持续发展活力，确保入驻的创客和创业团队及时、精准地匹配到所需的优质资源，进而提高创新创业成功率。

众创空间依据自身发展定位和价值主张，将观念契合、利益相关、资源互补的创新创业主体聚合成为价值共创网络，实现众创空间生态系统的异质性资源整合，形成相对稳定的创新创业资源供给机制，构建创新创业良好生态圈。众创空间生态系统持续进行自我考核、自我修复、自我更新的发展机制，以确保众创空间内资源的优质性和不可替代性，保持持续的、高层级的创新创业活力。

6.4.2.2　全生命周期服务赋能机制

众创空间成立创业导师团队、开展培训指导、组织创新创业活动和国际交流，聚合"资源—服务生态圈"实现服务赋能，保障创客在"创意期—雏形期—启动期—成长期"的健康成长，促进创客个体和创业团队不断提升其机会捕捉能力、双创学习能力、关系构建能力和运营管理能力。众创空间在与创客生态圈、"资源—服务生态圈"和创新创业环境协同共生的过程中，不断拓展扩张，不断强化完善自身服务赋能功能，以应对内外部环境的不确定性，形成服务赋能的有效机制。因此，在众创空间生态系统中，创客、众创空间、利益相关者和社会参与者等之间交织关联、互惠共生，形成了多层次嵌套、纵横交错、动态演化的自组织网络系统。

（1）众创空间演化生命周期。

众创空间成立之初，自身可提供的资源和服务十分有限，入驻的创客和创新创业项目普遍起点低、团队人数少，交流仅限于双方表层互动的微观层面。众创空间随着价值的不断提升和发展规模的不断扩张，服务供给逐渐多元化，其互动层次逐步拓展到了中观层面，与外部资源丰富、提供专业化服务的第三方机构等形成了资源关系网络，实现价值扩张。随着"资源—服务生态圈"的不断扩大，众创空间的定位发展逐步转向"综合生态系统"，众创空间充分利用综合生态系统的综合关联优势，促进各生态位上的各种资源在宏观层次的深度互动与融通，在战略层面实现其社会价值。同时，众创空间在规模和互动层次上不断动态拓展和升级，完成点—线—面—体的全面布局，以及从微观、中观，最后到宏观的能量跃迁与层次提升。

在众创空间形成其独特的生态系统后，任何技术环境的升级、市场需求的变化、政府政策的改变以及创客文化跃升，都会打破原有平衡。此时众创空间的综合生态系统就会发挥自修复、自更新、自完善的自服务功能，重组网络、改善系统、动态演化来维持其生存和发展，创造出更优质的创新创业环境。

（2）协同共生服务赋能生命周期。

第一，创新创业的创意期。创意期是整个创新创业活动过程的起始点，从本质上讲创新创业活动之初就是众多原始创意的聚合与甄选。创客原创或搜寻初始的创新想法，形成模糊的创业设想，其可行性还有待进一步验证。在众创空间提供开放、共享的空间载体，以及各类创新创业活动、国际交流等服务，创客与内外部创新创业团队、创业导师、潜在投资人等深入交流互动，搜集信息与案例，确认创意是否具有前沿性、可行性和高价值性，同时提升自身的机会识别能力和评估能力。另外，创客在众创空间的交流活动中寻找志同道合的、资源匹配的创新创业伙伴或合作对象，进行相关技术研究、产品开发和创业实践的前期准备活动。因此，众创空间生态系统为创客和创业团队创造互动机会，通过创新创业活动、创业导师指导等服务促进创客构建外部交流的网络，帮助创客更加精准、明确地识别和评估其创意和想法，做好创业的前期准备。

第二，创新创业的雏形期。创新创业经过机会识别、评估并确认具有价值且可行性后，创客和创业团队就进入了雏形期。雏形期主要是以技术研发和创业计划制定为主要活动，创客的个体能力起着关键和决定性作用。众创空间生态系统需要通过培训、指导等服务赋予创客个体机会利用能力和双创学习能力，以推进创新创业进程。众创空间聘用技术创新能力较强的科研人员，创业经验丰富的企业高管以及投融精英作为创业导师。各类创业导师、创客组成了社会网络，草根创新创业者可以凭借这一社会网络通过交流共享、相互学习和利用他人积累的经验，来解决新技术研发和新企业创建过程中面临的问题；通过观察他人的创新创业行为方式进行吸收与反思性认知学习；通过导师的指导、与他人的协作以及自己的动手实践进行实践学习。此外，众创空间在技术、信息和资金等方面的资源支撑和营造的试错容错的众创精神，也提升了创客的经验学习能力和实践学习能力。这些学习能力将助力创客充分利用创新创业机会，顺利研发新技术、新产品，以及制定切实可行、发展前景可观的创业计划。

第三，创新创业的启动期。创新创业的启动期，创客及创业团队是以整合资源、构建关系网络，启动生产并把产品初步投入市场为主要活动。在创新创业的创意期和雏形期，创客及创业团队的网络以基于合作和共享的小范围强网络为主，而在产品投入市场的商业化阶段，创客及创业团队必将通过各种关系构建来获取更优质的资源和更广的人脉。众创空间生态网络在创客创业团队这一最艰难的启动期，帮助创客及创业团队获取投融资支持、政策优惠以及潜在的投资机构和合作伙伴；通过举办创客嘉年华等创新创业交流活动，推广创客及创业团队的创新产品以获得首批用户，拓展人脉和销售渠道。众创空间生态系统在启动期主要提升创客及创客团队的关系构建能力，即资源整合能力。

第四，创新创业的成长期。创新创业的成长期，创客及创业团队的产品已初步打开市场，有了一定的市场占有率，创新创业在稳步发展。伴随着初创企业的成长，创客及创业团队面临着企业运营的迅速增长和管理事务复杂化，必须从战略层面开始谋划企业未来发展方向和目标。这一时期需要创客及创业团队立足于企业长期发展，培育做强核心竞争力，提升其持续运营管理能力。在这一时期，众创空间生态系统通过创业导师提供针对性的培训辅导以及与大型企业的创始人、高管等的深度交流沟通等服务。例如，学术创业团队如何建立健全现代企业制度和规范？如何设计合理的战略规划以实现初创企业的持续稳定发展？如何整合产业链上下游等资源，匹配企业现有资源以实现企业扩张？如何在企业不断扩张的过程中从容应对瞬息万变的市场和不确定性的环境，等等。因此，众创空间在初创企业成长期中，主要通过服务赋能提升创业核心团队的运营管理能力尤其是战略管理能力，以实现初创企业的持续稳步发展。

（3）众创空间生态系统的竞争代谢。

由于众创空间的资源和服务有限，平台和第三方机构都会有选择性地支持较有潜力或发展前景好的创新创业项目。因此，在创新创业发展的雏形期，一旦创意或想法没有通过实践转化为成果，或转化过程中遇到的困难和阻碍超过了平台的支持能力，众创空间就会选择淘汰该项目，将资源和服务转向其他创业团队；在创新创业的启动期，即使一些创意能够成功转化为成果，但是若其市场接受程度和商业价值在路演、展示和评选中得不到认可或得到的认可程度比其他同类型的项目低，也会被众创空间所淘汰。通过这两个环节的评价和竞争，众创空间实现了对创客生态圈的优胜劣汰。因此，创客在创新创业过程的每个时期都存在自然代谢或受到潜在竞争影响而遭到淘汰的情况，众创空间通过不断输入新的创客，不断淘汰现有创客的动态竞争机制，以维持持续发展的动力与活力。

在创新创业活动的全周期中，每个阶段对创业者的特质、机会、管理、关系四种能力的需求各有侧重。在创意期，创客的机会识别和评估能力至关重要，有价值且可行的机会是开发新产品、成功创建新企业的关键因素；在雏形期，创客个体发挥着主要作用，创客及其团队的学习能力和特质决定着创新创业活动是否能顺利开展并孵化成果；在新产品初步接触市场或新企业投入运作的启动期，创客团队通常会面临资源匮乏的窘境，关系构建能力就显得尤为重要；在成长期，新产品或新企业已拥有了一定的市场份额和地位，如何建立健全管理制度以推进企业稳定发展、如何设计合理的战略规划以应对市场环境的运营管理能力就起到了关键的作用。众创空间生态系统通过开放、共享的运作环境，持续不断的自我发展和自我完善，以服务赋能的形式在创新创业过程的每个环节都提升了草根创客、创业团队或初创企业的能力，促进创新创业产出，并通过创客生态圈的竞争代谢维持平台内部的创新创业活力，确保众创空间得以可持续发展，如图 6.7 所示。

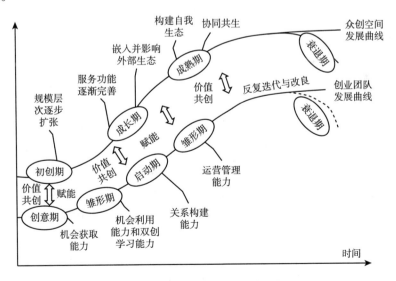

图 6.7　全生命周期服务赋能机制

6.4.2.3　全生命周期价值共创机制

众创空间的资源赋能和服务赋能促进创客及其团队的创新创业能力快速提升，为用户价值创造和产品价值创造的实现提供了基础保障。众创空间生态系统价值共创主要体现在用户价值和产品价值中，而这些价值主要产生于创新创业的启动阶段和成长阶段。因此，众创空间生态系统赋能价值共创的机制，必须基于"创意期—雏形期—启动期—成长期"的四个创客发展阶段以及"微观层次—中观层次—宏观层次"三个层次进行探索，才能科学揭示价值共创过程中各个阶段的价值共创主体和价值内涵。

（1）创意期的价值共创。

创意期的创客和创业团队关键在于识别和评估创新创业机会。如果机会价值高且可行，创客和创业团队就开始选择入驻合适的众创空间，获取相应的资源和服务，进一步把创新创业的机会转化成创新创业的实践。而创业团队和初创企业既是众创空间的服务赋能对象，又是众创空间价值创造和价值实现的主体和核心要素，是众创空间生态系统可持续发展的活力源泉。处于创意期的创新创业创客或项目，问题多、困难大，关乎由 0 到 1 的决定。因此，众创空间给予创意期的创新创业项目"成长价值"评估服务的精心化、精准性和投入度都大于创新创业的其他时期，并竭尽全力把创新创业项目"成长价值"转化成众创空间的"成长价值"。

（2）雏形期的价值共创。

创新创业的雏形期是众创空间的核心服务环节。该阶段，创业团队和初创企业已经成为众创空间的合作伙伴和用户主体，但与众创空间的互动仅限于微观层次，即创客和平台二元互动性。创客享受平台提供的资源和服务，所支付给众创空间的房租、工位费等，是众创空间早期发展阶段的主要收益渠道，是众创空间得以持续发展的保障；众创空间在收取相应费用的同时，给创客提供办公场地、工位、设备等硬件设施，与此同时技术支持、资金资助、创业导师交流辅导等柔性服务相应跟进，在很大程度上保障创客的创新创业项目顺利实施。双方通过这种合作和互动以换取资源和服务的行为产生了"交换价值"，双方直接属于交易关系。

当利益相关者进入众创空间生态系统参与众创空间与创客的互动，创客与众创空间的交流互动就拓展到了中观层次。由于利益相关者拥有的资源和提供的服务比众创空间自身更加丰富和更加专业化，众创空间与创客的交易关系逐步淡化，承接了创客与第三方机构之间进行资源匹配和联结的中枢功能。因而，众创空间的定位从提供资源和服务的"企业"转变成为开放式的"平台"。在平台型的众创空间中创客、众创空间和利益相关者共同参与创造价值。创客得到了使创新创业项目平稳继续发展的更丰富、更强有力的发展后盾；众创空间作为平台获得了来自创客和利益相关者等的双向或多向支持；利益相关者通过扶持有潜力的创新创业项目，得到了社会认可和长远利益。这种众创空间更加强调衔接利益相关者和创客以及平台等三方或多方合作互动共创的"平台价值"。当众创空间的互动网络将一些社会经济其他主体等参与者都纳入其中形成生态系统时，各个主体不再是孤立、单个的个体，而是通过相互间的交流和互动形成一个有机整体。此时，创客、众创空间和所有社会参与者共创的是"社会价值"。

（3）启动期与成长期的价值共创。

由于用户需求在一定程度上决定了创新创业成果的价值实现，用户价值创造就成为创客或创业企业从事创新创业活动的终极诉求。从创客和创业团队、众创空间、利益相关者以及整个国家社会经济发展的视角出发，以"用户价值"为核心技术创新、产品研发和新企业的创立，不仅创造了价值和经济利益，同时培养了高素质的创新创业人才，弘扬了众创精神或创客文化，从更高层面提高了国家经济社会的科技发展水平，如图6.8所示。

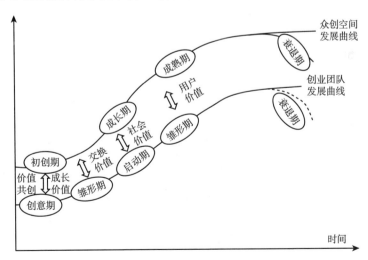

图6.8 全生命周期价值共创机制

6.4.2.4 众创空间生态系统整体运行机制

众创空间生态系统整体运行机制可以归纳为"三圈、四阶段、五价值"。"三圈"是指创客生态圈、"资源—服务生态圈"和创新创业环境生态圈;"四阶段"是指创客从创意期、雏形期、启动期到成长期的四个阶段;"五价值"即成长价值、交换价值、平台价值、社会价值和用户价值。创客生态圈、"资源—服务生态圈"和创新创业环境生态圈有效协同,使创客或创业企业获取创新创业所需的资金、科技、人才、信息、政策和管理等资源,借力"三圈"生态网络的构建对资源进行精准匹配和利用,实现高层面的资源赋能,保障创新创业活动顺利进行,进一步提升创客或创业企业的核心竞争力,提高创新创业成功率。

众创空间生态系统搭建的开放共享平台,通过"资源—服务生态圈"服务赋能,促进创客在从创意期、雏形期、启动期到成长期的每一个发展阶段中,最大限度地提升其机会获取能力、双创学习能力、关系构建能力和运营管理能力。创客生态圈在自然代谢和潜在竞争机制影响下不断实现在平台上的创客输入和输出,保证平台内创新创业的持续活力;而众创空间同时协同和助力创客生态圈的流动和代谢,在自身规模、服务项目和功能上也得到一定的扩张和完善,获取在多变的内外部环境中可持续发展的动力。

通过资源赋能和服务赋能,众创空间生态系统实现了创客从入驻到新技术开发、新产品研制和新企业创立等各个时期内的价值共创,即创客与众创空间共创成长价值;在创新创业活动中,创客生态圈、"资源—服务生态圈"和创新创业环境生态圈在不同层次的互动实现交换价值、平台价值和社会价值的共创;与此同时,以新技术开发、新产品研制为主的"创新价值"和以新企业创立为主的"创业价值"共同构成了以顾客为目标和导向的"用户价值"。创客生态圈、"资源—服务生态圈"和创新创业环境生态圈协同的资源赋能、服务赋能,通过价值共创,彼此关联、相辅相成,共同推进众创空间生态系统内创客的能力提升及价值共赢,促进创新创业。

本章参考文献

[1] Andersson R. , John M. Quigley Agglomeration and the Spatial Distribution of Creativ-

ity [J]. Papers in Regional Science, 2005, 84 (3): 445 – 464.

[2] Coccia M. Spatial Mobility of Knowledge Transfer and Absorptive Capacity: Analysis and Measurement of the Impact within the Geo-economics Space [J]. The Journal of Technology Transfer, 2008, 33 (5): 105 – 122.

[3] Billon M., Ezurra R., Lera-Lopez F. The Spatial Distribution of the Internet in the European Union: Does Geographical Proximity Matter? [J]. European Planning Studies, 2008, 16 (1): 119 – 142.

[4] Wilhelmsson M. The Spatial Distribution of Inventor Networks [J]. Annals of Regional Science, 2009, 43 (3): 645 – 668.

[5] Odendaal N. Splintering Urbanism of Split Agendas: Examining the Spatial Distribution of Technology Access in Relation to ICT Policy in Durban, South Africa [J]. Urban Studies, 2011, 48 (11): 2375 – 2397.

[6] Sun Y. M., Lu Y. L., Wang T. Y., et al. Pattern of Patent-based Environmental Technology Innovation in China [J]. Technological Forecasting & Social Change, 2008, 75 (6): 1032 – 1042.

[7] Mukim M. Does Agglomeration Boost Innovation: An Econometric Evaluation [J]. Spatial Economic Analysis, 2012, 7 (3): 357 – 380.

[8] Bradford N., Wolfe D. A. Governing Regional Economic Development: Innovation Challenges and Policy Learning in Canada [J]. Cambridge Journal of Regions Economics and Society, 2013, 6 (2): 331 – 347.

[9] 吴玉鸣, 何建坤. 研发溢出、区域创新集群的空间计量经济分析 [J]. 管理科学学报, 2008, 11 (4): 59 – 66.

[10] 方远平, 谢蔓. 创新要素的空间分布及其对区域创新产出的影响——基于中国省域的 ESDA-GWR 分析 [J]. 经济地理, 2012 (9): 8 – 14.

[11] 万勇. 中国科技创新投入的空间分布及其优化措施研究——以 R&D 投入为例 [J]. 经济体制改革, 2013 (1): 42 – 45.

[12] Jacobides M. G., Cennamo C., Gawer A. Towards a Theory of Ecosystems [J]. Strategic Management Journal, 2018, 39 (8): 2255 – 2276.

[13] 宋之杰, 于华, 徐晓华, 徐蕾. 国内外创新生态系统研究进展 [J]. 燕山大学学报, 2014, 16 (3): 12 – 17.

[14] 安纳利. 区域优势 [M]. 上海: 上海远东出版社, 2000.

[15] 李钟文, 威廉·米勒, 玛格丽特·韩柯克, 亨利·罗文. 硅谷先锋: 创新与创业精神的栖息地 [M]. 北京: 人民出版社, 2002.

[16] 威廉·克林顿, 小阿伯特·戈尔. 科学与国家利益 [M]. 北京: 科学技术文献出版社, 1999.

［17］Jackson D. J. What is an Innovation Ecosystem？ ［EB/OL］. http：// www. Ercas-soc. org/doce/innnovation ecosytem. pdf, 2012.

［18］杨荣. 创新生态系统的界定、特征及其构建［J］. 科学技术与创新, 2014 (3)：12 - 17.

［19］Philip Cooke. Regional Innovation System：Competitive Regulation in the New Europe［J］. Geoforum, 1992, 23.

［20］Lambooy. Innovation and Knowledge：Theory and Regional Policy［J］. European Planning Studies, 2015, 13 (8)：1137 - 1152.

［21］MOORE J. F. Predators and Prey：A New Ecology of Competition［J］. Harvard Business Review, 1993, 71 (3)：75 - 86.

［22］张秀娥, 王超. 创新驱动下我国创业生态环境优化研究［J］. 经济问题探索, 2018 (5)：45 - 52.

［23］Spigel B. The Relational Organization of Entrepreneurial Ecosystems［J］. Entrepreneurship Theory and Practice, 2017, 41：49 - 72.

［24］张秀娥, 徐雪娇. 创业生态系统研究前沿探析与未来展望［J］. 当代经济管理, 2017 (12)：1 - 7.

［25］陈夙, 项丽瑶, 俞荣建. 众创空间创业生态系统：特征、结构、机制与策略——以杭州梦想小镇为例［J］. 商业经纪与管理, 2015 (11)：32 - 38.

［26］李燕萍, 陈武, 陈建安. 创客导向型平台组织的生态网络要素及能力生成研究［J］. 经济管理, 2017, 39 (6)：101 - 115.

［27］Eisenmann T. , Parker G. , Alstyne M. W. V. Strategies for Two-sided Markets［J］. Harvard Business Review, 2006, 84 (10)：92 - 101, 149.

［28］金昊, 张晶, 张项民, 郭凯. 平台视角下众创空间对创客赋能策略研究［J］. 创新科技, 2019, 19 (4)：15 - 21.

［29］刘长庚, 张松彪. 权利配置与我国城乡居民收入差距——基于省际面板数据的分析［J］. 经济问题探索, 2015 (3)：42 - 49.

［30］Parisot M. L. , Gontran N. Through Entrepreneurs' Eyes：The Fab-spaces Constellation［J］. International Journal of Production Research, 2016, 54 (23)：7158 - 7180.

［31］洪银兴. 完善产权制度和要素市场化配置机制研究［J］. 中国工业经济, 2018, 363 (6)：7 - 16.

［32］陶晓丽, 王海芸, 黄露, 等. 高端创新要素市场化配置模式研究［J］. 中国科技论坛, 2017 (5)：5 - 11.

［33］王作功. 产权演进视角下共享经济治理特征研究［J］. 企业经济, 2019, 461 (1)：5 - 12.

［34］郑志来. 共享经济的成因、内涵与商业模式研究［J］. 现代经济探讨, 2016,

411（3）：32 – 36.

［35］Lee S. M. , Olson D. L. , Trimi S. Co-innovation：Convergenomics，Collaboration，and Cocreation for Organizational Values［J］. Management Decision，2012，50（5）：817 – 831.

［36］张玉利，白峰. 基于耗散理论的众创空间演进与优化研究［J］. 科学学与科学技术管理，2017，38（1）：22 – 29.

［37］王丽平，刘小龙. 价值共创视角下众创空间"四众"融合的特征与运行机制研究［J］. 中国科技论坛，2017（3）：109 – 116.

［38］王进富，张颖颖，苏世彬，等. 产学研协同创新机制研究——一个理论分析框架［J］. 科技进步与对策，2013，30（16）：1 – 6.

［39］邢喻. 众创空间生态系统的构建与生态赋能机制研究［D］. 杭州：浙江工业大学，2020.